Heß/Liegl-Wendlandt
Prüfungsklassiker
Kaufmännische Steuerung und Kontrolle
für Kaufleute für Büromanagement

Zusätzliche digitale Inhalte für Sie!

Zu diesem Buch stehen Ihnen kostenlos folgende digitale Inhalte zur Verfügung:

- Online-Buch ✓
- Buch als PDF
- Online-Training
- Zusatz-Downloads
- App
- Digitale Lernkarten

Schalten Sie sich das Buch inklusive Mehrwert direkt frei.

Scannen Sie den QR-Code **oder** rufen Sie die Seite **www.kiehl.de** auf. Geben Sie den Freischaltcode ein und folgen Sie dem Anmeldedialog. Fertig!

Ihr Freischaltcode

BAGS-IEQO-WFVR-IOZK-YYIO-BW

Prüfungsklassiker Kaufmännische Steuerung und Kontrolle für Kaufleute für Büromanagement

Mehr als 100 Prüfungsaufgaben mit Lösungen

Von
Ute Heß und
Christa Liegl-Wendlandt

kiehl

ISBN 978-3-470-**10621**-2

Kiehl ist eine Marke des NWB Verlags

Satz: SATZ-ART Prepress & Publishing GmbH, Bochum
Druck: medienHaus Plump GmbH, Rheinbreitbach

Vorwort

Egal, ob Rechnungswesen Ihr Lieblingsfach ist oder Sie bisher mit Buchungssätzen und den „vielen Zahlen" so gar nichts anfangen konnten: dieses Buch ist für Sie geschrieben und soll Sie unterstützen, Ihre Abschlussprüfung zu bestehen.

Das Fach Rechnungswesen nennt sich in Ihrer Prüfung „Kaufmännische Steuerung und Kontrolle" und wird schriftlich in der Prüfung „Kundenbeziehungsprozesse" abgefragt (Dauer 150 Minuten), die zum **Teil II der Abschlussprüfung** gehört. Der Part Rechnungswesen beträgt dabei ca. 35 % und ist damit der größte Teil dieser Prüfung. Ein guter Grund, in diesem Kapitel fachlich fit zu sein.

Das Rechnungswesen (Kaufmännische Steuerung und Kontrolle) besteht aus drei Teilen: **Buchführung, Kosten- und Leistungsrechnung** und das Thema **Kalkulation**. Alle drei Themen sind in diesem Buch ausführlich dargestellt: pro Thema erhalten Sie zuerst einen kurzen Infoblock mit den wichtigsten prüfungsrelevanten Inhalten, kurz und knapp auf den Punkt gebracht. Dazu finden Sie viele passende Übungen auf Prüfungsniveau. Anschließend werden die Lösungen sehr ausführlich und die Rechenwege Schritt für Schritt erläutert und typische Prüfungsfallen aufgezeigt.

Im **Anhang** finden Sie sowohl den Auszug aus dem Kontenplan des Beispielunternehmens Münchner Möbel-Manufaktur KG als auch die Liste der Kunden-, Lieferanten- und Bankkonten. Beides benötigen Sie zur Lösung der Aufgaben.

Zusätzlich haben wir das Kapitel „Grundlagen der Buchführung" eingefügt. Vielen Prüflingen fehlt das Grundwissen in Buchführung. Um dies zu ändern, haben wir Informationen, z. B. zum Erstellen von Buchungssätzen, zu Bestands- und Erfolgskonten und was wie wo abgeschlossen wird etc., ergänzt. Diese Grundlagen werden in der Prüfung so nicht abgefragt, sollen Sie aber bei Bedarf unterstützen.

Alle von der IHK vorgegebenen relevanten Prüfungsinhalte für Ihre bundeseinheitliche Prüfung finden Sie im AkA-Prüfungskatalog, den Sie bestellen können (2. Auflage, 2017)[1].

Wichtig: Alle Themengebiete sind in sich abgeschlossen und können unabhängig voneinander vertieft und bearbeitet werden. Daher können Sie das Buch – neben der Prüfungsvorbereitung – auch gut in der Berufsschule nutzen, als Wiederholung und Vorbereitung auf Klassenarbeiten.

Wir wünschen Ihnen eine gute und effektive Vorbereitungszeit und ein gutes Gelingen Ihrer Abschlussprüfungen!

Ute Heß/Christa Liegl-Wendlandt
Bad Homburg/Planegg, im Februar 2020

1 https://www.ihk-aka.de/aktuelles/pruefungsnews/0615

Benutzungshinweise

Diese Symbole erleichtern Ihnen die Arbeit mit diesem Buch:

TIPP

Hier finden Sie nützliche Hinweise zum Thema.

MERKE

Das X macht auf wichtige Merksätze oder Definitionen aufmerksam.

ACHTUNG

Das Ausrufezeichen steht für Beachtenswertes, wie z. B. Fehler, die immer wieder vorkommen, typische Stolpersteine oder wichtige Ausnahmen.

INFO

Hier erhalten Sie nützliche Zusatz- und Hintergrundinformationen zum Thema.

RECHTSGRUNDLAGEN

Das Paragrafenzeichen verweist auf rechtliche Grundlagen, wie z. B. Gesetzestexte.

MEDIEN

Das Maus-Symbol weist Sie auf andere Medien hin. Sie finden hier Hinweise z. B. auf Download-Möglichkeiten von Zusatzmaterialien, auf Audio-Medien oder auf die Website von Kiehl.

Feedbackhinweis

Kein Produkt ist so gut, dass es nicht noch verbessert werden könnte. Ihre Meinung ist uns wichtig. Was gefällt Ihnen gut? Was können wir in Ihren Augen verbessern? Bitte schreiben Sie einfach eine E-Mail an: **feedback@kiehl.de**

Beschreibung des Unternehmens

Firma	MMM Münchner Möbel-Manufaktur KG
Geschäftszweck	Fertigung und Vertrieb von Wohnmöbeln und Verkauf von Wohn-Accessoires
Geschäftssitz	Dochhamer Straße 31 81152 München Telefon: 089 – 98 76 54 32 Fax: 089 – 98 76 54 33 Homepage: muenchner-moebel-manufaktur.de E-Mail: kontakt@muenchner-moebel-manufaktur.de
Gesellschafter	Sabine Henning (Komplementär) Peter Dietl (Kommanditist)
Bankverbindungen	Münchner Sparkasse IBAN: DE51 7005 0000 0000 3210 98 BIC: SSKMDEMMXXX Volksbank München IBAN: DE15 7016 9466 0000 2901 69 BIC: GENO DE F1 M03
Mitarbeiter-/innen	25 Beschäftigte, davon 1 Auszubildende
Auszug aus dem Absatz-programm	Produktionsprogramm (eigene Erzeugnisse): ► Kleinmöbel - Gewürzregale - Weinregale - Flurspiegel - Tabletts - Schuhregal - Klappstühle und Klapptische ► Wohnzimmermöbel - Esstisch und Essstühle - Relaxsessel ► Schlafzimmermöbel - Kleiderschrank - Kinderbetten - Schlafsofa ► Dienstleistungen - Anlieferung der Möbel - Abbau und Entsorgung von Altmöbeln - Montage der gelieferten Möbel - Verwertung von Holzabfällen

Auszug aus dem Absatzprogramm	Handelswaren: ► Wohnmöbel - Bank klappbar - Gästebett - Schaukelstuhl - Sofa - Schrank ► Kindermöbel - Ansatz-Rutschbahn für Hochbetten - Bettzelte - Bettumrandung - Baby-Himmel - Hochbett-Sicherheitsnetz - Kletterseil - Kinderbett - Kinderzimmerschrank - Steck-Regal für Kinderzimmer - Zubehör zu Kinderbett ► Möbelergänzung - Beleuchtungssystem für Schränke - Kleiderstangen - Lattenroste ► Kleinmöbel - Glastisch - Klapptische - Klappstühle - Schuhregal ► Gartenmöbel - Feuerkorb mit Ständer - Gartentisch - Gartenstühle - Gartenbank ► Deko-Ware - Duftkerzen - Herbstkranz - Kaminkonsolen - Laterne Bambus

Auszug aus dem Absatzprogramm	► Küchenartikel - Kochzange - Müslischalen - Schneidebretter ► Sonstiges - Buchtitel: Wohnen mit Holz
Werkstoffe/Vorprodukte	► Rohstoffe: - Verschiedene Sorten Holz ► Hilfsstoffe: - Schrauben - Nägel - Leim - Lacke - Imprägnier Mittel ► Betriebsstoffe/Energie - Strom - Schmierstoffe ► Vorprodukte: - Griffe - Glas für Spiegel - Schienen für Schubladen
Geschäftsjahr	01.01. bis 31.12.

A. Buchführung

1. Grundlagen der Buchführung

Im ersten Kapitel sind die Grundlagen sehr ausführlich dargestellt.

- Welche Arten von Konten gibt es überhaupt?
- Wie kommt ein Buchungssatz zustande?
- Welche Auswirkungen auf den Gewinn haben verschiedene Vorgänge?
- Welche Basics für die Buchhaltung sind im Gesetz aufgeführt?

Wer sich hier sicher fühlt, überspringt einfach die Theorie in >> **Kapitel A.1**.

TIPP

Bearbeiten Sie trotzdem die Aufgaben nach dem Theorieteil – aus Sicherheitsgründen. Zudem werden die Grundlagen auch in der Prüfung abgefragt!

INFO

In den Prüfungen werden nicht immer die Originalbezeichnungen aus den Gesetzen verwendet (z. B. Fremdkapital statt Verbindlichkeiten). Wir richten uns hier nach den Begrifflichkeiten, die auch in den Prüfungen zum Einsatz kommen.

1.1 Was ist in der Buchführung zu tun?

Jeder Kaufmann ist laut Gesetz (z. B. Handelsgesetzbuch und Steuergesetze) zur Buchführung verpflichtet, er hat bestimmte gesetzliche Aufgaben zu erledigen. Dazu gehören:

- Alle Geschäftsvorfälle müssen erfasst werden, z. B. der Einkauf von Büromaterial, der Verkauf von Handelswaren oder die Überweisung von Gehältern (Buchungssätze)
- Der Gewinn oder Verlust ist zu ermitteln (G + V)
- Die Bilanz ist zu erstellen (Schlussbilanz).

1.2 Vorarbeit: Inventur und Inventar

Bei der Inventur werden alle Vermögensteile und auch alle Schulden, jeweils mit Mengen- und Wertangaben, einzeln gezählt. Die Werte werden in einer Liste aufgeführt, dem Inventar.

Inventur
= Bestandsaufnahme durch Zählen, Wiegen, ...

↓

Inventar
= Bestandsverzeichnis aller Vermögensgegenstände und Schulden in Staffelform

Auszug aus einem Inventar

A. Vermögen		
I. Anlagevermögen		
1. Grundstücke und Bauten		
Grundstück Sparkassenstraße 10	380.000 €	
Gebäude Sparkassenstraße 10	520.000 €	900.000 €
2. Fuhrpark		
Sprinter M – ME 702	40.000 €	
VW Polo M – ME 703	20.000 €	60.000 €
3. Betriebs- und Geschäftsausstattung		
3 Computer hp à 800 €	2.400 €	
Büromöbel lt. Liste	22.600 €	25.000 €
II. ...		

Eine Inventur ist einmal jährlich durchzuführen. Drei Möglichkeiten für den Zeitpunkt stehen zur Wahl:

(zeitnahe) Stichtagsinventur	Verlegte Inventur	Permanente Inventur
31.12. +/- 10 Tage 22.12. ↔ 10.01.	31.12. - 3/+ 2 Monate 01.10. ↔ 28.02.	Beliebiger Stichtag – Fortschreibung in einer Datei 01.01. ↔ 31.12.

INFO

Das Geschäftsjahr in den Prüfungen entspricht dem Kalenderjahr (01.01. bis 31.12.).

Bei großen, vollautomatischen Lagerhäusern werden nur Stichproben gezogen und daraus rechnerisch auf die Gesamtmengen geschlossen (Stichprobeninventur).

Differenzen bei den Waren: Es wird eine andere Menge gezählt (Istbestand) als laut Ein- und Ausgangsrechnungen da sein sollte (Sollbestand). Der tatsächliche Istbestand stimmt mit dem errechneten Sollbestand nicht überein. Das kann leicht passieren: Diebstahl, Bruch, Fehler in der Buchhaltung, Ungezieferbefall usw. Die fehlende oder die überschüssige Warenmenge nennt man Inventurdifferenz. Sie ist in der Buchhaltung zu korrigieren.

Zwei mögliche Situationen	Mögliche Gründe	Nötige Maßnahme	Wirkung
Sollbestand > Istbestand (der Sollbestand ist größer als der Istbestand)	Ware ist verdorben oder gestohlen worden.	Der Sollbestand in der Buchhaltung ist zu hoch, muss gemindert werden.	Gewinn sinkt
Sollbestand < Istbestand (der Sollbestand ist kleiner als der Istbestand)	Ware wurde versehentlich nicht eingepackt und blieb liegen.	Der Sollbestand in der Buchhaltung ist zu niedrig, muss erhöht werden.	Gewinn steigt

Aufgabe 1: Inventurverfahren

Welches Inventurverfahren wurde jeweils verwendet? Bitte ankreuzen.

	Vorgang	Stichtags-inventur	Verlegte Inventur	Permanente Inventur	Stichproben-inventur
a)	Die Inventur wird am 28.12. durchgeführt.				
b)	Die Inventur wird vom 31.12. auf den 01.02. verschoben.				
c)	Im Hochregallager einer Brauerei wird stichprobenartig gezählt. Daraus werden Rückschlüsse auf den Gesamtbestand gezogen.				
d)	Es wird eine Lagerbuchhaltung geführt und einmal pro Jahr eine körperliche Bestandsaufnahme durchgeführt.				
e)	Die Inventur wird am 15.12. durchgeführt.				

Lösung s. Seite 193

Aufgabe 2: Inventargliederung

Welche Posten sind in das Inventar falsch eingegliedert?

A. Vermögen

I. Anlagevermögen (z. B. Gebäude, Fuhrpark, BGA)

II. Umlaufvermögen (z. B. Vorräte, Verbindlichkeiten, Bank)

= Summe des Vermögens

B. Schulden

I. Langfristige Schulden (z. B. Bankdarlehen)

II. Kurzfristige Schulden (z. B. Forderungen)

= Summe der Schulden

C. Ermittlung des Reinvermögens

Summe des Vermögens

\- Summe der Schulden

= **Eigenkapital** (Reinvermögen)

Lösung s. Seite 193

Aufgabe 3: Merkmale eines Inventars

Welche Aussagen zum Thema Inventar sind richtig bzw. falsch? Bitte ankreuzen.

	Aussage	richtig	falsch
a)	Ein Inventar ist ein Verzeichnis aller Vermögenswerte.		
b)	Auch eine permanente Inventur kommt nicht ganz ohne körperliche Bestandsaufnahmen aus.		
c)	In automatisierten Hochregal-Lagern mit PC-gesteuerten Bediensystemen kann auf die komplette Bestandsaufnahme verzichtet werden.		
d)	Der Fuhrpark eines Unternehmens kann im Inventar mit einem Summenwert aufgenommen werden.		
e)	Das Inventar ist die Bestandsaufnahme aller Vermögens- und Schuldenwerte zum Ende eines Geschäftsjahres.		
f)	Eine Inventur muss auch bei der Gründung eines Unternehmens durchgeführt werden.		

Lösung s. Seite 193

Aufgabe 4: Inventurdifferenzen

Geben Sie jeweils die Erfolgsauswirkung der folgenden Inventurdifferenzen an.

	Vorgang	**Veränderung des Gewinns**	
		+ er steigt	**- er sinkt**
a)	Der Kassenbestand lt. Zählung beträgt 500 €, lt. Kassenbuch müssten aber 550 € in der Kasse sein.		
b)	Ein Wasserschaden im Warenlager, der einen Schaden von 150 € verursachte, wurde nicht erfasst.		
c)	Der Inhaber hat zwei Klappstühle aus dem Verkaufsraum für private Zwecke mitgenommen. Der Vorgang wurde in der Buchhaltung nicht erfasst.		
d)	Durch eine Warenrückgabe, die in der Buchhaltung nicht erfasst worden ist, stimmen Soll- und Istbestand nicht überein.		

Lösung s. Seite 194

Aufgabe 5: Inventurwerte

Die Münchner Möbel-Manufaktur hat per Inventur unter anderem folgende Werte erfasst:

Gebäude in der Tiefenwaldstraße 5	500.000,00 €
Kundenforderungen lt. Liste	34.000,00 €
Grundstück in der Tiefenwaldstraße 5	750.000,00 €
Lkw ► Mercedes Sprinter ► MAN	 20.000,00 € 35.000,00 €
Betrieb- und Geschäftsausstattung lt. Liste	45.000,00 €
Bankkonto bei der Münchner Sparkasse	5.000,00 €
Handelswaren ► 25 Kleiderstangen à 10 € ► 18 Lattenroste à 30 €	

Bestimmen Sie das Anlage- und das Umlaufvermögen.

Lösung s. Seite 194

Aufgabe 6: Bewertung von Waren in der Inventur

Die Möbel-Manufaktur hat 50 Müslischalen in verschieden Farben à 4,00 € netto gekauft. Sie wird die Schalen für brutto 9,95 € verkaufen. Mit welchem Wert gehen die Schalen in die Inventur ein?

Lösung s. Seite 194

1.3 Von der Bestandsaufnahme zur Bilanz

Inventur

↓

Inventar

↓

Bilanz
= Zusammenfassung eines Inventars in Kontenform ohne Mengenangaben

Vergleich

Inventar	**Bilanz**
Staffelform: Vermögen und Schulden stehen untereinander	**Kontenform:** Vermögen und Schulden stehen sich gegenüber
Alle Dinge sind einzeln aufgeführt: z. B. jedes einzelne Auto	Es werden Summen gebildet: nur der gesamte Fuhrpark wird aufgeführt
Bei gleichartigen Gütern werden Mengen angegeben: z. B. 50 m³ Holz	Mengenangaben fehlen

Auszug (!) aus einer Bilanz (abgeleitet vom Inventar auf Seite 18)

AKTIVA	**Bilanz zum ...**	**PASSIVA**
A. Anlagevermögen I. Sachanlagen 1. Grundstücke u. Bauten 900.000 € 2. Fuhrpark 60.000 € 3. BGA 25.000 € II. ... Summe		Eigenkapital ... Summe

Inventar und Bilanz sind gleich gegliedert.

ACHTUNG

Im Gesetz ist die Nummerierung in der Bilanz nicht ganz identisch mit der im Inventar und aus lang- und kurzfristigen Schulden wird einfach Fremdkapital!

Inventar zum 31.12.20XX

A. Vermögen

I. Anlagevermögen (z. B. Grundstück, Maschinen, BGA

II. Umlaufvermögen (z. B. Vorräte, Forderungen, Geld)

= Summe des Vermögens

B. Schulden

I. Langfristige Schulden

II. Kurzfristige Schulden

= Summe der Schulden

C. Ermittlung des Reinvermögens

Summe des Vermögens

\- Summe der Schulden

= **Eigenkapital** (Reinvermögen)

Aktiva	**Bilanz zum 31.12.20XX** Passiva
A. Anlagevermögen	A. Eigenkapital
B. Umlaufvermögen	B. Fremdkapital
Summe	**Summe**
Wo steckt das Kapital drin? ↓ Mittelverwendung Investition	Wo kommt das Kapital her? ↓ Mittelherkunft Finanzierung

ACHTUNG

Inventar und Bilanz müssen zehn Jahre aufbewahrt werden, gerechnet ab dem 01.01. des Folgejahres, nachdem die Bilanz **erstellt** wurde.

INFO

Neben der Bilanz mit den Istzahlen des Inventars gibt es im Rahmen der Buchhaltung auch ein Schlussbilanz- und ein Eröffnungsbilanzkonto mit den Werten der Buchhaltung.

Aufgabe 7: Geschäftsfälle und ihre Auswirkungen auf die Bilanz

Geschäftsfälle wirken sich unterschiedlich auf die Positionen in der Bilanz aus. Tragen Sie in den folgenden Tabellen ein, wie sich die Geschäftsfälle der Belege auf die jeweilige Bilanzposition auswirken!

a)

TEXWARE
Hard- und Software
Lindwurmstraße 195, 80123 München

TEXWARE, Lindwurmstraße 195, 80123 München

Münchner Möbel-Manufaktur KG
Dochhamer Straße 31
81152 München

Ihr Zeichen	
Ihre Nachricht vom	
Unser Zeichen	
Unsere Nachricht vom	
USt-IdNr.:	DE 989954321
Name:	
FON:	089 - 12 34 56 89
FAX:	089 - 12 34 56 90
E-Mail:	kontakt@texware.com
Rechnungsdatum	25.01.2020

Bitte bei Zahlung unbedingt angeben		
Rechnungsnummer	Kundennummer	Bestellung vom
2020_112	123	05.01.2020

Rechnung

Art.-Nr.	Artikel	Menge	Stückpreis (EUR)	Gesamtpreis (EUR)
428	Personal-Computer	2	1.800,00	3.600,00
		Summe netto		3.600,00
		19 %	USt.	684,00
		Rechnungsbetrag		**4.284,00**

Bilanzposition	Auswirkung (z. B. sinkt, steigt, keine)	Begründung
Anlagevermögen		

b)

Münchner Volksbank			
Kontoauszug vom 01.02.2020 Auszug Nr. 2/Blatt 1			
Buchungstag	**Vorgang**	**Wert**	**Umsatz in Euro**
30.01.2020	Leasingrate für Pkw	30.01.2020	357,00 -
Münchner Möbel-Manufaktur KG **Dochhamer Straße 31** **81152 München**			

Bilanzposition	Auswirkung (z. B. sinkt, steigt, keine)	Begründung
Anlagevermögen		

c)

Münchner Volksbank			
Kontoauszug vom 01.03.2020 Auszug Nr. 3/Blatt 2			
Buchungstag	**Vorgang**	**Wert**	**Umsatz in Euro**
15.02.2020	Grundsteuer	15.02.2020	160,00 -
Münchner Möbel-Manufaktur KG **Dochhamer Straße 31** **81152 München**			

Bilanzposition	Auswirkung (z. B. sinkt, steigt, keine)	Begründung
Anlagevermögen		

d)

Münchner Volksbank			
Kontoauszug vom 01.03.2020 Auszug Nr. 3/Blatt 3			
Buchungstag	**Vorgang**	**Wert**	**Umsatz in Euro**
26.02.2020	Rechnung von „Gesünder Wohnen“ 2020_A 7, K-Nr. 088	27.02.2020	4.998,00 -
Münchner Möbel-Manufaktur KG **Dochhamer Straße 31** **81152 München**			

Bilanzposition	Auswirkung (z. B. sinkt, steigt, keine)	Begründung
Umlaufvermögen		

Lösung s. Seite 194

1.4 Von der Bilanz zur Buchführung

Geschäftsvorfälle ändern laufend das Vermögen und die Schulden. Sie werden auf Konten gebucht. Konten ergeben sich aus der Bilanz.

Inventur

↓

Inventar

↓

Bilanz

↓

Auflösung der Bilanz **in Konten**
= Aufbereitung für die Erfassung der laufenden Änderungen, das Buchen.

Jedes Konto schaut so aus:

Soll	Konto	Haben

Die linke Seite heißt immer „Soll“, die rechte Seite „Haben“.

INFO

Das bedeutet nicht, dass rechts das steht, was man „hat“ oder dergleichen. „Soll“ und „Haben“ sind wie Namen aufzufassen, linke Seite **Soll** und rechte Seite **Haben.** Abgekürzt steht auf den Konten links S und rechts H. Nur in den Bilanzen bleibt es bei Aktiva und Passiva.

Die Konten werden stets auf einer bestimmten Seite mehr und auf der anderen Seite weniger. Es ist wichtig zu wissen, wo sie mehr bzw. weniger werden! (Siehe die beiden folgenden Kapitel.)

1.4.1 Bestandskonten

Aus der Bilanz ergeben sich zwei Typen von Konten: aktive und passive **Bestandskonten.**

AKTIVA	**Bilanz zum ...**	**PASSIVA**
A. Anlagevermögen B. Umlaufvermögen Summe		A. Eigenkapital B. Fremdkapital Summe

S	**Aktive Bestandskonten**	H
Anfangsbestand		
+		-

S	**Passive Bestandskonten**	H
		Anfangsbestand
-		+

ACHTUNG

- Steht ein Konto in der Bilanz auf der „linken" Seite, der Aktiv-Seite, dann hat es auch links den Anfangsbestand und wird links mehr!
- Steht ein Konto in der Bilanz auf der rechten Seite, der Passiv-Seite, dann hat es auch rechts den Anfangsbestand und wird rechts mehr!

Verbuchung eines Geschäftsfalls auf Bestandskonten

Beispiel

500 € Wechselgeld werden vom Bankkonto abgehoben.

Welche Konten ändern sich?	Kasse	Bank
Werden die Konten mehr oder weniger?	Kasse wird mehr	Bank wird weniger
Typ des Kontos?	Aktives Bestandskonto	Aktives Bestandskonto
Auf welcher Kontoseite ist zu buchen?	+ im Soll	- im Haben

S	**Kasse**	H
500,00 €		

S	**Bank**	**H**
		500,00 €

Den dazugehörigen Buchungssatz finden Sie in >> **Kapitel A.1.7**.

Einfache Übung zum Einstieg:
(**Hinweis:** sog. „Übungen" haben kein Prüfungsniveau.)

1. Kauf eines Grundstücks per Bank: 100.000 €

Welche Konten ändern sich?		
Werden die Konten mehr oder weniger?		
Typ des Kontos?		
Auf welcher Kontoseite ist zu buchen?		

2. Die Bareinnahmen des Tages werden auf das Bankkonto eingezahlt: 2.500 €

Welche Konten ändern sich?		
Werden die Konten mehr oder weniger?		
Typ des Kontos?		
Auf welcher Kontoseite ist zu buchen?		

3. Tilgung einer Lieferanten-Schuld: bar 50 €

Welche Konten ändern sich?		
Werden die Konten mehr oder weniger?		
Typ des Kontos?		
Auf welcher Kontoseite ist zu buchen?		

Lösung s. Seite 192

Bei einem Geschäftsvorfall können nur Aktiv- oder nur Passivkonten betroffen sein, oder je ein Aktiv- und ein Passivkonto. Dementsprechend gibt es vier Varianten einer veränderten Bilanz:

AKTIVA	**Bilanz**	**PASSIVA**
Ein Aktivkonto wird mehr Ein Aktivkonto wird weniger Summe **bleibt**	**Aktivtausch** ↕	

AKTIVA	**Bilanz**	**PASSIVA**
	Ein Passivkonto wird mehr Ein Passivkonto wird weniger Summe **bleibt**	**Passivtausch** ↕

AKTIVA	Bilanz	PASSIVA
Ein Aktivkonto wird mehr ↓	**Aktiv-Passiv-Mehrung**	Ein Passivkonto wird mehr ↓
Summe **wächst**		Summe **wächst**

AKTIVA	Bilanz	PASSIVA
Ein Aktivkonto wird weniger ↑	**Aktiv-Passiv-Minderung**	Ein Passivkonto wird weniger ↑
Summe **schrumpft**		Summe **schrumpft**

1.4.2 Erfolgskonten

Neben den Bestandskonten gibt es **Erfolgskonten:**

- **Aufwandskonten:** Aufwendungen mindern den Gewinn eines Unternehmens.
- **Ertragskonten:** Erträge erhöhen den Gewinn eines Unternehmens.

Typische Aufwendungen sind z. B. Aufwendungen für Energie, Löhne und Gehälter, sonstige Personalaufwendungen, Mieten und Pachten, Büromaterial, Zinsaufwendungen.

Typische Erträge sind Zinserträge, Umsatzerlöse für Handelswaren, Außerordentlicher Ertrag.

MERKE

Aufwendungen stehen stets im Soll, Erträge immer im Haben:

S	**Aufwandskonten**	H
+		

S	**Ertragskonten**	H
		+

Buchungsfälle, in denen ein Aufwands- oder ein Ertragskonto vorkommt, nennt man erfolgswirksame Buchungsvorgänge.

1.4.3 Buchen auf Bestands- und Erfolgskonten

Beispiel

Die Miete wird vom Bankkonto abgebucht: 900 €.

Welche Konten ändern sich?	Mieten und Pachten	Bank
Werden die Konten mehr oder weniger?	Mehr Aufwand	Bank wird weniger
Typ des Kontos?	Aufwandskonto	Aktives Bestandskonto
Auf welcher Kontoseite ist zu buchen?	+ im Soll	- im Haben

S	**Mieten und Pachten**	H
900,00 €		

S	**Bank**	**H**
		900,00 €

Den dazugehörigen Buchungssatz finden Sie in >> **Kapitel A.1.7**.

Einfache Übung zum Einstieg:

1. Die Bank schreibt uns Zinsen gut: 12 €

Welche Konten ändern sich?		
Werden die Konten mehr oder weniger?		
Typ des Kontos?		
Auf welcher Kontoseite ist zu buchen?		

2. Barzahlung eines Aushilfslohns: 450 €

Welche Konten ändern sich?		
Werden die Konten mehr oder weniger?		
Typ des Kontos?		
Auf welcher Kontoseite ist zu buchen?		

3. Die Regensburger Versicherung bucht Versicherungsbeiträge vom Bankkonto ab: 320 €

Welche Konten ändern sich?		
Werden die Konten mehr oder weniger?		
Typ des Kontos?		
Auf welcher Kontoseite ist zu buchen?		

Lösung s. Seite 192

1.4.4 Der Erfolg des Unternehmens

Die Erfolgskonten werden über ein Konto „Gewinn und Verlust", kurz G + V abgeschlossen. Dort sieht man, welchen „Erfolg" ein Unternehmen gemacht hat:

- einen Gewinn, d. h. die Erträge waren mehr als die Aufwendungen oder
- einen Verlust, d. h. die Erträge waren weniger als die Aufwendungen.

Der Gewinn oder Verlust wird umgebucht auf das Konto Eigenkapital.

a) Umbuchung eines Gewinns:

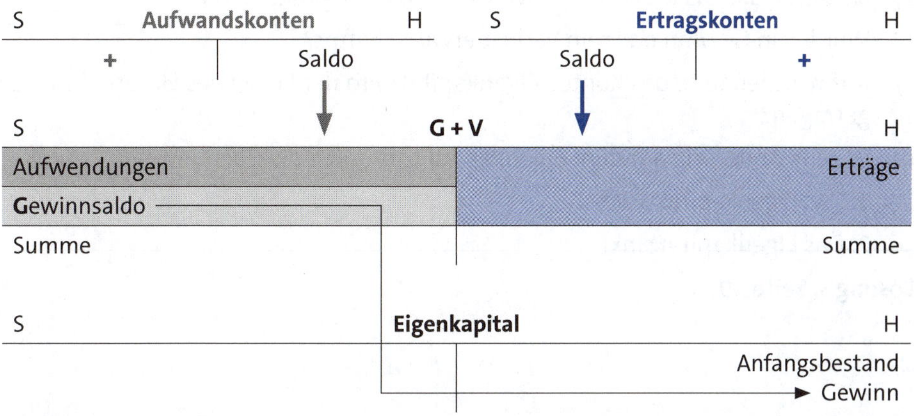

Eselsbrücke:
Ein **G**ewinn-Saldo steht in der G + V unter dem „G" von G + V. Er mehrt das Eigenkapital.

b) Umbuchung eines Verlustes:

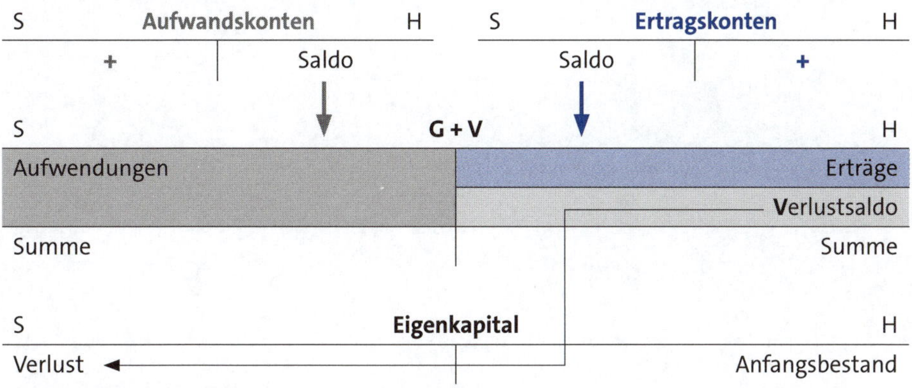

Eselsbrücke:
Ein **V**erlust-Saldo steht in der G + V unter dem „V" von G + V. Er mindert das Eigenkapital.

Aufgabe 8: Analyse einer Gewinn- und Verlustrechnung

S		G + V	H
6900 Versicherung	800,00 €	5401 Nebenerlöse	6.000,00 €
6920 Beiträge	500,00 €		
6520 Abschreibung	2.300,00 €		
6640 Aufw. für Fortbildung	1.400,00 €		
Summe	€	Summe	€

a) Saldieren Sie das Konto G + V. Wieviel Euro beträgt der Saldo?

b) Wurde ein Gewinn oder ein Verlust erwirtschaftet?

c) Auf welcher Seite des Kontos Eigenkapital wird der Erfolg des Unternehmens eingetragen?

d) Welche Änderung auf dem Eigenkapital tritt durch die Buchung ein?

1. Das Eigenkapital wächst.

2. Das Eigenkapital sinkt.

Lösung s. Seite 195

Aufgabe 9: Geschäftsfälle und ihre Auswirkungen auf den Unternehmenserfolg

Beurteilen Sie die folgenden Belege für den Unternehmenserfolg! Sind die Vorgänge erfolgswirksam oder nicht? Wie wirken sie sich auf den Gewinn der Münchner Möbel-Manufaktur aus? Tragen Sie die Feststellungen in die Tabelle ein.

Beleg 1

Sirius – Vertriebsgesellschaft
Möbel Zubehör
Industriezentrum, Ringstraße 69, 82345 Planegg

Sirius – Vertriebsgesellschaft,
Ringstraße 69, 82345 Planegg

Münchner Möbel-Manufaktur KG
Dochhamer Straße 31
81152 München

Ihr Zeichen
Ihre Nachricht vom
Unser Zeichen
Unsere Nachricht vom
USt-IdNr.: DE 987654321
Name:
FON: 089 - 32 76 54 89
FAX: 089 - 32 76 54 90
E-Mail: kontakt@sirius.com
Rechnungsdatum 15.01.2020

Bitte bei Zahlung unbedingt angeben		
Rechnungsnummer	Kundennummer	Bestellung vom
2020_013	105	20.12.2019

Rechnung

Art.-Nr.	Artikel	Menge	Stückpreis (EUR)	Gesamtpreis (EUR)
124	Kleiderstangen – 100 cm	5	15,00	75,00
		19 %	USt	14,25
		Rechnungsbetrag		**89,25**

Zahlungsbedingungen: sofort, netto Kasse. Die Ware bleibt bis zur vollständigen Bezahlung unser Eigentum, § 449 BGB. Erfüllungsort und Gerichtsstand für beide Vertragspartner: Planegg

Geschäftsräume:
Ringstraße 69
82345 Planegg

Bankverbindung:
Münchner Sparkasse
IBAN: DE51 7005 0000 0000 3311 88
BIC: SSKMDEMMXXX

Handelsregister:
Amtsgericht München
HRB 1234

Beleg 2

TEXWARE
Hard- und Software
Lindwurmstraße 195, 80123 München

TEXWARE, Lindwurmstraße 195, 80123 München

Münchner Möbel-Manufaktur KG
Dochhamer Straße 31
81152 München

Ihr Zeichen	
Ihre Nachricht vom	
Unser Zeichen	
Unsere Nachricht vom	
USt-IdNr.:	DE 989954321
Name:	
FON:	089 - 12 34 56 89
FAX:	089 - 12 34 56 90
E-Mail:	kontakt@texware.com
Rechnungsdatum	25.01.2020

Bitte bei Zahlung unbedingt angeben		
Rechnungsnummer	Kundennummer	Bestellung vom
2020_112	123	05.01.2020

Rechnung

Art.-Nr.	Artikel	Menge	Stückpreis (EUR)	Gesamtpreis (EUR)
428	Personal-Computer	2	1.800,00	3.600,00
		Summe netto		3.600,00
		19 %	USt	684,00
		Rechnungsbetrag		**4.284,00**

Beleg	erfolgswirksam/erfolgsunwirksam	Gewinn steigt/sinkt/unverändert
1		
2		

Lösung s. Seite 195

1.5 Übersicht der verschiedenen Konten

Es werden folgende Konten unterschieden:

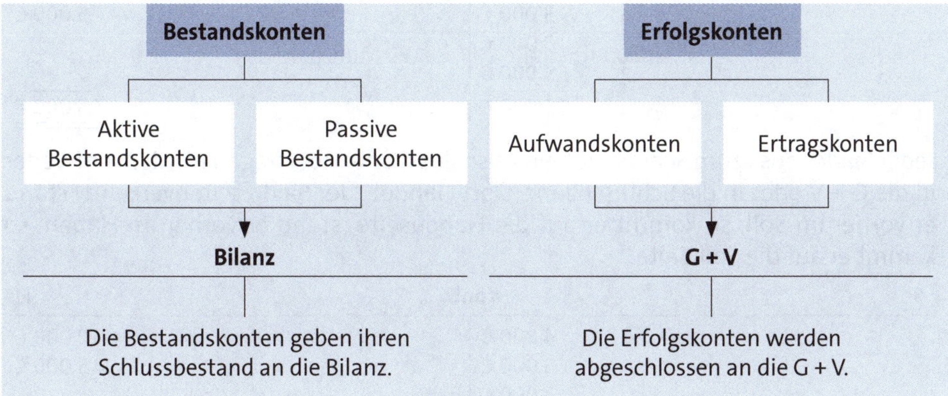

Die linke Seite aller Konten heißt „Soll“, die rechte Seite immer „Haben“.

1.6 Abschluss von Konten: die Technik des Saldierens

Egal welches Konto, wenn es abgeschlossen werden soll, muss der Saldo ermittelt werden. Das geht so:

S	Konto ...	H
4.000 €		10.000 €
3.000 €		5.000 €
3.000 €		

- Überlegung: Hat Soll oder Haben mehr Euros?
- **Antwort:** Hier die Haben-Seite, weil 15.000 € mehr sind als 10.000 €.
- Diese Seite addieren und die Summe am Ende dieser Seite anschreiben:

S	Konto ...	H
4.000 €		10.000 €
3.000 €		5.000 €
3.000 €	↓	
		15.000 €

- Die Summe auf die andere Seite übertragen:

S	Konto ...	H
4.000 €		10.000 €
3.000 €		5.000 €
3.000 €		
15.000 €	←	15.000 €

- Dort den Saldo ausrechnen, hier: 15.000 € – (4.000 + 3.000 + 3.000) €:

S	Konto ...	H
	4.000 €	10.000 €
	3.000 €	5.000 €
	3.000 €	
	5.000 €	
	15.000 €	15.000 €

- Jeder Saldo muss zum Schluss auf ein Abschlusskonto übertragen werden: entweder in die G + V oder in die Schlussbilanz. Dort „landet" der Saldo seitenverkehrt: stand er vorher im Soll, so kommt er auf die Habenseite, stand er vorher im Haben, so kommt er auf die Soll-Seite:

S	Konto ...	H
	4.000 €	10.000 €
	3.000 €	5.000 €
	3.000 €	
	5.000 € →	
	15.000 €	15.000 €

S	Abschluss-Konto	H
		→ **5.000 €**

1.7 Der Buchungssatz

1.7.1 Was ist ein Buchungssatz?

Ein Buchungssatz ist eine kurze Anweisung, was auf welchen Konten wo eingetragen werden soll. Er nennt:

- die Konten (mindestens zwei), die durch einen Geschäftsfall verändert werden
- den Betrag, um den sich die Konten verändern
- die Seite, auf der das jeweilige Konto bebucht wird.

Dabei gilt: es wird immer zuerst das Konto genannt, das sich im Soll verändert und dann das Konto, das sich im Haben verändert. Zwischen den beiden Konten steht das Wörtchen „an" oder einfach ein „/".

Soll	an	Haben

Beispiele

Beispiel 1 aus >>Kapitel A.1.4.1 fortgeführt
Es wurden 500 € Wechselgeld vom Bankkonto abgehoben.

S	**Kasse**	H
	500,00 €	

S	**Bank**	**H**
		500,00 €

Die Veränderung im Soll passiert auf dem Kassenkonto, dieses Konto wird zuerst genannt. Der Buchungssatz lautet:

Kasse	an	Bank	500 €

Beispiel 2 aus >>Kapitel A.1.4.3 fortgeführt
Die Miete wird vom Bankkonto abgebucht: 900 €.

S	**Mieten und Pachten**	H
	900,00 €	

S	**Bank**	**H**
		900,00 €

Die Veränderung im Soll passiert auf dem Mietkonto, dieses Konto wird zuerst genannt. Der Buchungssatz lautet:

Mieten und Pachten	an	Bank	900 €

Typische Abschlussbuchungssätze:

- Umbuchung Gewinn:
  G + V an Eigenkapital
- Umbuchung Verlust:
  Eigenkapital an G + V
- Abschluss Aktives Bestandskonto:
  Schlussbilanzkonto (SBK) an Aktives Bestandskonto
- Abschluss Passives Bestandskonto:
  Passives Bestandskonto an Schlussbilanzkonto (SBK)

1.7.2 Buchungssätze mit Kontennummern in der Prüfung

Vor den Aufgaben mit Buchungssätzen findet sich in der Prüfung eine Anleitung. Dort heißt es:

- In Kontierungsaufgaben sind ausschließlich die vierstelligen Kontennummern aus dem in der Anlage abgebildeten Auszug des Kontenplans zu verwenden.
- Werden Unterkonten (siehe **>>Kapitel A.3** und **>>Kapitel A.4**) im Kontenplan genannt, so ist auf diesen Unterkonten zu buchen.
- Bilden Sie die Buchungssätze, indem Sie die Kontennummern, getrennt nach Soll und Haben, zunächst in die Kästchen bei den Aufgaben eintragen und anschließend in den Lösungsbogen übertragen.

  Diese Kästchen für den Buchungssatz schauen so aus:

Soll		Kontonummern					Haben

Jeder Prüfung liegt ein Kontenrahmen bei, dem die Kontennummern entnommen werden können. Wie sich ein Kontenrahmen aufbaut wird in **>>Kapitel A.1.8.3** erläutert.

Der Buchungssatz **Kasse an Bank** wird so eingetragen:

Soll		Kontonummern					Haben
2	8	8	0	2	8	0	0

Fortführung der Übungen aus >>Kapitel A.1.4.1 von Seite 28:

1. Kauf eines Grundstücks per Bank: 100.000 €

Soll		Kontonummern					Haben

2. Die Bareinnahmen des Tages werden auf das Bankkonto eingezahlt: 2.500 €

Soll		Kontonummern					Haben

3. Tilgung einer Lieferanten-Schuld: bar 50 €

Soll		Kontonummern					Haben

Lösung s. Seite 192

Fortführung der Übungen aus >>Kapitel A.1.4.3 von Seite 30:

1. Die Bank schreibt uns Zinsen gut: 12 €

Soll		Kontonummern					Haben

2. Barzahlung eines Aushilfslohns: 450 €

Soll	Kontonummern	Haben

3. Die Regensburger Versicherung bucht Versicherungsbeiträge vom Bankkonto ab: 320 €

Soll	Kontonummern	Haben

Lösung s. Seite 192

Aufgabe 10: Buchungssätze mit Bestandskonten

Bilden Sie zu folgenden Geschäftsfällen die Buchungssätze (**Hinweis:** Wir setzen Bank und Sparkasse gleich!):

a) Barabhebung vom Bankkonto.

Soll	Kontonummern	Haben

b) Kunde gleicht eine Forderung per Bank aus.

Soll	Kontonummern	Haben

c) Teil-Tilgung des Darlehens bei der Volksbank.

Soll	Kontonummern	Haben

d) Das Unternehmen begleicht eine offene Verbindlichkeit per Bank.

Soll	Kontonummern	Haben

e) Überweisung der Umsatzsteuer-Zahllast per Bank.

Soll	Kontonummern	Haben

f) Eine kurzfristige Verbindlichkeit wird in eine langfristige Schuld umgewandelt.

Soll	Kontonummern	Haben

Lösung s. Seite 196

Aufgabe 11: Buchungssätze mit Erfolgskonten

Bilden Sie zu folgenden Geschäftsfällen die Buchungssätze:

a) Überweisung der Versicherungsprämie vom Sparkassenkonto.

Soll	Kontonummern						Haben

b) Überweisung des IHK-Beitrags per Sparkasse.

Soll	Kontonummern						Haben

c) Pachteingang von einem Geschäftspartner auf dem Sparkassenkonto.

Soll	Kontonummern						Haben

d) Verbuchung der Abschreibung eines Lkws.

Soll	Kontonummern						Haben

e) Überweisung der Fortbildungskosten für einen Mitarbeiter per Sparkasse.

Soll	Kontonummern						Haben

Lösung s. Seite 196

Aufgabe 12: Verbuchung eines Kontoauszugs

Buchen Sie die Geschäftsfälle des folgenden Belegs, indem Sie die Kontennummern in die Kästchen eintragen!

Münchner Sparkasse			
Kontoauszug vom 30.04.2020 Auszug Nr. 9/Blatt 1			Alter Saldo 3.192,91 € +
Buchungstag	**Vorgang**	**Wert**	**Umsatz in Euro**
10.04.2020	Kfz-Steuer	10.04.2020	485,00 -
10.04.2020	Annuität für ein Darlehen Tilgung 800,00 €, Zinsen 70,00 €	10.04.2020	870,00 -
12.04.2020	Gewerbesteuer	12.04.2020	1.800,00 -
13.04.2020	Spende an SOS Kinderdorf	13.04.2020	20,00 -
14.04.2020	Briefmarken	14.04.2020	16,00 -
30.04.2020	Konto-Abschluss: Gebühren	30.04.2020	5,00 -
Münchner Möbel-Manufaktur KG **Dochhamer Straße 31** **81152 München**			Neuer Saldo 3,09 € -

a) Kfz-Steuer

Soll	Kontonummern	Haben

b) Annuität für ein Darlehen

Soll	Kontonummern	Haben

c) Gewerbesteuer

Soll	Kontonummern	Haben

d) Spende an SOS Kinderdorf

Soll	Kontonummern	Haben

e) Briefmarken

Soll	Kontonummern	Haben

f) Konto-Abschluss: Gebühren

Soll	Kontonummern	Haben

Lösung s. Seite 197

1.8 Sonstige Infos rund um die Buchführung

1.8.1 Aufbewahrungsfristen

Das HGB regelt, welche Belege wie lange aufbewahrt werden müssen:

Fristen	**Beispiele**
10 Jahre	▸ Inventare, Buchungsbelege wie Rechnungen, Gutschriften, Lohnabrechnungen, Zollpapiere ▸ Bilanzen ▸ G + V
6 Jahre	Alle anderen Unterlagen, z. B. Geschäftsbriefe, die ein Geschäft vorbereiten oder die Durchführung begleiten wie Bestellungen und Lieferscheine.

Die Frist beginnt mit dem Schluss des Kalenderjahres, in dem der Beleg entstanden ist, also immer am 31.12. eines Kalenderjahres. Beispielsweise muss eine Eingangsrechnung für Büromaterial vom 15.06.2019 sechs Jahre bis zum 31.12.2025 aufbewahrt werden.

ACHTUNG

Falle in der Prüfung! Mit folgenden Fragen müssen Sie rechnen:

- Wie lange muss die Rechnung aufbewahrt werden? Bis zum 31.12.2025.
- Wann kann die Rechnung vernichtet werden? Erst am 01.01.2026!

Belege können im Original, also auf Papier oder digital aufbewahrt werden.

Aufgabe 13: Aufbewahrungsfristen

a) Bis zu welchem Datum muss die Bilanz zum 31.12.2018 aufgehoben werden, wenn sie im Sommer 2019 erstellt wurde?

b) Wann kann die Bilanz vernichtet werden?

Lösung s. Seite 198

1.8.2 Grundsätze ordnungsgemäßer Buchführung

Eine Buchführung muss so beschaffen sein, dass sie einem sachverständigen Dritten innerhalb angemessener Zeit einen Überblick über die Geschäftsvorfälle und über die Lage des Unternehmens vermitteln kann.

Dazu stehen im HGB einige Regeln, die auch Grundsätze einer ordnungsgemäßen Buchführung genannt werden. Dazu gehört z. B.:

- Grundsatz der Richtigkeit (die Buchungen müssen den Tatsachen entsprechen)
- Grundsatz der Vollständigkeit (alle Geschäftsfälle müssen erfasst werden)
- Keine Buchung ohne Beleg!

1.8.3 Der Kontenrahmen

Ein Kontenrahmen ist ein Verzeichnis aller Konten für die Buchhaltung in einer Branche – Beispiel: der Industriekontenrahmen IKR für Industriebetriebe. Er ist gegliedert in die Kontenklassen 0 bis 9.

	Bestandskonten					Erfolgskonten			Ergebnis	KLR
	Aktive Bestandskonten			Passive Bestandskonten		Erträge	Aufwendungen			
Klassen	**0**	**1**	**2**	**3**	**4**	**5**	**6**	**7**	**8**	**9**
Gruppen							60			
Arten							608			
Unterarten							6081			
	Schlussbilanzkonto					G + V				

Jede Kontenklasse kann in Kontengruppen, -arten und Unterarten weiter untergliedert werden.

Beispiel

Konten-Klasse 6 Betriebliche Aufwendungen

→ **Kontengruppen 60** Materialaufwand

→ **Kontenart 608** Aufwendungen für Handelswaren

→ **Kontenunterart 6081** Bezugskosten und **6082** Nachlässe.

Besondere Unterarten sind **Unterkonten** wie z. B.:

- 6082 Nachlässe für Handelswaren:
  Das Konto wird über 6080 Aufwendungen für Handelswaren abgeschlossen.
- 5101 Erlösberichtigungen:
  Sie werden über 5100 Umsatzerlöse für Handelswaren abgeschlossen.

Leicht verwechselt werden Forderungen und Verbindlichkeiten.

Forderung	Verbindlichkeit
an einen **Kunden = Debitor**	bei einem **Lieferanten = Kreditor**
Konto 2400 Aktives Bestandskonto	Konto 4400 Passives Bestandskonto
Der Kunde hat eine Rechnung noch nicht bezahlt.	Das eigene Unternehmen hat eine Rechnung noch nicht bezahlt.
Ausgangsrechnung an Kunden	Eingangsrechnung vom Lieferanten
Dazu gehört immer die Umsatzsteuer!	Dazu gehört immer die Vorsteuer!

Die Kontennummer für Forderungen an unsere Kunden ist 2400. Wir haben allerdings mehrere Kunden, daher gibt es auch mehrere Kontennummern, für jeden Kunden eine eigene:

2401 Kunde Susan Franzensberger

2402 Kunde Marco Kecman

2403 Kunde Julius Hansen etc.

Sollte ein Kunde in der Auflistung Ihrer Kunden nicht genannt sein, so verwenden Sie die Kontonummer 2499 „sonstige Kunden".

Gleiches gilt für 4400 Verbindlichkeiten an unsere Lieferanten:

4401 Sirius Vertriebsgesellschaft

4402 Englische Gartenmöbel KG

4403 Bayerischer Holzhandel GmbH

4499 Sonstige Lieferanten

ACHTUNG

In der Prüfung **müssen** Sie die Kontennummer des jeweiligen Kunden (z. B. 2403) oder Lieferanten (z. B. 4401) verwenden. Die Nennung der Konten 2400 oder 4400 wird in der Prüfung als falsch gewertet.

Übung:
Ein Unternehmen arbeitet mit der Volksbank und der Sparkasse. Schlagen Sie zwei Kontennummern vor.

1.8.4 Wie lese ich einen Beleg?

Problem:
Der gleiche Beleg ist für die eine Firma eine Eingangsrechnung, für die andere eine Ausgangsrechnung.

Was ist was?

Eingangsrechnung[1]

Sirius – Vertriebsgesellschaft
Möbel Zubehör
Industriezentrum, Ringstraße 69, 82345 Planegg

Sirius – Vertriebsgesellschaft,
Ringstraße 69, 82345 Planegg

Münchner Möbel-Manufaktur KG
Dochhamer Straße 31
81152 München

Ihr Zeichen
Ihre Nachricht vom
Unser Zeichen
Unsere Nachricht vom
USt-IdNr.: DE 987654321

Name:
FON: 089 - 32 76 54 89
FAX: 089 - 32 76 54 90
E-Mail: kontakt@sirius.com

Rechnungsdatum 15.01.2020

Bitte bei Zahlung unbedingt angeben		
Rechnungsnummer	Kundennummer	Bestellung vom
2020_013	105	20.12.2019

Rechnung

Art.-Nr.	Artikel	Menge	Stückpreis (EUR)	Gesamtpreis (EUR)
124	Kleiderstangen – 100 cm	5	15,00	75,00
		19 %	USt	14,25
		Rechnungsbetrag		**89,25**

Zahlungsbedingungen: sofort, netto Kasse. Die Ware bleibt bis zur vollständigen Bezahlung unser Eigentum, § 449 BGB. Erfüllungsort und Gerichtsstand für beide Vertragspartner: Planegg

Geschäftsräume:
Ringstraße 69
82345 Planegg

Bankverbindung:
Münchner Sparkasse
IBAN: DE51 7005 0000 0000 3311 88
BIC: SSKMDEMMXXX

Handelsregister:
Amtsgericht München
HRB 1234

[1] Die Legende finden Sie auf Seite 46.

Steht meine Firma im Adressfeld?
Dann haben wir die Rechnung erhalten, weil wir Handelswaren **eingekauft** haben.

Achtung:
Es ist Vorsteuer, obwohl dort USt steht – Umsatzsteuer steht auf jeder Rechnung, denn für einen der beiden Geschäftspartner ist es Umsatzsteuer!

Achtung:
„Zahlungsbedingung: sofort ...“ bedeutet, dass die Rechnung sofort zahlbar ist, aber nicht, dass sie schon gezahlt wurde!

„Sofort netto Kasse“ bedeutet, dass die Rechnung sofort bezahlt werden soll, aber nicht, dass nur der Nettobetrag bezahlt werden muss. Zu überweisen sind 89,25 €.

Buchungssatz:

6080 Aufwand für Handelswaren		
2600 Vorsteuer 19 %	an	4401 Verbindlichkeit bei Lieferant Sirius

Prüfungsgerechtes Eintragen des Buchungssatzes:

Soll					Kontonummern										Haben
6	0	8	0	2	6	0	0	4	4	0	1				

Ausgangsrechnung

Münchner Möbel-Manufaktur KG
Wohnmöbel und Wohn-Accessoires
Dochhamer Straße 31, 81152 München

Münchner Möbel-Manufaktur KG,
Dochhamer Straße 31, 81152 München

Frau
Susan Franzensberger
Machtelfinger Weg 225
81234 München

Ihr Zeichen
Ihre Nachricht vom
Unser Zeichen
Unsere Nachricht vom
USt-IdNr.: DE 987654321

Name: Herr Huber
FON: 089 - 98 76 54 32
FAX: 089 - 98 76 54 33
E-Mail: kontakt@muenchner-moebel-manufaktur.de

Rechnungsdatum 10.02.2020

Bitte bei Zahlung unbedingt angeben		
Rechnungsnummer	Kundennummer	Bestellung vom
2020_08	109	20.01.2020

Rechnung
Für die Lieferung der Gartenmöbel berechnen wir Ihnen:

Art.-Nr.	Artikel	Menge	Stückpreis (EUR)	Gesamtpreis (EUR)
32400	Gartentisch	1	450,00	450,00
32450	Gartenstühle	4	49,00	196,00
		Summe netto		646,00
		19 %	USt	122,74
		Rechnungsbetrag		**768,74**

Zahlung netto Kasse. Die Ware bleibt bis zur vollständigen Bezahlung unser Eigentum, § 449 BGB. Erfüllungsort und Gerichtsstand für beide Vertragspartner: München

Geschäftsräume:
Dochhamer Straße 31
81152 München

Bankverbindung:
Münchner Sparkasse
IBAN: DE51 7005 0000 0000 3210 98
BIC: SSKMDEMMXXX

Handelsregister:
Amtsgericht München
HRA 1101

Steht meine Firma als Absender auf der Rechnung?
Dann haben wir die Rechnung versandt, weil wir Handelswaren **verkauft** haben. Vom Kunden fordern wir, dass er die Rechnung bezahlt, wir fordern Geld.

Achtung:
Das Konto mit dem richtigen Umsatzsteuersatz nehmen!

Achtung:
„Zahlung netto Kasse“ bedeutet, dass der Kunde die Rechnung sofort zahlen soll, aber nicht, dass sie schon gezahlt wurde oder dass er nur den Netto-Betrag zahlen müsste!

Buchungssatz:

2401 Forderung an Kunde Franzensberger	an	5100 Umsatzerlöse Handelswaren 4800 Umsatzsteuer 19 %

Prüfungsgerechtes Eintragen des Buchungssatzes

Soll								Kontonummern							Haben
2	4	0	1					5	1	0	0	4	8	0	0

2. Umsatzsteuer

2.1 Das System der Umsatzsteuer

Der Staat hat alle Unternehmen verpflichtet, von den Verbrauchern, den Konsumenten die Umsatzsteuer einzufordern. Deshalb kommt bei jeder Rechnung zum Preis der Ware noch die Umsatzsteuer dazu (siehe auch die beiden Belege auf Seite 45 und 47). Die eingenommene Umsatzsteuer muss das Unternehmen bis zum 10. des Folgemonats an das Finanzamt überweisen, die Vorsteuer aber darf es abziehen .

Höhe der Umsatzsteuer:

- im Regelfall 19 %
- reduzierter Satz 7 %, z. B. für Lebensmittel, Tickets für U-Bahn
- keine Umsatzsteuer, z. B. Versicherungen, Briefmarken.

ACHTUNG

Egal ob Eingangs- oder Ausgangsrechnung: auf jeder Rechnung ist auch die Umsatzsteuer aufgeführt.

Beim Buchen aber gilt: im Einkauf ist es die Vorsteuer, im Verkauf die Umsatzsteuer. Der Unternehmer muss die Differenz zwischen Umsatzsteuer und Vorsteuer an den Staat überweisen. Diesen Betrag nennt man **Zahllast** oder **Vorsteuerüberhang**.

Ausgangsrechnung

	Warenwert	2.000 €
+	19 % Umsatzsteuer	380 €
=	Rechnungsbetrag	2.380 €

Eingangsrechnung

	Warenwert	1.500 €
+	19 % Umsatzsteuer	285 €
=	Rechnungsbetrag	1.785 €

Umsatzsteuervoranmeldung für den Monat xx beim Finanzamt

	Eingenommene Umsatzsteuer	380 €
-	bezahlte Vorsteuer	285 €
=	**Zahllast**	**95 €**

Ausgangsrechnung	**Eingangsrechnung**
Umsatzsteuer	**Vorsteuer**
Schuld beim Finanzamt	Forderung gegenüber dem Finanzamt

Weder Vor- noch Umsatzsteuer aber beeinflussen den Erfolg eines Unternehmens, denn beide fließen nicht in die G + V ein. Sie durchlaufen nur das Unternehmen auf ihrem Weg vom Verbraucher zum Finanzamt –„**durchlaufender Posten**".

Wichtig: Wenn sich aus der Aufgabenstellung nichts anderes ergibt, rechnen Sie bitte mit 19 %.

Aufgabe 1: Zahllast

Im März 2020 hat die Münchner Möbel-Manufaktur 350 € als Zahllast an das Finanzamt überwiesen. Dabei hatte sie 600 € Vorsteuer abgezogen. Welchen Umsatz hatte die Möbel-Manufaktur im März erzielt?

Lösung s. Seite 198

Aufgabe 2: Umsatzsteuervoranmeldung I

Im April 2020 hat die Münchner Möbel-Manufaktur 25.000 € Umsatz gemacht und für 8.000 € Waren und sonstige Leistungen eingekauft. Ergänzen Sie die Tabelle.

Umsatz im April 2020	**Umsatzsteuer im April 2020**
25.000,00 €	€
Vorsteuer vom April 2020 (von 8.000,00 € berechnet)	€
Zahllast der Münchner Möbel-Manufaktur für April 2020	€

Lösung s. Seite 198

Aufgabe 3: Umsatzsteuervoranmeldung II

a) Im Mai 2020 hat die Münchner Möbel-Manufaktur 30.000 € Umsatz gemacht und für 10.000 € Waren sowie einen gebrauchten Lkw für 45.000 € gekauft. Ergänzen Sie die Tabelle.

Umsatz im Mai 2020	**Umsatzsteuer im Mai 2020**
30.000,00 €	€
Vorsteuer vom Mai 2020	€
Zahllast oder Vorsteuerüberhang der Münchner Möbel-Manufaktur für Mai 2020?	€

b) Handelt es sich um eine Zahllast oder einen Vorsteuerüberhang?

Lösung s. Seite 198

2.2 Verbuchung der Umsatzsteuer

Umsatzsteuer	**Vorsteuer**
Konto 4800 Umsatzsteuer 19 %	Konto 2600 Vorsteuer 19 %
Konto 4810 Umsatzsteuer 7 %	Konto 2610 Vorsteuer 7 %
Passives Bestandskonto	Aktives Bestandskonto
Buchung im Haben	Buchung im Soll

S	Umsatzsteuer	H
		+

S	Vorsteuer	H
+		

a) Abschluss wenn die **Umsatzsteuer größer** ist als die Vorsteuer:

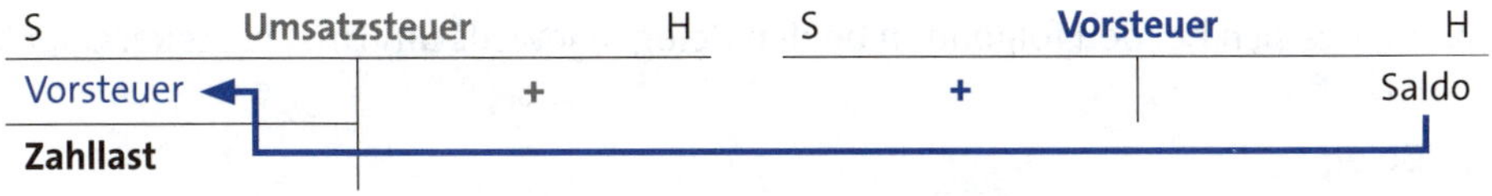

Buchungssatz: 4800 Umsatzsteuer an 2600 Vorsteuer

Auf dem Konto Umsatzsteuer entsteht eine Zahllast, die in der Bilanz auf der Passivseite ausgewiesen wird. Wird die Zahllast überwiesen, lautet die Buchung:

4800 Umsatzsteuer	an	2800 Bank

b) Abschluss wenn die **Umsatzsteuer kleiner** ist als die Vorsteuer:

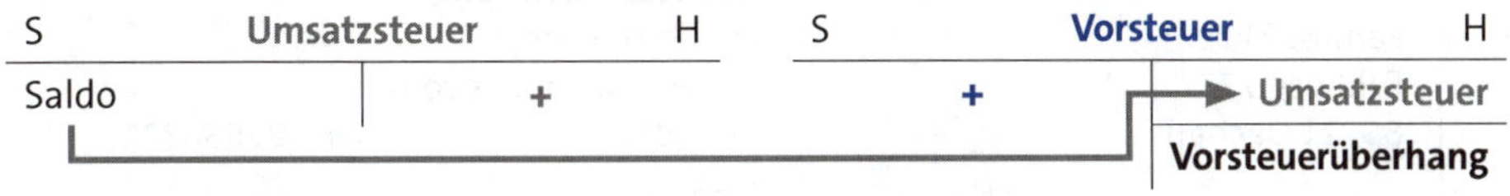

Buchungssatz: 4800 Umsatzsteuer an 2600 Vorsteuer

Auf dem Konto Vorsteuer entsteht ein Vorsteuerüberhang, der in der Bilanz auf der Aktivseite ausgewiesen wird. Wenn der Vorsteuerüberhang auf dem Bankkonto eingeht, lautet der Buchungssatz:

2800 Bank	an	2600 Vorsteuer

ACHTUNG

Der Buchungssatz der Umbuchung ist gleich, egal welcher der beiden Fälle vorliegt! Ein Vorsteuerüberhang ist eher die Ausnahme. Er entsteht z. B., wenn ein Unternehmen ein teures Anlagegut, wie einen Lastkraftwagen, gekauft hat und dafür viel Vorsteuer angefallen ist.

INFO

Es gibt auch noch andere Verfahren. Wir beschränken uns hier auf die Darstellung eines Verfahrens.

Wichtig: Wenn sich aus der Aufgabenstellung nichts anderes ergibt, rechnen Sie bitte mit 19 %.

Aufgabe 4: Unterscheidung Vorsteuer und Umsatzsteuer

Handelt es sich bei den folgenden beiden Belegen jeweils um Umsatzsteuer oder Vorsteuer?

a) **Beleg 1:**

Münchner Möbel-Manufaktur KG
Wohnmöbel und Wohn-Accessoires
Dochhamer Straße 31, 81152 München

Münchner Möbel-Manufaktur KG,
Dochhamer Straße 31, 81152 München

Familie Meier
Feldweg 12
85221 Dachau

Ihr Zeichen
Ihre Nachricht vom
Unser Zeichen
Unsere Nachricht vom
USt-IdNr.: DE 987654321

Name:
FON: 089 - 98 76 54 32
FAX: 089 - 98 76 54 33
E-Mail: kontakt@muenchner-moebel-manufaktur.de

Rechnungsdatum 28.02.2020

Bitte bei Zahlung unbedingt angeben		
Rechnungsnummer	Kundennummer	Bestellung vom
2020_01	107	15.01.2020

Rechnung
Für die Lieferung folgender Möbel berechnen wir Ihnen:

Art.-Nr.	Artikel	Menge	Stückpreis (EUR)	Gesamtpreis (EUR)
32100	Klapptisch	1	225,00	225,00
32101	Klappstühle	4	50,00	200,00
		Summe netto		425,00
		19 %	USt	80,75
		Rechnungsbetrag		**505,75**

Die Ware bleibt bis zur vollständigen Bezahlung unser Eigentum, § 449 BGB.
Erfüllungsort und Gerichtsstand für beide Vertragspartner: München

Geschäftsräume:
Dochhamer Straße 31
81152 München

Bankverbindung:
Münchner Sparkasse
IBAN: DE51 7005 0000 0000 3210 98
BIC: SSKMDEMMXXX

Handelsregister:
Amtsgericht München
HRA 1101

b) **Beleg 2:**

Bayerischer Holzhandel GmbH

Aiblinger Straße 87, 83001 Rosenheim

Bayerischer Holzhandel GmbH,
Aiblinger Straße 87, 83001 Rosenheim

Münchner Möbel-Manufaktur KG
Dochhamer Straße 31
81152 München

Ihr Zeichen
Ihre Nachricht vom
Unser Zeichen
Unsere Nachricht vom
USt-IdNr.: DE 999654321

Name: Herr Huber
FON: 08031 - 98 54 32
FAX: 08031 - 98 54 33
E-Mail: info@bayerischer-holzhandel.de

Rechnungsdatum 11.02.2020

Bitte bei Zahlung unbedingt angeben		
Rechnungsnummer	Kundennummer	Bestellung vom
6872020	17	20.01.2020

Rechnung

Art.-Nr.	Artikel	Menge	Stückpreis (EUR)	Gesamtpreis (EUR)
040	Buchenbretter gehobelt, 20 x 2 x 200 cm	5	45,00	225,00
		19 %	USt	42,75
		Rechnungsbetrag		**267,75**

Erfüllungsort und Gerichtsstand für beide Vertragspartner: München

Quittung: Betrag bar erhalten: 11.02.2020 Huber

Geschäftsräume:
Aiblinger Straße 87
83001 Rosenheim

Bankverbindung:
Münchner Sparkasse
IBAN: DE51 7005 0000 0000 3210 98
BIC: SSKMDEMMXXX

Handelsregister:
Amtsgericht München
HRA 1101

c) Füllen Sie das Formular für die Münchner Möbel-Manufaktur aus und berechnen Sie dabei die Zahllast für Februar 2020 aus den beiden Belegen!

Umsatz im Februar 2020	Umsatzsteuer im Februar 2020
€	€
Vorsteuer vom Februar 2020	€
Zahllast der Münchner Möbel-Manufaktur für Februar 2020	€

Lösung s. Seite 198

Aufgabe 5: Ausgleich der Umsatzsteuer

Verbuchen Sie folgende Vorgänge in der Münchner Möbel-Manufaktur.

Vorgang	Soll-Konto	Haben-Konto
Ein Vorsteuerüberhang wird vom Finanzamt erstattet. Auf dem Bankkonto gehen 4.750 € ein.		
Das Finanzamt zieht eine Zahllast von 1.220 € vom Bankkonto ein.		

Lösung s. Seite 199

Aufgabe 6: Abschluss der Umsatzsteuerkonten I

a) Berechnen Sie die Zahllast bzw. den Vorsteuerüberhang und tragen Sie das Ergebnis in die Tabelle ein.

S	2600 Vorsteuer H
12.450 €	1.300 €

S	4800 Umsatzsteuer H
3.190 €	36.890 €

	Betrag
Zahllast	
Vorsteuerüberhang	

b) Kontieren Sie den Abschluss des Kontos Vorsteuer!

Soll				Kontonummern			Haben

Lösung s. Seite 199

Aufgabe 7: Abschluss der Umsatzsteuerkonten II

a) Berechnen Sie die Zahllast bzw. den Vorsteuerüberhang und tragen Sie das Ergebnis in die Tabelle ein.

S	2600 Vorsteuer H
42.450 €	2.450 €

S	4800 Umsatzsteuer H
1.600 €	30.600 €

	Betrag
Zahllast	
Vorsteuerüberhang	

b) Kontieren Sie den Abschluss des Kontos Umsatzsteuer!

Soll	Kontonummern	Haben

Lösung s. Seite 199

Aufgabe 8: Abschluss der Umsatzsteuerkonten III

a) Berechnen Sie die Zahllast und tragen Sie das Ergebnis in die Tabelle ein.

S	2600 Vorsteuer H
21.680 €	1.680 €

S	4800 Umsatzsteuer H
2.750 €	37.750 €

	Betrag
Zahllast	

b) Das Unternehmen überweist die Zahllast per Bank. Kontieren Sie den Vorgang!

Soll	Kontonummern	Haben

Lösung s. Seite 200

Aufgabe 9: Abschluss der Umsatzsteuerkonten IV

a) Berechnen Sie Vorsteuerüberhang und tragen Sie das Ergebnis in die Tabelle ein.

S	2600 Vorsteuer	H
12.450 €		250 €

S	4800 Umsatzsteuer	H
280 €		9.630 €

	Betrag
Vorsteuerüberhang	

b) Kontieren Sie die Gutschrift des Vorsteuerüberhangs auf dem Bankkonto.

Soll				Kontonummern			Haben

Lösung s. Seite 200

Aufgabe 10: Abschluss der Umsatzsteuerkonten V

a) Kontieren Sie den Saldo des Kontos 4800 Umsatzsteuer.

S	2600 Vorsteuer		H
7.600 €			600 €
	Saldo		7.000 €
7.600 €			7.600 €

S	4800 Umsatzsteuer		H
Vorsteuer	7.000 €		9.630 €
Saldo	2.630 €		
	9.630 €		9.630 €

Soll				Kontonummern			Haben

b) Handelt es sich dabei um eine Zahllast oder um einen Vorsteuerüberhang?

Lösung s. Seite 200

2.3 Berechnungen rund um die Umsatzsteuer

			Beispiel	
Warenwert	netto	100 %	250,00 €	In einer Aufgabe können verschiedene Ausgangswerte gegeben sein!
	Umsatzsteuer	19 %	47,50 €	
Rechnungsbetrag	brutto	119 %	297,50 €	

100 %	250,00 €	
19 %	??	250 • 19 : 100
119 %	??	250 • 119 : 100

100 %	??	297,50 : 119 • 100
19 %	??	297,50 : 119 • 19
119 %	297,50 €	

100 %	??	47,50 : 19 • 100
19 %	47,50 €	
119 %	??	47,50 : 19 • 119

Wichtig: Wenn sich aus der Aufgabenstellung nichts anderes ergibt, rechnen Sie bitte mit 19 %.

Aufgabe 11: Ermittlung des Rechnungsbetrags aus der Umsatzsteuer

Auf der Quittung für ein Fachbuch ist die Umsatzsteuer mit 4,20 € ausgewiesen. Wie groß ist der Rechnungsbetrag?

☐☐,☐☐ €

Lösung s. Seite 201

Aufgabe 12: Erfolgswirksamer Teil einer Rechnung

Der Unternehmer hat an einer Weiterbildung bei *Texware* teilgenommen. Die Rechnung lautet auf 178,50 €. Welcher Betrag ist bei *Texware* erfolgswirksam?

☐☐☐,☐☐ €

Lösung s. Seite 201

3. Buchungen beim Einkauf von Handelswaren

3.1 Belegkontrolle

Eine Eingangsrechnung schickt ein Lieferant, weil die Möbel-Manufaktur Ware eingekauft hat.

Das Umsatzsteuergesetz schreibt vor, was alles in der Rechnung eines Unternehmers stehen muss. Nur für Kleinpreisrechnungen unter 250 € gibt es Vereinfachungen.

ACHTUNG

Auf den Eingangsrechnungen steht zwar Umsatzsteuer, gemeint ist im Einkauf jedoch immer die Vorsteuer!

Vorgeschriebene Bestandteile einer Eingangs-Rechnung der Münchner Möbel-Manufaktur:

1. Name der Münchner Möbel-Manufaktur im Adressfeld
2. Name, Steuernummer oder Umsatzsteueridentifikationsnummer des Lieferanten
3. eine fortlaufende Rechnungsnummer des Lieferanten
4. Menge und Art der gelieferten Waren
5. das Rechnungsdatum
6. der Umsatz-Steuersatz (19 % oder 7 %) sowie der Steuerbetrag.

Rechnungen müssen sachlich und rechnerisch stimmen. Die Grundsätze einer ordnungsgemäßen Buchführung (GoB) schreiben vor, dass nachträglich daran nichts mehr geändert werden darf.

Rechnungen müssen wie alle wichtigen Belege mindestens zehn Jahre aufbewahrt werden. Die Frist beginnt aber erst am nächsten 01.01. zu laufen!

3.2 Buchen einer Eingangsrechnung für Handelswaren

Eine Eingangsrechnung der Möbel-Manufaktur:

Englische Gartenmöbel KG
Traditionsmöbel aus Teak
Billwerder Straße 16, 22113 Hamburg – Web: englischegartenmoebel.com

Englische Gartenmöbel KG,
Billwerder Straße 16, 22113 Hamburg

Münchner Möbel-Manufaktur KG
Dochhamer Straße 31
81152 München

Ihr Zeichen
Ihre Nachricht vom
Unser Zeichen
Unsere Nachricht vom
USt-IdNr.: DE 852369741
Name:
FON: 040 - 753159
E-Mail: info@englischegarten moebel.com
Rechnungsdatum 14.01.2020

Bitte bei Zahlung unbedingt angeben		
Rechnungsnummer	Kundennummer	Bestellung vom
2020_0123	7705	

Rechnung

Art.-Nr.	Artikel	Menge	Stückpreis (EUR)	Gesamtpreis (EUR)
117	Bank, klappbar, Metall	5	195,00	975,00
		19 %	USt	185,25
		Rechnungsbetrag		**1.160,25**

Zahlungsziel 30 Tage, innerhalb von 8 Tagen 2 % Skonto vom Warenwert. Die Ware bleibt bis zur vollständigen Bezahlung unser Eigentum, § 449 BGB. Erfüllungsort und Gerichtsstand für beide Vertragspartner: Hamburg

Bankverbindung:
Hamburger Sparkasse
IBAN: DE22 2005 0550 0000 9874 88
BIC: HASPDEHHXXX

Handelsregister:
Amtsgericht Hamburg
HRA 5234

Die Eingangsrechnung wird in der Münchner Möbel Manufaktur wie folgt gebucht:

Konto	Betrag im Soll	Betrag im Haben
6080 Aufwand für Handelswaren	975,00 €	
2600 Vorsteuer 19 %	185,25 €	
4402 Verbindlichkeiten a. L. u. L. der Englische Gartenmöbel KG		1.160,25 €

Prüfungsgerechtes Eintragen der Kontonummern:

Soll							Kontonummern								Haben
6	0	8	0	2	6	0	0	4	4	0	2				

3.3 Rücksendung an den Lieferanten

Die Möbel-Manufaktur schickt eine Bank zurück, weil der Klappmechanismus defekt ist und erhält dafür eine Gutschrift.

Buchung:

Konto	Betrag im Soll	Betrag im Haben
4402 Verbindlichkeiten a. L. u. L. der Englische Gartenmöbel KG	232,05 €	
6080 Aufwand für Handelswaren		195,00 €
2600 Vorsteuer 19 %		37,05 €

ACHTUNG

Bei Rücksendungen an Lieferanten nicht das Konto „Nachlässe“ verwenden, sondern „rückwärts“ buchen!

Prüfungsgerechtes Eintragen der Kontonummern:

Soll							Kontonummern								Haben
4	4	0	2					6	0	8	0	2	6	0	0

3.4 Rechnungsausgleich

Münchner Sparkasse			
Kontoauszug vom 16.03.2019 Auszug Nr. 7/Blatt 1			Alter Saldo 5.869,76 € +
Buchungstag	**Vorgang**	**Wert**	**Umsatz in Euro**
15.03.2020	Englische Gartenmöbel KG R-Nr. 2020_0123. K-Nr. 7705	15.03.2020	928,20 -
Münchner Möbel-Manufaktur KG **Dochhamer Straße 31** **81152 München**			Neuer Saldo 4.941,56 € +

Die Möbel-Manufaktur zahlt den Rest der Rechnung:

- 1.160,25 € Rechnungsbetrag - 232,05 € Gutschrift für Rücksendung = 928,20 €
- ohne Skontoabzug (dafür ist es zu spät!).

Prüfungsgerechtes Eintragen der Kontonummern:

Soll			Kontonummern				Haben
4	4	0	2	2	8	0	0

Aufgabe 1: Buchung von Eingangsbelegen

Sie sind Mitarbeiter der Münchner Möbel-Manufaktur. Verbuchen Sie folgende Belege:

a)

Sirius – Vertriebsgesellschaft
Möbel Zubehör
Industriezentrum, Ringstraße 69, 82345 Planegg

Sirius – Vertriebsgesellschaft,
Ringstraße 69, 82345 Planegg

Münchner Möbel-Manufaktur KG
Dochhamer Straße 31
81152 München

Ihr Zeichen
Ihre Nachricht vom
Unser Zeichen
Unsere Nachricht vom
USt-IdNr.: DE 987654321

Name: Mauser
FON: 089 - 32 76 54 89
FAX: 089 - 32 76 54 90
E-Mail: kontakt@sirius.com

Rechnungsdatum 12.03.2020

Bitte bei Zahlung unbedingt angeben		
Rechnungsnummer	Kundennummer	Bestellung vom
2020_3456	105	05.03.2020

Rechnung

Art.-Nr.	Artikel	Menge	Stückpreis (EUR)	Gesamtpreis (EUR)
124	Kleiderstangen – 100 cm	15	15,00	225,00
		19 %	USt	42,75
		Rechnungsbetrag		**267,75**

Betrag erhalten: *Mauser*

Zahlungsbedingungen: sofort, netto Kasse. Die Ware bleibt bis zur vollständigen Bezahlung unser Eigentum, § 449 BGB. Erfüllungsort und Gerichtsstand für beide Vertragspartner: Planegg

Geschäftsräume:
Ringstraße 69
82345 Planegg

Bankverbindung:
Münchner Sparkasse
IBAN: DE51 7005 0000 0000 3311 88
BIC: SSKMDEMMXXX

Handelsregister:
Amtsgericht München
HRB 1234

Soll	Kontonummern	Haben

b)

Happy-Baby-Betten GmbH

Zubehör und Sicherheit

Mauerer Straße 96, 81113 München – Web: happybabybetten.com

Happy-Baby-Betten,
Mauerer Straße 96, 81113 München

Münchner Möbel-Manufaktur KG	USt-IdNr.:	DE 123987456
Dochhamer Straße 31	Steuer-Nr.:	147/123/45678
81152 München	FON:	089 - 75 31 59
	E-Mail:	info@ happybabybetten.com
	Rechnungsdatum	14.03.2020

Bitte bei Zahlung unbedingt angeben	
Rechnungsnummer	Kundennummer
2020_1234	987

Bar-Rechnung

Art.-Nr.	Artikel	Menge	Stückpreis (EUR)	Gesamtpreis (EUR)
20	Hochbett-Sicherheitsnetz	3	25,00	75,00
25	Bettzelt für Jungen	3	18,00	54,00
28	Bettumrandung, farbl. sortiert	10	15,90	159,00
35	Baby-Himmel	3	19,00	57,00
		Summe netto		345,00
		19 %	USt	65,55
		Rechnungsbetrag		**410,55**

Betrag bar erhalten:

Die Ware bleibt bis zur vollständigen Bezahlung unser Eigentum, § 449 BGB.
Erfüllungsort und Gerichtsstand für beide Vertragspartner: München

Bankverbindung:
Deutsche Bank
IBAN: DE32 7007 0024 0900 9874 88
BIC: DEUTDEDBMUC

Handelsregister:
Amtsgericht München
HRB 8234

Soll								Kontonummern							Haben

c)

Happy-Baby-Betten GmbH

Zubehör und Sicherheit

Mauerer Straße 96, 81113 München – Web: happybabybetten.com

Happy-Baby-Betten,
Mauerer Straße 96, 81113 München

Münchner Möbel-Manufaktur KG
Dochhamer Straße 31
81152 München

USt-IdNr.:	DE 123987456
Steuer-Nr.:	147/123/45678
FON:	089 - 75 31 59
E-Mail:	info@ happybabybetten.com
Rechnungsdatum	10.03.2020

Bitte bei Zahlung unbedingt angeben	
Rechnungsnummer	Kundennummer
2020_1233	987

Rechnung

Art.-Nr.	**Artikel**	**Menge**	**Stückpreis (EUR)**	**Gesamtpreis (EUR)**
22	Ansatz-Rutschbahn für Hochbetten	2	95,00	190,00
23	Kletterseil	3	70,00	210,00
		Summe netto		400,00
		19 %	USt	76,00
		Rechnungsbetrag		**476,00**

Zahlungsfrist 20 Tage, bei Zahlung innerhalb von 8 Tagen 2 % Skonto.
Die Ware bleibt bis zur vollständigen Bezahlung unser Eigentum, § 449 BGB.
Erfüllungsort und Gerichtsstand für beide Vertragspartner: München

Bankverbindung:
Deutsche Bank
IBAN: DE32 7007 0024 0900 9874 88
BIC: DEUTDEDBMUC

Handelsregister:
Amtsgericht München
HRB 8234

Soll	Kontonummern	Haben

d)

Gesünder Wohnen
Wohnaccessoires
Bachweg 6, 81111 München – 24 Stunden online bestellen – Web: gesuenderwohnen.com

Gesünder Wohnen, Bachweg 6, 81111 München

Münchner Möbel-Manufaktur KG
Dochhamer Straße 31
81152 München

USt-IdNr.:	DE 123987456
Steuer-Nr.:	147/123/45678
FON:	089 - 123334
E-Mail:	info@gesuender wohnen.com
Rechnungsdatum	13.03.2020

Bitte bei Zahlung unbedingt angeben	
Rechnungsnummer	Kundennummer
2020_A 22	088

Rechnung

Art.-Nr.	Artikel	Menge	Stückpreis (EUR)	Gesamtpreis (EUR)
1204	Laterne Bambus 30 x 45 cm	10	24,95	299,50
1217	Herbstkranz/Heidekraut D 30 cm	12	19,99	239,88
1285	Feuerkorb mit Ständer H 49,5 cm Eisen	5	39,95	199,75
		Summe netto		739,13
		19 %	USt	140,43
		Rechnungsbetrag		**879,56**

Zahlungsziel 20 Tage, innerhalb von 8 Tagen 2 % Skonto. Die Ware bleibt bis zur vollständigen Bezahlung unser Eigentum, § 449 BGB. Erfüllungsort und Gerichtsstand für beide Vertragspartner: München

Bankverbindung:
Deutsche Bank
IBAN: DE32 7007 0024 0900 9674 11
BIC: DEUTDEDBMUC

Handelsregister:
Amtsgericht München
HRB 8155

Soll	Kontonummern	Haben

e)

Gesünder Wohnen

Wohnaccessoires

Bachweg 6, 81111 München – 24 Stunden online bestellen – Web: gesuenderwohnen.com

Gesünder Wohnen, Bachweg 6, 81111 München

Münchner Möbel-Manufaktur KG
Dochhamer Straße 31
81152 München

USt-IdNr.:	DE 123987456
Steuer-Nr.:	147/123/45678
FON:	089 - 123334
E-Mail:	info@gesuender wohnen.com
Rechnungsdatum	16.03.2020

Bitte bei Zahlung unbedingt angeben	
Rechnungsnummer	Kundennummer
2020_A 22	088

Gutschrift 2020_B 088

Art.-Nr.	Artikel	Menge	Stückpreis (EUR)	Gesamtpreis (EUR)
1204	Laterne Bambus 30 x 45 cm	5	24,95	- 124,75
	Rücksendung wegen Materialfehler			
		Summe netto		- 124,75
		19 %	USt	- 23,70
		Rechnungsbetrag		**- 148,45**

Bitte verrechnen Sie den Betrag beim nächsten Einkauf!

Erfüllungsort und Gerichtsstand für beide Vertragspartner: München

Bankverbindung:
Deutsche Bank
IBAN: DE32 7007 0024 0900 9674 11
BIC: DEUTDEDBMUC

Handelsregister:
Amtsgericht München
HRB 8155

Soll											Kontonummern				Haben

f)

Sirius – Vertriebsgesellschaft

Möbel Zubehör

Industriezentrum, Ringstraße 69, 82345 Planegg

Sirius – Vertriebsgesellschaft,
Ringstraße 69, 82345 Planegg

Münchner Möbel-Manufaktur KG
Dochhamer Straße 31
81152 München

Ihr Zeichen
Ihre Nachricht vom
Unser Zeichen
Unsere Nachricht vom
USt-IdNr.: DE 987654321

Name:
FON: 089 - 32 76 54 89
FAX: 089 - 32 76 54 90
E-Mail: kontakt@sirius.com

Rechnungsdatum 13.03.2020

Bitte bei Zahlung unbedingt angeben		
Rechnungsnummer	Kundennummer	Bestellung vom
2020_344	105	18.02.2020

Rechnung

Art.-Nr.	Artikel	Menge	Stückpreis (EUR)	Gesamtpreis (EUR)
128	Beleuchtungssystem „Schnaggerl" für Schränke – 100 cm	5	65,00	325,00
130	Kochzange aus Nußbaum	20	7,50	75,00
140	Gästebett – Schubsystem	2	80,00	160,00
		Zwischensumme		560,00
		5 % Sonderrabatt		28,00
		Summe netto		532,00
		19 % USt		101,08
		Rechnungsbetrag		**633,08**

Zahlungsbedingungen: Zahlungsziel 24 Tage, innerhalb von 8 Tagen 2 % Skonto. Die Ware bleibt bis zur vollständigen Bezahlung unser Eigentum, § 449 BGB. Erfüllungsort und Gerichtsstand für beide Vertragspartner: Planegg

Geschäftsräume:
Ringstraße 69
82345 Planegg

Bankverbindung:
Münchner Sparkasse
IBAN: DE51 7005 0000 0000 3311 88
BIC: SSKMDEMMXXX

Handelsregister:
Amtsgericht München
HRB 1234

Soll	Kontonummern														Haben

g) **Hinweis:** Teilaufgabe evtl. erst lösen, wenn Sie >> **Kapitel A.3.6** und >> **Kapitel A.3.8** bearbeitet haben.

Münchner Sparkasse			
Kontoauszug vom 31.03.2020 Auszug Nr. 8/Blatt 1			Alter Saldo 4.941,56 € +
Buchungstag	**Vorgang**	**Wert**	**Umsatz in Euro**
17.03.2020	Happy Baby Betten 2020_1239 K-Nr. 987	17.03.2020	466,48 -
18.03.2020	Gesünder Wohnen 2020_A22 K-Nr. 088 abzüglich Gutschrift und Skonto	18.03.2020	716,49 -
20.03.2020	Sirius 2020_344 K-Nr. 105	20.03.2020	620,42 -
30.03.2020	Happy Baby Betten Gutschrift wegen Reklamation	30.03.2020	54,74 +
Münchner Möbel-Manufaktur KG **Dochhamer Straße 31** **81152 München**			Neuer Saldo 3.192,91 € +

Buchung zu Happy Baby Betten:

Soll	Kontonummern	Haben

Buchung zu Gesünder Wohnen:

Soll	Kontonummern	Haben

Buchung zu Sirius:

Soll	Kontonummern	Haben

Buchung zu Happy Baby Betten:
(**Hinweis:** Der Beleg zur Gutschrift über 54,74 € liegt vor, ist aber noch nicht gebucht.)

Soll	Kontonummern	Haben

Lösung s. Seite 201

3.5 Eingangsrechnung mit Bezugskosten

Bezugskosten können anfallen für die Fracht zur Möbel-Manufaktur (nicht verwechseln mit Frachtkosten zum Kunden!), für spezielle Verpackung, für eine Transportversicherung usw.

Bezugskosten werden auf ein Unterkonto gebucht: 6081 Bezugskosten für Handelswaren. Aber: Bezugskosten im Wareneinkauf kommen in diesem Teil der Prüfung nicht vor, höchstens in der Kalkulation für die Berechnung des Bezugspreises!

3.6 Zahlung an den Lieferanten mit Skonto

Die Münchner Möbel-Manufaktur überweist die Eingangsrechnung der Englische Gartenmöbel KG, abzüglich Skonto. Gegeben: Rechnungsbetrag, gesucht Überweisungs-, Nachlass- und Umsatzsteuerkorrekturbetrag.

Englische Gartenmöbel KG
Traditionsmöbel aus Teak
Billwerder Straße 16, 22113 Hamburg – Web: englischegartenmoebel.com

Englische Gartenmöbel KG,
Billwerder Straße 16, 22113 Hamburg

Münchner Möbel-Manufaktur KG
Dochhamer Straße 31
81152 München

Ihr Zeichen	
Ihre Nachricht vom	
Unser Zeichen	
Unsere Nachricht vom	
USt-IdNr.:	DE 852369741
Name:	
FON:	040 - 753159
E-Mail:	info@englischegarten moebel.com
Rechnungsdatum	15.02.2020

Bitte bei Zahlung unbedingt angeben		
Rechnungsnummer	Kundennummer	Bestellung vom
2020_0124	7705	

Rechnung

Art.-Nr.	Artikel	Menge	Stückpreis (EUR)	Gesamtpreis (EUR)
102	Schaukelstuhl royal	10	95,00	950,00
	Anlieferung	pauschal		50,00
		19 %	USt	190,00
		Rechnungsbetrag		**1.190,00**

Zahlungsziel 30 Tage, innerhalb von 8 Tagen 2 % Skonto vom Warenwert. Die Ware bleibt bis zur vollständigen Bezahlung unser Eigentum, § 449 BGB. Erfüllungsort und Gerichtsstand für beide Vertragspartner: Hamburg

Bankverbindung:
Hamburger Sparkasse
IBAN: DE22 2005 0550 0000 9874 88
BIC: HASPDEHHXXX

Handelsregister:
Amtsgericht Hamburg
HRA 5234

Achtung:
Skonto darf manchmal nur vom Warenwert, nicht von der ganzen Rechnung abgezogen werden!

	Rechnungsbetrag	1.190,00 €
-	Skonto (2 % von 950 €)	19,00 €
-	Umsatzsteuerkorrektur	3,61 €
=	Überweisung	1.167,39 €

Münchner Sparkasse			
Kontoauszug vom 18.02.2020 Auszug Nr. 5/Blatt 1			Alter Saldo 2.974,89 € +
Buchungstag	**Vorgang**	**Wert**	**Umsatz in Euro**
17.02.2020	Engl. Gartenmöbel KG R-Nr. 2020_0124 K-Nr. 7705	17.02.2020	1.167,39 -
17.02.2020	Bonusgutschrift für 2019 von Englische Gartenmöbel KG	17.02.2020	297,50 +
Münchner Möbel-Manufaktur KG **Dochhamer Straße 31** **81152 München**			Neuer Saldo 2.105,00 € +

Die Bezahlung der Eingangsrechnung wird in der Münchner Möbel-Manufaktur wie folgt gebucht:

Konto	**Betrag im Soll**	**Betrag im Haben**
4402 Verbindlichkeiten a. L. u. L. bei der Englische Gartenmöbel KG	1.190,00 €	
2800 Bank		1.167,39 €
6082 Nachlässe für Handelswaren		19,00 €
2600 Vorsteuer 19 %		3,61 €

Prüfungsgerechtes Eintragen der Kontonummern:

Soll											Kontonummern												Haben
4	4	0	2									6	0	8	2	2	8	0	0	2	6	0	0

Variante:
Die Möbel-Manufaktur überweist nach Abzug von 2 % Skonto 2.332,40 €. Die Zahlungsbedingung lautete: Ziel 30 Tage, innerhalb von 10 Tagen 2 % Skonto. Der Überweisungsbetrag ist gegeben und alle anderen Beträge wie Rechnungsbetrag, Nachlass- und Umsatzsteuer- bzw. Vorsteuerkorrekturbetrag sind gesucht.

Rückschluss vom Zahlungs- auf den Rechnungsbetrag

	Brutto	Prozente
Rechnung	2.380,00 €	100 %
Skonto	47,60 €[1]	2 %
Zahlung	**2.332,40 €**	**98 %**

Mit folgendem Dreisatz lässt sich vom Zahlungsbetrag auf den Rechnungsbetrag schließen:

$$98\ \% = 2.332{,}40\ €$$

$$100\ \% = ?$$

$$? = \frac{2.332{,}40\ € \cdot 100}{98}$$

$$? = 2.380{,}00\ €$$

Die Buchung in der Münchner Möbel-Manufaktur dazu lautet wie folgt:

Konto	Betrag im Soll	Betrag im Haben
4410 Sonstige Verbindlichkeiten a. L. u. L.	2.380,00 €	
2800 Bank		2.332,40 €
6082 Nachlässe für Handelswaren		40,00 €
2600 Vorsteuer 19 %		7,60 €

Aufgabe 2: Eingangsrechnung und Skonto I

Die Möbel-Manufaktur überweist für eine Rechnung von 15.232,00 € nach Skonto nur 14.775,04 €. Wie hoch ist der Umsatzsteuer-Korrekturbetrag?

Lösung s. Seite 202

[1] brutto!

Aufgabe 3: Eingangsrechnung und Skonto II

Die Möbel-Manufaktur kauft Handelswaren im Wert von netto 3.200 €. Sie gleicht die Rechnung unter Nutzung von 2,5 % Skonto aus. Wie hoch ist der Umsatzsteuer-Korrekturbetrag?

Lösung s. Seite 202

3.7 Skonto per Kredit finanzieren?

Situation:
Die Möbel-Manufaktur möchte mit Skonto bezahlen, muss aber dazu das Girokonto überziehen, also einen Kredit aufnehmen. Die Möbel-Manufaktur vergleicht: Was kostet der Kredit – was bringt der Skonto? Entsteht ein **Finanzierungsvorteil**?

Um mit Skonto zahlen zu können, braucht sie nur 2.332,40 €, nicht den vollen Rechnungsbetrag! Nur um diesen Betrag überzieht sie ihr Konto. Die Bank berechnet ihr 8 % Zinsen. Die Möbel-Manufaktur zahlt statt am 30. Tag schon am 10. Tag, also schon 20 Tage eher. Für diese Zeit braucht sie einen Kredit.

a) Skonto berechnen

   2 % von 2.380,00 € = 47,60 €
   (siehe oben)

b) Berechnung der Kreditzinsen

$$\text{Zinsen} = \frac{\text{Kapital} \cdot p \cdot t}{100 \cdot 360} = \frac{2.332{,}40 \cdot 8 \cdot 20\ \text{Tage}}{100 \cdot 360\ \text{Tage}}$$

   Zinsen = 10,37 €

c) Vergleich

Vorteil durch Skonto	47,60 €
Nachteil durch Zinsen	10,37 €
Finanzierungsvorteil	37,23 €

Antwort:
Die Kreditaufnahme lohnt sich, die Möbel-Manufaktur hat einen Finanzierungsvorteil von 37,23 €.

Vergleich:
Wegen des Skontos muss sie um 47,60 € weniger an die Möbel-Manufaktur bezahlen. Damit sie schon so früh bezahlen kann benötigt sie einen Kredit. Dieser kostet sie 10,37 €. Es verbleibt ein Vorteil von 37,23 €.

Die Aufgabenstellung lässt sich auch überschlagsmäßig beurteilen:

für 20 Tage = 2 % Skonto

für 360 Tage = x

$$x = \frac{2 \cdot 360}{20} = 36\ \%$$

36 % Vorteil sind viel mehr als ein Bankzinssatz von 8 %. Es rentiert sich die Kreditaufnahme! Wenn aber in der Aufgabenstellung der konkrete Betrag in Euro verlangt ist, müssen Sie den oben beschrieben Weg gehen.

MERKE

Typische Fehler:

- Bei der Bestimmung der Tage: Es geht um die Tage, um die **eher** bezahlt wird, nicht um die Skontofrist.
- Kapital in der Zinsformel: **den skontierten Betrag**, nicht den Rechnungsbetrag einsetzen!

Wichtig: Es gibt genauere Berechnungsweisen – siehe auch im Lösungsteil!

Aufgabe 4: Eingangsrechnung und Skonto III

Ein Lieferant gewährt ein Zahlungsziel von 28 Tagen; innerhalb von acht Tagen darf der Kunde 3 % Skonto abziehen.

Welchem Zinssatz entspricht dieser Skonto?

Lösung s. Seite 202

Aufgabe 5: Aussagen rund um den Skonto

Sind folgende Aussagen richtig oder falsch?

Aussage	richtig	falsch
Sendet die Möbel-Manufaktur Waren für 2.000 € an einen Lieferanten zurück, muss sie ihre Vorsteuer um 380 € korrigieren.		
Der Lieferant gewährt uns Skonto, damit wir vorzeitig zahlen.		
Wenn die Möbel-Manufaktur vom Lieferanten eingeräumten Skonto nutzt, so steigert das den Gewinn der Möbel-Manufaktur.		
Eine Rücksendung von Waren an den Lieferanten mindert den Lagerbestand der Möbel-Manufaktur und steigert die Zahllast.		
Ein Nachlass von einem Lieferanten mindert den Rohgewinn.		

Lösung s. Seite 202

3.8 Nachlass vom Lieferanten

3.8.1 Sofortnachlass oder Sofortrabatt

Kauft die Möbel-Manufaktur größere Mengen oder z. B. auf einer Messe, kann sie einen Sofortrabatt erhalten. Er wird in der Buchhaltung nicht auf einem eigenen Konto erfasst, sondern nur der verminderte Preis gebucht. Der Buchungssatz des Einkaufs ist identisch wie bei einem „normalen" Einkauf.

6080 Aufwendungen für Handelswaren		
2600 Vorsteuer	an	4400 Verbindlichkeiten

3.8.2 Nachträgliche Nachlässe

Auf dem Kontoauszug Nr. 5 auf Seite 70 ist von der Englischen Gartenmöbel KG ein Bonus eingegangen. Ein Bonus ist eine Form des Nachlasses von einem Lieferanten, er könnte auch wegen einer Mängelrüge über Farbfehler, falsche Sorte, beschädigte Ware oder aus sonstigen Gründen eine Gutschrift schicken.

Die Ware ist eingegangen, geprüft und die Eingangsrechnung verbucht und bezahlt. Danach wird die Ware reklamiert. Jetzt kommt die Gutschrift, der Gutschrift-Betrag geht auf dem Bankkonto ein.

Konto	Betrag im Soll	Betrag im Haben
2800 Bank	297,50 €	
6082 Nachlässe für Handelswaren		250,00 €
2600 Vorsteuer 19 %		47,50 €

Prüfungsgerechtes Eintragen der Kontonummern:

Soll				Kontonummern											Haben
2	8	0	0					6	0	8	2	2	6	0	0

Alternative:
Eine Eingangsrechnung über brutto 595 € ist noch offen. Der Lieferant gewährt nachträglich einen Nachlass von 15 %. Wir buchen die Gutschrift (nur die Gutschrift, nicht die ganze Rechnung!) folgendermaßen:

Konto	Betrag im Soll	Betrag im Haben
4400 Verbindlichkeiten	89,25 €	
6082 Nachlässe für Handelswaren		75,00 €
2600 Vorsteuer 19 %		14,25 €

Der Ausgleich der restlichen Rechnung ist ein separater Vorgang zu einem anderen Zeitpunkt:

	Rechnung	595,00 €
-	Gutschrift	89,25 €
=	Restschuld	505,75 €

Buchung:

Konto	Betrag im Soll	Betrag im Haben
4400 Verbindlichkeiten	505,75 €	
2800 Bank		505,75 €

ACHTUNG

Ein Beleg mit der Überschrift „Gutschrift" kann zweierlei bedeuten: Rücksendung oder nachträglicher Nachlass. Deshalb: genau lesen!

Aufgabe 6: Buchung eines Gutschriftbelegs

a) Verbuchen Sie folgende Gutschrift. (Die Münchner Möbel-Manufaktur KG hat die Ware behalten!)

Happy-Baby-Betten GmbH
Zubehör und Sicherheit
Mauerer Straße 96, 81113 München – Web: happybabybetten.com

Happy-Baby-Betten,
Mauerer Straße 96, 81113 München

Münchner Möbel-Manufaktur KG
Dochhamer Straße 31
81152 München

USt-IdNr.:	DE 123987456
Steuer-Nr.:	147/123/45678
FON:	089 - 75 31 59
E-Mail:	info@ happybabybetten.com
Rechnungsdatum	14.04.2020

Bitte bei Zahlung unbedingt angeben	
Rechnungsnummer	Kundennummer
2020_9 - 1234	987

Gutschrift zur Rechnung-Nr. 2020_1234

Art.-Nr.	Artikel	Menge	Stückpreis (EUR)	Gesamtpreis (EUR)
28	Bettumrandung falsche Farbsortierung	10	3,18	31,80
		Summe netto		31,80
		19 %	USt	6,04
		Rechnungsbetrag		**37,84**

Bitte machen Sie die Gutschrift bei Ihrem nächsten Einkauf geltend!

Erfüllungsort und Gerichtsstand für beide Vertragspartner: München

Bankverbindung:
Deutsche Bank
IBAN: DE32 7007 0024 0900 9874 88
BIC: DEUTDEDBMUC

Handelsregister:
Amtsgericht München
HRB 8234

Soll	Kontonummern	Haben

b) Vor Erhalt der Gutschrift hat die Möbel-Manufaktur bei Happy-Baby-Betten GmbH Waren für netto 2.890 € gekauft und die Eingangsrechnung korrekt gebucht. Jetzt wird diese Verbindlichkeit mit der Gutschrift verrechnet und per Bank ausgeglichen. Wie bucht die Möbel-Manufaktur?

Soll	Kontonummern	Haben

Lösung s. Seite 203

3.9 Bestandsveränderung von Handelswaren

Neben dem Konto 6080 Aufwendungen für Handelswaren kann es noch ein Konto 2280 (Handels)Waren geben. Das ist die Ware, die zum Jahreswechsel in einem Handelsgeschäft im Lager oder im Verkaufsraum liegt. Gegenüber dem Vorjahr kann der Bestand mehr oder weniger geworden oder gleich geblieben sein.

- **Fall 1:** zu viel eingekauft = Lager gewachsen = „Mehrbestand"
- **Fall 2:** knapp eingekauft = Lager abgebaut = „Minderbestand"
- **Fall 3:** identisch ein- und verkauft = Lagerbestand stabil.

Auf dem Konto 2280 werden nur der Anfangsbestand, der Schlussbestand laut Inventur gebucht und der sich daraus ergebende Saldo ermittelt und auf das Konto 6080 umgebucht. Auf dem Konto 6080 stehen dann die Einkäufe plus Ware aus dem Lager minus eingelagerte Ware. Der Saldo ist die verkaufte Ware zum Einstandspreis, genannt **Wareneinsatz**.

* verkaufte Ware zum Bezugspreis „Wareneinsatz"

Buchung im Fall 1:

2280 Waren	an	6080 Aufwand für Handelswaren

Der Warenbestand wird mehr, der Aufwand für Waren weniger, der Gewinn steigt.

Buchung im Fall 2:

6080 Aufwand für Handelswaren	an	2280 Waren

Der Warenbestand sinkt, der Aufwand für die Waren steigt, der Gewinn wird niedriger.

Im Fall 3 entsteht kein Saldo, weil Anfangsbestand = Schlussbestand. Demnach: Ohne Saldo keine Buchung, keine Erfolgsauswirkung!

Aufgabe 7: Bestandsveränderungen

a) Die Möbel-Manufaktur hat einen Warenbestand zum 31.12.2018 von 14.500 € ermittelt. In der Folge buchte sie: 6080 an 2280 4.000 €. Wieviel Ware war am 01.01.2018 im Lager?

b) Am 31.12.2019 beträgt der Inventurbestand an Waren 13.560 €. Was muss die Möbel-Manufaktur buchen?

Lösung s. Seite 203

3.10 Übersicht

Vorgang	**Buchen**	
	Soll Konto	**Haben Konto**
Wareneinkauf	6080	4400
	2600	
Rücksendung	4400	6080
		2600
Preisschmälerung, Nachlass	4400	6082
		2600
Zahlung mit Skonto	4400	2800
		6082
		2600
Lagermehrbestand	2280	6080
Lagerminderbestand	6080	2280

Aufgabe 8: Buchungssätze (ohne Belege)

Bilden Sie jeweils die Buchungssätze für die Münchner Möbel-Manufaktur!

	Geschäftsfall	Konten	Beträge	
			im Soll	im Haben
a)	Zukauf auf Ziel von Schuhregalen beim Möbel-Hecht für 450,00 € + USt.			
b)	Ein Regal für netto 45,00 € wird wegen Schäden zurückgeschickt. Wir erhalten eine Gutschrift per Bank von 53,55 €.			
c)	Wir kaufen Jette Duftkerzen auf Ziel für netto 30,00 € und erhalten 5 % Sofortrabatt.			
d)	Wir haben nach Abzug von 3 % Skonto für eine offene Rechnung bei der Happy Baby Betten GmbH 1.385,16 € überwiesen.			
e)	Wir reklamieren beim Lieferanten Sirius Verschmutzungen der gelieferten Kaminkonsolen und einigen uns auf eine Preisminderung von brutto 41,65 €. Die Gutschrift wird uns überwiesen.			
f)	Zielkauf von Schneidebrettern aus Buchenholz – inklusive Umsatzsteuer lautet die Rechnung auf 952,00 €.			
g)	Begleichung der Rechnung von f) per Bank abzüglich 2 % Skonto.			
h)	Bei Rutschbahnen für Hochbetten hat sich ein Minderbestand von drei Stück à 95,00 € ergeben. Buchung?			
i)	Ende letzten Jahres erbrachte die Inventur einen Warenbestand von 1.280,00 €. Ende dieses Jahr wurden Waren im Wert von 1.900,00 € gezählt.			
j)	Zukauf von Büchern: „Wohnen mit Holz" – zehn Stück à netto 35,00 € auf Ziel.			
k)	Nach Abzug von 2 % Skonto haben wir an die Happy-Baby-Betten GmbH 460,65 € überwiesen.			
l)	Die Möbel-Manufaktur hat bei „Gesünder Wohnen" reklamiert und fünf Herbstkränze à netto 19,99 € zurückgeschickt. Die Gutschrift wurde korrekt gebucht. Für eine offene Rechnung überweist die Münchner Möbel-Manufaktur wegen der Gutschrift nur noch 595,06 €.			

Lösung s. Seite 203

Aufgabe 9: Diverse Geschäftsfälle und ihre Auswirkung auf die Vorsteuer

Im Monat April sind u. a. folgende Geschäftsfälle angefallen.

a) Ermitteln Sie in der nachstehenden Tabelle die Vorsteuer für diesen Monat:

		Steuer-satz	Netto-betrag	Brutto-betrag	Vor-steuer
1.	Eingangsrechnung	19 %	2.737,00 €		
2.	Rücksendung an den Lieferanten	19 %		714,00 €	
3.	Gutschrift vom Lieferanten wegen Fehler	7 %	128,40 €		
4.	Rücksendung an den Lieferanten	19 %	640,00 €		
5.	Gutschrift vom Lieferanten wegen Mangel	19 %		865,00 €	
6.	Überweisung nach Nutzung von 2 % Skonto	19 %		3.498,60 €	
7.	Überweisung nach Nutzung von 3 % Skonto	19 %		194,00 €	
8.	Eingangsrechnung	7 %		556,40 €	

b) Tragen Sie die Beträge auf dem Konto Vorsteuer unter d) ein und berechnen Sie den Saldo der Vorsteuer.

c) Abschlussbuchung für das Konto Vorsteuer?

Soll	Kontonummern						Haben

d) Wie groß ist die Zahllast in diesem Monat?

S	Vorsteuer 2600/2610		H
Eingangsrechnung zu 6.	570,00 €		
Eingangsrechnung zu 7.	31,93 €		
Summe		Summe	

S	Umsatzsteuer 4800/4810		H
		Anfangsbestand	350,00 €
		Forderungen	6.820,00 €
Summe		Summe	

Lösung s. Seite 205

Aufgabe 10: Analyse eines Buchungssatzes

Der Buchhalter der Möbel-Manufaktur hat einen Betrag auf dem Bankkonto verbucht. Dabei handelte es sich um eine Rechnung mit 19 % Umsatzsteuer die abzüglich 2 % Skonto gezahlt wurde. Er hat in der Buchung die Vorsteuer um 8,55 € korrigiert.

a) Handelte es sich um einen Eingangs- oder um eine Ausgangsrechnung?

b) Wieviel Euro betrug der Skonto brutto?

c) Wie groß war der Rechnungsbetrag?

d) Wie lautete die Buchung des Buchhalters der Möbel-Manufaktur?

Soll	Kontonummern	Haben

Lösung s. Seite 206

4. Buchungen beim Verkauf von Handelswaren

4.1 Belegkontrolle

Die Möbel-Manufaktur schickt Ausgangsrechnungen an Kunden, denen Ware verkauft wurde.

Das Umsatzsteuergesetz schreibt vor, welche Punkte in einer Rechnung aufgeführt sein müssen. Nur für Kleinpreisrechnungen unter 250 € gibt es Vereinfachungen.

Vorgeschriebene Bestandteile einer Ausgangs-Rechnung der Münchner Möbel-Manufaktur:

1. Name und Anschrift des Kunden im Adressfeld.
2. Name, Anschrift der Möbel-Manufaktur in der Kopfzeile sowie im Info-Block Steuernummer oder Umsatzsteueridentifikationsnummer
3. Eine fortlaufende Rechnungsnummer der Möbel-Manufaktur
4. Menge und Art der gelieferten Waren, Zeitpunkt der Lieferung bzw. Leistung
5. Das Rechnungsdatum
6. Das Entgelt für die Waren und ein Hinweis auf den Steuersatz, besonders wenn verschiedene Steuersätze in einer Rechnung vorkommen!
7. Der Steuer- und der Rechnungsbetrag.

Rechnungen müssen sachlich und rechnerisch stimmen. Die Grundsätze einer ordnungsgemäßen Buchführung (GoB) schreiben vor, dass nachträglich daran nichts mehr geändert werden darf.

Rechnungen müssen wie alle wichtigen Belege mindestens zehn Jahre aufbewahrt werden. Die Frist beginnt aber erst am nächsten 01.01. zu laufen!

4.2 Buchung einer Ausgangsrechnungen für Handelswaren

Eine Ausgangsrechnung der Möbel-Manufaktur:

Münchner Möbel-Manufaktur KG
Wohnmöbel und Wohn-Accessoires
Dochhamer Straße 31, 81152 München

Münchner Möbel-Manufaktur KG,
Dochhamer Straße 31, 81152 München

Frau
Susan Franzensberger
Machtelfinger Weg 225
81234 München

Ihr Zeichen
Ihre Nachricht vom
Unser Zeichen
Unsere Nachricht vom
USt-IdNr.: DE 987654321

Name: Herr Huber
FON: 089 - 98 76 54 32
FAX: 089 - 98 76 54 33
E-Mail: kontakt@muenchner-moebel-manufaktur.de

Rechnungsdatum 12.02.2020

Bitte bei Zahlung unbedingt angeben		
Rechnungsnummer	Kundennummer	Bestellung vom
2020_08	109	20.01.2020

Rechnung
Für die Gartenmöbel berechnen wir Ihnen:

Art.-Nr.	Artikel	Menge	Stückpreis (EUR)	Gesamtpreis (EUR)
32400	Gartentisch	1	450,00	450,00
32450	Gartenstühle	4	49,00	196,00
		Summe netto		646,00
		19 %	USt	122,74
		Rechnungsbetrag		**768,74**

Zahlung netto Kasse. Die Ware bleibt bis zur vollständigen Bezahlung unser Eigentum, § 449 BGB. Erfüllungsort und Gerichtsstand für beide Vertragspartner: München

Geschäftsräume:
Dochhamer Straße 31
81152 München

Bankverbindung:
Münchner Sparkasse
IBAN: DE51 7005 0000 0000 3210 98
BIC: SSKMDEMMXXX

Handelsregister:
Amtsgericht München
HRA 1101

Die Ausgangsrechnung wird in der Münchner Möbel-Manufaktur wie folgt gebucht:

Konto	Betrag im Soll	Betrag im Haben
2401 Forderungen an Franzensberger	768,74 €	
5100 Umsatzerlöse für Waren		646,00 €
4800 Umsatzsteuer		122,74 €

Prüfungsgerechtes Eintragen der Kontonummern:

Soll						Kontonummern									Haben
2	4	0	1					5	1	0	0	4	8	0	0

Verbuchung des Zahlungseingangs bei Lieferung am 10.02.2020 in bar:

Konto	Betrag im Soll	Betrag im Haben
2880 Kasse	768,74 €	
2401 Forderungen an Franzensberger		768,74 €

Prüfungsgerechtes Eintragen der Kontonummern:

Soll		Kontonummern					Haben
2	8	8	0	2	4	0	1

4.3 Ausgangsrechnung und Warentransport zum Kunden

Die Waren unserer Möbel-Manufaktur werden von einem externen Spediteur an den Kunden geliefert. Die externe Spedition schickt uns eine Rechnung, für die Möbel-Manufaktur eine Eingangsrechnung – also Vorsteuer!

Die Eingangsrechnung der externen Spedition:

Flitz – Spedition GmbH
Transportieren – Lagern – Kommissionieren
Willinger Straße 38, 81235 München – Web: flitz-spedition.de

Flitz – Spedition GmbH, Willinger Straße 38, 81235 München

Münchner Möbel-Manufaktur KG
Dochhamer Straße 31
81152 München

USt-IdNr.:	DE 654321120
Steuer-Nr.:	12/034/56589
Name:	
FON:	089 - 123 65 43 21
FAX:	
E-Mail:	kontakt@flitz.de
Rechnungsdatum	12.02.2020

Bitte bei Zahlung unbedingt angeben	
Rechnungsnummer	Kundennummer
220_2020	1012

Rechnung
Vereinbarungsgemäß lieferten wir für Sie am 10.02.2020 Gartenmöbel aus. Wir danken für Ihren Auftrag und erlauben uns, Ihnen folgende Posten in Rechnung zu stellen:

Fracht	38,00 €
zzgl. 19 % USt	7,22 €
Gesamt	**45,22 €**

Gerichtsstand für beide Vertragspartner: München

Geschäftsräume:
Willinger Straße 38
81235 München

Bankverbindung:
Münchner Bank
IBAN: DE12 7019 0000 0000 5678 91
BIC: GENODEF1XXX

Geschäftsführer:
Manfred Flitz
Amtsgericht München:
HRB 89782

Konto	Betrag im Soll	Betrag im Haben
6140 Ausgangsfrachten und Fremdlager	38,00 €	
2600 Vorsteuer	7,22 €	
4407 Verbindlichkeiten bei Flitz		45,22 €

In der Prüfung wird so gebucht:

Soll							Kontonummern								Haben
6	1	4	0	2	6	0	0	4	4	0	7				

Die Möbel-Manufaktur kann die Frachtkosten dem Kunden extra in Rechnung stellen. In diesem Fall sieht die Ausgangsrechnung wie folgt aus:

Münchner Möbel-Manufaktur KG
Wohnmöbel und Wohn-Accessoires
Dochhamer Straße 31, 81152 München

Münchner Möbel-Manufaktur KG,
Dochhamer Straße 31, 81152 München

Frau
Susan Franzensberger
Machtelfinger Weg 225
81234 München

Ihr Zeichen
Ihre Nachricht vom
Unser Zeichen
Unsere Nachricht vom
USt-IdNr.: DE 987654321
Name: Herr Huber
FON: 089 - 98 76 54 32
FAX: 089 - 98 76 54 33
E-Mail: kontakt@muenchner-moebel-manufaktur.de
Rechnungsdatum 10.02.2020

Bitte bei Zahlung unbedingt angeben		
Rechnungsnummer	Kundennummer	Bestellung vom
2020_08	109	20.01.2020

Rechnung
Für die Lieferung der Gartenmöbel berechnen wir Ihnen:

Art.-Nr.	Artikel	Menge	Stückpreis (EUR)	Gesamtpreis (EUR)
32400	Gartentisch	1	450,00	450,00
32450	Gartenstühle	4	49,00	196,00
	Fracht			38,00
		Summe netto		684,00
		19 %	USt	129,96
		Rechnungsbetrag		**813,96**

Zahlung netto Kasse. Die Ware bleibt bis zur vollständigen Bezahlung unser Eigentum, § 449 BGB. Erfüllungsort und Gerichtsstand für beide Vertragspartner: München

Geschäftsräume:	Bankverbindung:	Handelsregister:
Dochhamer Straße 31	Münchner Sparkasse	Amtsgericht München
81152 München	IBAN: DE51 7005 0000 0000 3210 98	HRA 1101
	BIC: SSKMDEMMXXX	

Weiterbelastung der Eingangsrechnung der Spedition Flitz.

Verbuchung des Verkaufs mit Anlieferung = wie vorher:

Konto	Betrag im Soll	Betrag im Haben
2401 Forderungen an Franzensberger	813,96 €	
5100 Umsatzerlöse für Waren		684,00 €
4800 Umsatzsteuer		129,96 €

Soll								Kontonummern							Haben
2	4	0	1					5	1	0	0	4	8	0	0

ACHTUNG

Die Fracht zum Kunden wird als Umsatzerlös gebucht. Nur der Einkauf der Fracht geht auf das Konto „6140 Ausgangsfrachten und Nebenkosten".

INFO

An dem Konto Umsatzerlöse ist nicht erkennbar, ob nur Ware verkauft wurde, oder Ware und eine Frachtleistung. Verkauf ist Verkauf an den Kunden, egal was.

Ähnlich läuft es, wenn wir einen Handelsvertreter beauftragen unsere Waren zu verkaufen. Der Handelsvertreter schickt uns eine Rechnung, für die Möbel-Manufaktur eine Eingangsrechnung – also Vorsteuer! Und seine Provision buchen wir auf „6150 Vertriebsprovision".

Soll								Kontonummern							Haben
6	1	5	0	2	6	0	0	4	4	9	9				

Wenn wir die Provision dem Kunden weiter berechnen, wird sie auf Umsatzerlöse gebucht:

Soll								Kontonummern							Haben
2	4	0	1					5	1	0	0	4	8	0	0

Auch hier ist nicht erkennbar, was wir dem Kunden verkauft haben.

Aufgabe 1: Buchen von Ausgangsbelegen

Verbuchen Sie folgende Belege der Münchner Möbel-Manufaktur.

a)

Münchner Möbel-Manufaktur KG
Wohnmöbel und Wohn-Accessoires
Dochhamer Straße 31, 81152 München

Münchner Möbel-Manufaktur KG,
Dochhamer Straße 31, 81152 München

Familie Hansen
Weidengasse 39
88100 Lindau

Ihr Zeichen
Ihre Nachricht vom
Unser Zeichen
Unsere Nachricht vom
USt-IdNr.: DE 987654321
Name: Frau Tezcan
FON: 089 - 98 76 54 32
FAX: 089 - 98 76 54 33
E-Mail: kontakt@muenchner-moebel-manufaktur.de

Rechnungsdatum 14.02.2020

Bitte bei Zahlung unbedingt angeben		
Rechnungsnummer	Kundennummer	Bestellung vom
2020_37	100	15.01.2020

Rechnung
Für die Lieferung folgender Möbel berechnen wir Ihnen:

Art.-Nr.	Artikel	Menge	Stückpreis (EUR)	Gesamtpreis (EUR)
32285	Schaukelstuhl	1	390,00	390,00
32300	Sofa „Marlene“	2	820,00	1.640,00
		Summe netto		2.030,00
		19 %	USt	385,70
		Rechnungsbetrag		**2.415,70**

Zahlung: bitte innerhalb von 30 Tagen. Bei Zahlung innerhalb von 10 Tagen gewähren wir 2 % Skonto. Die Ware bleibt bis zur vollständigen Bezahlung unser Eigentum, § 449 BGB. Erfüllungsort und Gerichtsstand für beide Vertragspartner: München

Geschäftsräume:
Dochhamer Straße 31
81152 München

Bankverbindung:
Münchner Sparkasse
IBAN: DE51 7005 0000 0000 3210 98
BIC: SSKMDEMMXXX

Handelsregister:
Amtsgericht München
HRA 1101

Konto	Betrag im Soll	Betrag im Haben

Soll	Kontonummern	Haben

b)

Münchner Möbel-Manufaktur KG
Wohnmöbel und Wohn-Accessoires
Dochhamer Straße 31, 81152 München

Münchner Möbel-Manufaktur KG,
Dochhamer Straße 31, 81152 München

Herr Hartmann
Welsenstraße 77
81100 München

Ihr Zeichen	
Ihre Nachricht vom	
Unser Zeichen	
Unsere Nachricht vom	
USt-IdNr.:	DE 987654321
Name:	Frau Kasberger
FON:	089 - 98 76 54 32
FAX:	089 - 98 76 54 33
E-Mail:	kontakt@muenchner-moebel-manufaktur.de
Rechnungsdatum	21.02.2020

Bitte bei Zahlung unbedingt angeben		
Rechnungsnummer	Kundennummer	Bestellung vom
2020_38		

Barverkauf – Rechnung

Art.-Nr.	Artikel	Menge	Stückpreis (EUR)	Gesamtpreis (EUR)
32110	Gartenbank	1	184,03	184,03
		Summe netto		184,03
		19 %	USt	34,97
		Rechnungsbetrag		**219,00**

Betrag dankend erhalten: Kasberger

Erfüllungsort und Gerichtsstand für beide Vertragspartner: München

Geschäftsräume:	Bankverbindung:	Handelsregister:
Dochhamer Straße 31	Münchner Sparkasse	Amtsgericht München
81152 München	IBAN: DE51 7005 0000 0000 3210 98	HRA 1101
	BIC: SSKMDEMMXXX	

Konto	Betrag im Soll	Betrag im Haben

Soll								Kontonummern							Haben

c)

Münchner Möbel-Manufaktur KG

Wohnmöbel und Wohn-Accessoires

Dochhamer Straße 31, 81152 München

Münchner Möbel-Manufaktur KG,
Dochhamer Straße 31, 81152 München

Frau Westner
Blumenstraße 77
81199 München

Ihr Zeichen
Ihre Nachricht vom
Unser Zeichen
Unsere Nachricht vom
USt-IdNr.: DE 987654321

Name: Frau Kasberger
FON: 089 - 98 76 54 32
FAX: 089 - 98 76 54 33
E-Mail: kontakt@muenchner-moebel-manufaktur.de

Rechnungsdatum 14.02.2020

Bitte bei Zahlung unbedingt angeben		
Rechnungsnummer	Kundennummer	Bestellung vom
2020_40	094	

Rechnung

Art.-Nr.	Artikel	Menge	Stückpreis (EUR)	Gesamtpreis (EUR)
36100	Schuhregal	2	83,19	166,38
		Summe netto		166,38
		19 %	USt	31,62
		Rechnungsbetrag		**198,00**

Zahlbar: innerhalb von 30 Tagen. Bei Zahlung innerhalb von 10 Tagen 2 % Skonto.
Die Ware bleibt bis zur vollständigen Bezahlung unser Eigentum, § 449 BGB.
Erfüllungsort und Gerichtsstand für beide Vertragspartner: München

Geschäftsräume:
Dochhamer Straße 31
81152 München

Bankverbindung:
Münchner Sparkasse
IBAN: DE51 7005 0000 0000 3210 98
BIC: SSKMDEMMXXX

Handelsregister:
Amtsgericht München
HRA 1101

Konto	**Betrag im Soll**	**Betrag im Haben**

Soll								Kontonummern							Haben

d)

Flitz – Spedition GmbH

Transportieren – Lagern – Kommissionieren

Willinger Straße 38, 81235 München – Web: flitz-spedition.de

Flitz – Spedition GmbH, Willinger Straße 38, 81235 München

Münchner Möbel-Manufaktur KG
Dochhamer Straße 31
81152 München

USt-IdNr.:	DE 654321120
Steuer-Nr.:	12/034/56589
Name:	
FON:	089 - 123 65 43 21
FAX:	
E-Mail:	kontakt@flitz.de
Rechnungsdatum	18.02.2020

Bitte bei Zahlung unbedingt angeben	
Rechnungsnummer	Kundennummer
259_2020	1012

Rechnung

Vereinbarungsgemäß lieferten wir für Sie am 18.02.2020 Gartenmöbel aus. Wir danken für Ihren Auftrag und erlauben uns, Ihnen folgende Posten in Rechnung zu stellen:

Fracht	30,00 €
zzgl. 19 % USt	5,70 €
Gesamt	**35,70 €**

Gerichtsstand für beide Vertragspartner: München

Geschäftsräume:	Bankverbindung:	Geschäftsführer:
Willinger Straße 38	Münchner Bank	Manfred Flitz
81235 München	IBAN: DE12 7019 0000 0000 5678 91	Amtsgericht München:
	BIC: GENODEF1XXX	HRB 89782

Konto	Betrag im Soll	Betrag im Haben

Soll								Kontonummern							Haben

e)

Münchner Möbel-Manufaktur KG
Wohnmöbel und Wohn-Accessoires
Dochhamer Straße 31, 81152 München

Münchner Möbel-Manufaktur KG, Dochhamer Straße 31, 81152 München

Familie Kecman
Allacher Straße 50
85777 Karlsfeld

Ihr Zeichen
Ihre Nachricht vom
Unser Zeichen
Unsere Nachricht vom
USt-IdNr.: DE 987654321

Name: Frau Tezcan
FON: 089 - 98 76 54 32
FAX: 089 - 98 76 54 33
E-Mail: kontakt@muenchner-moebel-manufaktur.de

Rechnungsdatum 18.02.2020

Bitte bei Zahlung unbedingt angeben		
Rechnungsnummer	Kundennummer	Bestellung vom
2020_41	097	10.02.2020

Rechnung
Für die Lieferung folgender Möbel berechnen wir Ihnen:

Art.-Nr.	Artikel	Menge	Stückpreis (EUR)	Gesamtpreis (EUR)
34202	Zubehör zu Kinderbett	1	90,00	90,00
34300	Kinderzimmerschrank	1	350,00	350,00
	Frachtpauschale			30,00
		Summe netto		470,00
		19 %	USt	89,30
		Rechnungsbetrag		**559,30**

Zahlung bitte innerhalb von 30 Tagen. Bei Zahlung innerhalb von 10 Tagen gewähren wir 2 % Skonto auf den Warenwert. Die Ware bleibt bis zur vollständigen Bezahlung unser Eigentum, § 449 BGB. Erfüllungsort und Gerichtsstand für beide Vertragspartner: München

Geschäftsräume:
Dochhamer Straße 31
81152 München

Bankverbindung:
Münchner Sparkasse
IBAN: DE51 7005 0000 0000 3210 98
BIC: SSKMDEMMXXX

Handelsregister:
Amtsgericht München
HRA 1101

Konto	Betrag im Soll	Betrag im Haben

Soll							Kontonummern								Haben

f) Verbuchen Sie den Kontoauszug. Achten Sie ggf. auf die Belege von a) - e).

Sie können die Aufgabe evtl. auch erst lösen, wenn Sie >> **Kapitel A.4.5.3** bearbeitet haben.

Münchner Sparkasse

Kontoauszug
vom 29.02.2020 Auszug Nr. 6/Blatt 1 — Alter Saldo 2.105,00 € +

Buchungstag	Vorgang	Wert	Umsatz in Euro
18.02.2020	J. Friedl R-Nr. 2020_12 vom 28.01. K-Nr. 099	18.02.2020	690,20 +
19.02.2020	Hansen R-Nr. 2020_37 vom 14.02. K-Nr. 0100	19.02.2020	2.367,39 +
20.02.2020	Flitz R-Nr. 259_2020 vom 18.02. K-Nr. 1012	20.02.2020	35,70 -
21.02.2020	Westner R-Nr. 2020_340 vom 14.02. K-Nr. 094	21.02.2020	194,04 +
25.02.2020	M. Kecman R-Nr. 2020_37 vom 18.02. K-Nr. 0097	25.02.2020	548,83 +

Münchner Möbel-Manufaktur KG
Dochhamer Straße 31
81152 München

Neuer Saldo 5.869,76 € +

Buchung am 18.02.2020

Konto	Betrag im Soll	Betrag im Haben

Buchung am 19.02.2020

Konto	Betrag im Soll	Betrag im Haben

Buchung am 20.02.2020

Konto	Betrag im Soll	Betrag im Haben

Buchung am 21.02.2020

Konto	Betrag im Soll	Betrag im Haben

Buchung am 25.02.2020

Konto	Betrag im Soll	Betrag im Haben

Lösung s. Seite 206

4.4 Rücksendungen vom Kunden/Gutschrift an den Kunden

Susan Franzensberger schickt die ganze (oder nur einen Teil!) der Ware wieder zurück und die Möbel-Manufaktur schreibt ihr den entsprechenden Warenwert gut: Sie schickt S. Franzensberger eine Gutschrift.

Münchner Möbel-Manufaktur KG
Wohnmöbel und Wohn-Accessoires
Dochhamer Straße 31, 81152 München

Münchner Möbel-Manufaktur KG,
Dochhamer Straße 31, 81152 München

Frau
Susan Franzensberger
Machtelfinger Weg 225
81234 München

Ihr Zeichen	
Ihre Nachricht vom	
Unser Zeichen	
Unsere Nachricht vom	
USt-IdNr.:	DE 987654321
Name:	Herr Huber
FON:	089 - 98 76 54 32
FAX:	089 - 98 76 54 33
E-Mail:	kontakt@muenchner-moebel-manufaktur.de
Rechnungsdatum	10.02.2020

Bitte bei Zahlung unbedingt angeben		
Gutschriftsnummer	Kundennummer	Bestellung vom
2020_080	109	20.01.2020

Gutschrift zur Rechnung Nr. 2020_08

Art.-Nr.	Artikel	Menge	Stückpreis (EUR)	Gesamtpreis (EUR)
32400	Gartentisch	1	- 450,00	- 450,00
		19 %	USt	- 85,50
		Rechnungsbetrag		**- 535,50**

Erfüllungsort und Gerichtsstand für beide Vertragspartner: München

Geschäftsräume:	Bankverbindung:	Handelsregister:
Dochhamer Straße 31	Münchner Sparkasse	Amtsgericht München
81152 München	IBAN: DE51 7005 0000 0000 3210 98	HRA 1101
	BIC: SSKMDEMMXXX	

Die Buchung dreht die Möbel-Manufaktur einfach um:

Konto	Betrag im Soll	Betrag im Haben
5100 Umsatzerlöse für Waren	450,00 €	
4800 Umsatzsteuer	85,50 €	
2401 Forderungen an Franzensberger		535,50 €

Soll								Kontonummern							Haben
5	1	0	0	4	8	0	0	2	4	0	1				

Eselsbrücke:
Rücksendungen rückwärts buchen!

ACHTUNG

Bei Rücksendungen nicht das Konto „Erlösberichtigungen“ verwenden!

Frau
Susan Franzensberger
Machtelfinger Weg 225
81234 München

Ihr Zeichen
Ihre Nachricht vom
Unser Zeichen
Unsere Nachricht vom
USt-IdNr.: DE 987654321
Name: Herr Huber
FON: 089 - 98 76 54 32
FAX: 089 - 98 76 54 33
E-Mail: kontakt@muenchner-moebel-manufaktur.de
Rechnungsdatum 12.02.2020

Bitte bei Zahlung unbedingt angeben		
Rechnungsnummer	Kundennummer	Bestellung vom
2020_08	109	20.01.2020

Rechnung
Für die Lieferung der Gartenmöbel berechnen wir Ihnen:

Art.-Nr.	Artikel	Menge	Stückpreis (EUR)	Gesamtpreis (EUR)
32400	Gartentisch	1	450,00	450,00
32450	Gartenstühle	4	49,00	196,00
		Summe netto		646,00
		19 %	USt	122,74
		Rechnungsbetrag		**768,74**

Nach der Gutschrift ist bei der Möbel-Manufaktur von der ursprünglichen Rechnung (vgl. Seite 82) noch folgender Betrag offen:

768,74 € - 535,50 € = 233,24 €

Buchung bei Zahlungseingang:

Konto	Betrag im Soll	Betrag im Haben
2800 Bank	233,24 €	
2401 Forderungen an Franzensberger		233,24 €

Aufgabe 2: Warenrückgabe vom Kunden

Münchner Möbel-Manufaktur KG
Wohnmöbel und Wohn-Accessoires
Dochhamer Straße 31, 81152 München

Münchner Möbel-Manufaktur KG,
Dochhamer Straße 31, 81152 München

Marco Kecman
Allacher Straße 50
85777 Karlsfeld

Ihr Zeichen	
Ihre Nachricht vom	12.09.2019
Unser Zeichen	
Unsere Nachricht vom	
USt-IdNr.:	DE 987654321
Name:	Herr Huber
FON:	089 - 98 76 54 32
FAX:	089 - 98 76 54 33
E-Mail:	kontakt@muenchner-moebel-manufaktur.de
Rechnungsdatum	29.02.2020

Bitte bei Zahlung unbedingt angeben		
Gutschriftsnummer	Kundennummer	Bestellung vom
2020_781	097	20.02.2020

Gutschrift zur Rechnung 2020_78
für zurückgegebene Teile:

Art.-Nr.	Artikel	Menge	Stückpreis (EUR)	Gesamtpreis (EUR)
36100	Schuhregal	1	- 83,19	- 83,19
		19 %	USt	- 15,81
		Rechnungsbetrag		**- 99,00**

Bar an der Kasse erhalten: Kecman

Erfüllungsort und Gerichtsstand für beide Vertragspartner: München

Geschäftsräume:
Dochhamer Straße 31
81152 München

Bankverbindung:
Münchner Sparkasse
IBAN: DE51 7005 0000 0000 3210 98
BIC: SSKMDEMMXXX

Handelsregister:
Amtsgericht München
HRA 1101

Wie bucht die Möbel-Manufaktur?

Konto	**Betrag im Soll**	**Betrag im Haben**

Soll								Kontonummern							Haben

Lösung s. Seite 208

4.5 Erlösschmälerungen – ein Preisnachlass für den Kunden

4.5.1 Sofortrabatte

Kauft ein Kunde größere Mengen oder z. B. auf einer Messe, kann er einen Sofortrabatt erhalten. Er wird in der Buchhaltung nicht auf einem eigenen Konto erfasst, sondern nur der verminderte Preis gebucht. Der Buchungssatz des Verkaufs ist identisch wie bei einem „normalen" Verkauf.

Der Buchungssatz für einen Verkauf mit Sofortrabatt lautet wie gewohnt:

Konto	**Betrag im Soll**	**Betrag im Haben**
2400 Forderungen	xxx	
5100 Umsatzerlöse für Waren		xxx
4800 Umsatzsteuer		xxx

Nur der Betrag ist niedriger. Am Buchungssatz ist nicht erkennbar, ob die Ware zum vollen Preis verkauft wurde oder mit einem Sofortrabatt.

4.5.2 Nachträgliche Rabatte

Manchmal bekommt der Kunden auch noch nachträglich einen Rabatt oder einen Preisnachlass wegen einer Reklamation. Der Verkauf der Ware ist schon verbucht und eigentlich warten wir nur noch auf die Bezahlung. Der Kunde behält die Ware und schickt sie nicht zurück, zahlt aber einen niedrigeren Preis. Man spricht von Erlösschmälerungen für den Verkäufer, Verbuchung auf „5101 Erlösberichtigungen". Der Kunde erhält von der Möbel-Manufaktur eine Gutschrift:

Münchner Möbel-Manufaktur KG
Wohnmöbel und Wohn-Accessoires
Dochhamer Straße 31, 81152 München

Münchner Möbel-Manufaktur KG,
Dochhamer Straße 31, 81152 München

Frau
Susan Franzensberger
Machtelfinger Weg 225
81234 München

Ihr Zeichen	
Ihre Nachricht vom	
Unser Zeichen	
Unsere Nachricht vom	
USt-IdNr.:	DE 987654321
Name:	Herr Huber
FON:	089 - 98 76 54 32
FAX:	089 - 98 76 54 33
E-Mail:	kontakt@muenchner-moebel-manufaktur.de
Rechnungsdatum	10.02.2020

Bitte bei Zahlung unbedingt angeben		
Rechnungsnummer	Kundennummer	Bestellung vom
2020_081	109	20.01.2020

Gutschrift zur Rechnung Nr. 2020_08
Aufgrund kleiner Farbfehler schreiben wir Ihnen 10 % gut.

Art.-Nr.	Artikel	Menge	Stückpreis (EUR)	Gesamtpreis (EUR)
32400	Gartentisch	1	- 45,00	- 45,00
32450	Gartenstühle	4	- 4,90	- 19,60
		Summe netto		- 64,60
		19 %	USt	- 12,27
		Rechnungsbetrag		**- 76,87**

Zahlung netto Kasse. Die Ware bleibt bis zur vollständigen Bezahlung unser Eigentum, § 449 BGB. Erfüllungsort und Gerichtsstand für beide Vertragspartner: München

Geschäftsräume:	Bankverbindung:	Handelsregister:
Dochhamer Straße 31	Münchner Sparkasse	Amtsgericht München
81152 München	IBAN: DE51 7005 0000 0000 3210 98	HRA 1101
	BIC: SSKMDEMMXXX	

Verbuchung:

Konto	Betrag im Soll	Betrag im Haben
5101 Erlösberichtigungen	64,60 €	
4800 Umsatzsteuer	12,27 €	
2401 Forderungen an Franzensberger		76,87 €

Soll				Kontonummern								Haben			
5	1	0	1	4	8	0	0	2	4	0	1				

Abschluss des Kontos 5101 Erlösberichtigungen über das Konto 5100 Umsatzerlöse für Waren:

Soll		Kontonummern				Haben	
5	1	0	0	5	1	0	1

S	**5101 Erlösberichtigungen**		H
	64,60	Saldo	→

S	**5000 Umsatzerlöse**		H
	64,60		646,00
G + V	581,40		

↓

S	**G + V**		H
Aufwendungen		5000 Umsatzerlöse	581,40

Von der ursprünglichen Forderung aus der Rechnung auf Seite 82 ist nach der Gutschrift noch eine Restforderung von 768,74 € - 76,87 € = 691,87 € offen. Der Betrag setzt sich aus 581,40 € netto und 110,47 € USt zusammen. Wenn der Betrag eingeht, bucht die Möbel-Manufaktur

Konto	Betrag im Soll	Betrag im Haben
2800 Bank	691,87 €	
2401 Forderungen an Franzensberger		691,87 €

ACHTUNG

Ein Beleg mit der Überschrift „Gutschrift" kann zweierlei bedeuten:

- entweder eine Rücksendung – dann den Verkaufsbuchungssatz rückwärts buchen – oder
- eine nachträgliche Preisminderung, dann Buchung auf dem Konto Erlösberichtigung.

Lesen Sie genau, was im Text der Gutschrift steht („wir haben Ihre Rücksendung erhalten" oder „Wir schreiben Ihnen gut"). Nur danach entscheidet sich, wie der Buchungssatz lautet.

4.5.3 Der Kunde zahlt mit Skonto

Zu der folgenden Rechnung geht am 29.01.2020 auf dem Bankkonto der Möbel-Manufaktur die Zahlung ein: 489,80 €.

Der Kunde hat zurecht 2 % Skonto abgezogen.

	Rechnungsbetrag	499,80 €
-	2 % Skonto	10,00 €
=	Überweisung	489,80 €

Münchner Möbel-Manufaktur KG
Wohnmöbel und Wohn-Accessoires
Dochhamer Straße 31, 81152 München

Münchner Möbel-Manufaktur KG,
Dochhamer Straße 31, 81152 München

Familie Kecman
Allacher Straße 50
85777 Karlsfeld

Ihr Zeichen	
Ihre Nachricht vom	
Unser Zeichen	
Unsere Nachricht vom	
USt-IdNr.:	DE 987654321
Name:	Frau Tezcan
FON:	089 - 98 76 54 32
FAX:	089 - 98 76 54 33
E-Mail:	kontakt@muenchner-moebel-manufaktur.de
Rechnungsdatum	06.01.2020

Bitte bei Zahlung unbedingt angeben		
Rechnungsnummer	Kundennummer	Bestellung vom
2020_11	097	02.01.2020

Rechnung
Für die Lieferung folgender Möbel berechnen wir Ihnen:

Art.-Nr.	Artikel	Menge	Stückpreis (EUR)	Gesamtpreis (EUR)
34200	Kinderbett	1	270,00	270,00
34250	Steck-Regal für Kinderzimmer	1	150,00	150,00
		Summe netto		420,00
		19 %	USt	79,80
		Rechnungsbetrag		**499,80**

Zahlung bitte innerhalb von 30 Tagen. Bei Zahlung innerhalb von 10 Tagen gewähren wir 2 % Skonto. Die Ware bleibt bis zur vollständigen Bezahlung unser Eigentum, § 449 BGB. Erfüllungsort und Gerichtsstand für beide Vertragspartner: München

Geschäftsräume:	Bankverbindung:	Handelsregister:
Dochhamer Straße 31	Münchner Sparkasse	Amtsgericht München
81152 München	IBAN: DE51 7005 0000 0000 3210 98	HRA 1101
	BIC: SSKMDEMMXXX	

Verbuchung:

Münchner Sparkasse			
Kontoauszug vom 01.02.2020 Auszug Nr. 3/Blatt 1			Alter Saldo 4.675,00 € +
Buchungstag	**Vorgang**	**Wert**	**Umsatz in Euro**
29.01.2020	M. Kecman R-Nr. 2020_11 vom 06.01. K-Nr. 0097	29.01.2020	489,80 +
Münchner Möbel-Manufaktur KG **Dochhamer Straße 31** **81152 München**			Neuer Saldo 5.164,80 € +

Konto	Betrag im Soll	Betrag im Haben
2800 Bank	489,80 €	
5101 Erlösberichtigungen	8,40 €	
4800 Umsatzsteuer	1,60 €	
2402 Forderungen an Kecman		499,80 €

Soll											Kontonummern												Haben
2	8	0	0	5	1	0	1	4	8	0	0	2	4	0	2								

Abschluss des Kontos 5101 Erlösberichtigungen über das Konto 5100 Umsatzerlöse für Waren – Siehe » **Kapitel A.4.5.2**!

Skonto vom Warenwert oder vom Rechnungsbetrag ausrechnen? – Egal!

		100 %	19 %	119 %
		Netto	**+ Umsatzsteuer**	**= Brutto**
100 %	Rechnung	420,00 €	79,80 €	499,80 €
2 %	Skonto	8,40 €	1,60 €	10,00 €
98 %	**Zahlung**	**411,60 €**	**78,20 €**	**489,80 €**

- 2 % vom Brutto-Rechnungsbetrag = 10,00 €! Die Umsatzsteuerkorrektur muss noch herausgerechnet werden: 8,40 € netto und 1,60 € Umsatzsteuerkorrekturbetrag.
- 2 % vom Netto-Rechnungsbetrag = 8,40 €! Der Betrag ist schon netto, fertig für den Buchungssatz. Die Umsatzsteuerkorrektur muss noch berechnet werden: 19 % von 8,40 € = 1,60 €

Wichtig:
Ein Brutto-Betrag ist mit 119 % anzusetzen um auf den Netto-Betrag zu schließen!

$$\text{Netto} = \frac{\text{Brutto}}{119\ \%} = \frac{10{,}00\ €}{119\ \%} = 8{,}40\ €$$

Situation:
Gegeben ist der Überweisungsbetrag auf dem Kontoauszug. Der Kunde hat mit Abzug von Skonto überwiesen. Sie sollen die ursprünglichen Forderungsbetrag berechnen (vor Abzug des Skontos).

Rückschluss vom Zahlungs- auf den Rechnungsbetrag

	Brutto	Prozente
Rechnung	499,80 €	100 %
Skonto	10,00 €	2 %
Zahlung	**489,80 €**	**98 %**

Der Kunde überweist nur 98 % der Rechnung. Mit folgendem Dreisatz lässt sich vom Zahlungsbetrag auf den Rechnungsbetrag schließen:

$$98\ \% = 489{,}80\ €$$

$$100\ \% = ?$$

$$? = \frac{489{,}80\ € \cdot 100}{98}$$

$$? = 499{,}80\ €$$

Aufgabe 3: Vergleich von Zahlungsbedingungen

Bisher lautet die Zahlungsbedingung der Möbel-Manufaktur: „Zahlbar innerhalb von 30 Tagen. Bei Zahlung innerhalb von 10 Tagen 2 % Skonto." Das bedeutet für den Kunden einen Zinsvorteil von überschlagen 36 % (genau 36,73 %). Die Firma zieht zwei Alternativen in Betracht:

a) „Zahlbar innerhalb von 25 Tagen. Bei Zahlung innerhalb von 10 Tagen 2 % Skonto."

b) „Zahlbar innerhalb von 30 Tagen. Bei Zahlung innerhalb von 10 Tagen 3 % Skonto."

Welche Alternative ist für die Kunden, die mit Skonto zahlen, vorteilhafter?

Lösung s. Seite 208

Aufgabe 4: Aussagen rund um den Skonto

Sind folgende Aussagen richtig oder falsch?

Aussage	richtig	falsch
Sendet ein Kunde Waren für 4.000 € zurück, muss die Möbel-Manufaktur ihre Vorsteuer um 760 € korrigieren.		
Skonto wird gewährt, damit die Kunden eher zahlen.		
Skonto, der den Kunden gewährt wird, steigert unseren Gewinn.		
Eine Rücksendung von Waren vom Kunden erhöht den Lagerbestand der Möbel-Manufaktur und mindert die Zahllast.		
Wenn Kunden Skonto abziehen, steigt die Zahllast der Möbel-Manufaktur.		

Lösung s. Seite 208

Aufgabe 5: Umsatzsteuerkorrekturen

Münchner Sparkasse			
Kontoauszug vom 15.07.2020 Auszug Nr. 13/Blatt 1			Alter Saldo 8.770,36 € +
Position	**Buchungstag**	**Vorgang**	**Umsatz in Euro**
1	01.07.2020	Gutschrift Nr. 2020_44 Franzensberger abzüglich 2 % Skonto	4.899,04 +
2	04.06.2020	Überweisung an Texware R-Nr. 2020-56 nach Abzug von 3 % Skonto	450,18 -
3	09.06.2020	Gutschrift Hansen Rechnung R-Nr. 2020_45 über 1071,00 € verrechnet mit Gutschrift Nr. 2020_451 über 95,20 €	975,80 +
Münchner Möbel-Manufaktur KG **Dochhamer Straße 31** **81152 München**			Neuer Saldo 14.195,02 € +

Berechnen Sie bei allen drei Positionen des Bankauszugs den Umsatzsteuerkorrekturbetrag. Geben Sie jeweils einen übersichtlichen Rechenweg an! Ist die Vorsteuer oder die Umsatzsteuer zu korrigieren?

Position	Rechenweg	Betrag	Korrektur der Umsatzsteuer oder der Vorsteuer ?	
			Vorsteuer	Umsatzsteuer
1				
2				
3				

Lösung s. Seite 209

4.6 Übersicht

Vorgang	Buchen	
	Soll Konto	Haben Konto
Warenverkauf	2400 Forderungen	5100 Umsatzerlöse für Handelswaren
		4800 Umsatzsteuer
Rücksendung	5100 Umsatzerlöse für Handelswaren	2400 Forderungen
	4800 Umsatzsteuer	
Preisschmälerung, nachträglich	5101 Erlösberichtigungen	2400 Forderungen
	4800 Umsatzsteuer	
Zahlung mit Skonto	2800 Bank	2400 Forderungen
	5101 Erlösberichtigungen	
	4800 Umsatzsteuer	
Transport zum Kunden **Achtung:** Vorsteuer, denn dieser Beleg ist eine Eingangsrechnung!	6140 Ausgangsfrachten	4400 Verbindlichkeiten
	2600 Vorsteuer	
Abschluss Konto Erlösschmälerungen	5100 Umsatzerlöse für Handelswaren	5101 Erlösberichtigungen

Bei Rücksendungen und Preisschmälerungen (beides auch „Gutschriften an den Kunden" genannt) und Skontozahlungen muss jeweils die **Umsatzsteuer korrigiert** werden.

Aufgabe 6: Buchungssätze (ohne Belege)

Bilden Sie jeweils die Buchungssätze für die Münchner Möbel-Manufaktur!

	Geschäftsfall	Konten	Beträge	
			im Soll	im Haben
a)	Verkauf von Möbeln auf Ziel an Herrn Grasmeier für 2.000,00 € + USt.			
b)	Herr Grasmeier bringt einen Schrank, netto 800,00 € wegen Schäden zurück. Wir schreiben ihm den Betrag gut und korrigieren dabei die Umsatzsteuer.			
c)	Herr Grasmeier überweist den Rest innerhalb der Skontofrist und zieht 2 % Skonto ab.			
d)	Wir verkaufen auf Ziel an Hubert Joos Möbel für netto 3.000,00 € und gewähren ihm einen Sonderrabatt von 5 % – bitte Umsatzsteuer ergänzen!			
e)	Ein Kunde hat uns nach Abzug von 3 % Skonto für eine offene Rechnung 2.077,74 € überwiesen.			
f)	Frau Baumann reklamiert einen Kratzer in dem von uns gelieferten Glastisch, Kostenpunkt brutto 714,00 €. Wir einigen uns auf eine Preisminderung von brutto 114,00 € und erstatten den Betrag aus der Kasse.			
g)	Überweisung der Pacht für angemietete Lagerflächen: 480,00 €			
h)	Verkauf auf Ziel von Möbeln an Herrn Schumm: Warenwert 3.000,00 €, Anlieferung 50,00 €, Umsatzsteuer?			
i)	Ein Handelsvertreter hat uns seine Provisionsabrechnung geschickt: brutto 1.428,00 €.			

Lösung s. Seite 209

Aufgabe 7: Diverse Geschäftsfälle und ihre Auswirkung auf die Umsatzsteuer

Im Monat Mai sind u. a. folgende Geschäftsfälle angefallen. Ermitteln Sie in der nachstehenden Tabelle die Umsatzsteuer für diesen Monat:

		Steuersatz	Nettobetrag	Bruttobetrag	Umsatzsteuer
a)	Ausgangsrechnung	19 %	5.430,00 €		
b)	Rücksendung vom Kunden	19 %		675,00 €	
c)	Gutschrift an Kunden wegen Fehler	19 %	188,70 €		
d)	Rücksendung vom Kunden	19 %	340,00 €		
e)	Gutschrift an Kunden wegen Mangel	19 %		225,00 €	
f)	Überweisung nach Nutzung von 2 % Skonto	19 %		2.653,00 €	
g)	Überweisung nach Nutzung von 2 % Skonto	19 %		1.549,00 €	
h)	Ausgangsrechnung	19 %		3.582,00 €	

S	Umsatzsteuer		H
		Rechnung f	432,23 €
		Rechnung g	252,37 €
Summe		Summe	

Berechnen Sie den Saldo des Kontos Umsatzsteuer.

☐.☐☐☐,☐☐ €

Lösung s. Seite 210

5. Sonstige Zahlungsvorgänge

5.1 Überblick

Neben den Buchungen rund um den Ein- und Verkauf von Handelswaren kommen in der Prüfung regelmäßig bestimmte Aufwands- und Ertrags-Buchungen vor.

a) Die **Aufwendungen** können als Rechnung zu verbuchen sein (also normal auf Verbindlichkeiten), oder aber die Aufgaben werden im Rahmen eines Kontoauszugs gestellt:

- als Lastschriften (= Abbuchungen, die der Empfänger veranlasst),
- als Überweisungen durch den Zahlungspflichtigen oder
- als Daueraufträge des Zahlungspflichtigen.

Im Buchungssatz steht dann die Bank immer im Haben.

b) Die **Erträge** können als Rechnung zu verbuchen sein (also normal auf Forderungen), oder aber die Aufgaben werden im Rahmen eines Kontoauszugs gestellt, der Ertrag ist als Gutschrift eingetragen.

Im Buchungssatz steht dann die Bank immer im Soll.

Achten Sie in den Kontoauszügen auch auf die kleinen + oder - Zeichen hinter dem Betrag!

Beispiel

Aufwendungen:

Münchner Sparkasse			
Kontoauszug vom 15.05.2020 Auszug Nr. 10/Blatt 1			Alter Saldo 3,09 € -
Position	**Buchungstag**	**Vorgang**	**Umsatz in Euro**
1	04.05.2020	Lastschrift – Telefonica Germany GmbH & Co. OHG R-Nr. 1258289753/04	239,00 -
2	07.05.2020	Überweisung – Handwerkskammerbeitrag	500,00 -
3	08.05.2020	Überweisung – Abo Fachzeitschrift „Holzdesign" R-Nr. 2944	64,20 -
4	11.05.2020	Überweisung – Kfz-Versicherung	850,00 -
5	12.05.2020	Lastschrift – Leasingrate Kfz	476,00 -
6	14.05.2020	Überweisung – Green-Energy R-Nr. 258/4	714,00 -
7	15.05.2020	Dauerauftrag Miete Lagerhalle	1.200,00 -
Münchner Möbel-Manufaktur KG **Dochhamer Straße 31** **81152 München**			Neuer Saldo 4.046,29 € -

Position	Soll-Konten		Habenkonto
1	6830 Telekommunikationskosten	2600	2800
2	6920 Beiträge zu Wirtschaftsverbänden und Berufsvertretungen		2800
3	6810 Zeitungen und Fachliteratur	2610	2800
4	6900 Versicherungsbeiträge		2800
5	6710 Leasing	2600	2800
6	6050 Aufwendungen für Energie	2600	2800
7	6700 Miete, Pachten		2800

Beispiel

Erträge:

Münchner Sparkasse

Kontoauszug
vom 31.05.2020 Auszug Nr. 11/Blatt 1 — Alter Saldo 4.046,29 € -

Position	Buchungstag	Vorgang	Umsatz in Euro
1	16.05.2020	Gutschrift: Miete für vermietetes Ladenlokal	1.300,00 +
2	18.05.2020	Verwertung von Holz-Abfällen – Gutschrift der Holzwärme GmbH inkl. 7 % USt	80,25 +
3	29.05.2020	Zinsgutschrift	12,00 +

Münchner Möbel-Manufaktur KG
Dochhamer Straße 31
81152 München

Neuer Saldo 2.654,04 € -

Position	Soll-Konten	Habenkonto	
1	2800	5401 Nebenerlöse aus Vermietung und Verpachtung	
2	2800	5410 Sonstige Erlöse	4810
3	2800	5710 Zinserträge	

5.2 Aufgaben zu sonstigen Zahlungsvorgängen

Aufgabe 1: Buchen eines Kontoauszugs mit diversen Geschäftsfällen

Buchen Sie die Geschäftsfälle aus dem folgenden Bankauszug, indem Sie die Kontennummern und die Beträge in die Tabelle eintragen. Rechnungen und Belege liegen jeweils vor, sind aber noch nicht gebucht!

Münchner Sparkasse			
Kontoauszug vom 30.06.2020 Auszug Nr. 12/Blatt 1			Alter Saldo 2.654,04 € -
Position	**Buchungstag**	**Vorgang**	**Umsatz in Euro**
1	01.06.2020	Auszahlung Darlehen Nr. 3216/45	15.000,00 +
2	04.06.2020	Lastschrift Grundsteuer	185,00 -
3	09.06.2020	Telecom R-Nr. 1236547888	226,10 -
4	10.06.2020	Kfz-Steuer M-NH 504	350,00 -
5	10.06.2020	Finanzamt Umsatzsteuer für Mai	872,50 -
6	15.06.2020	Gasversorgungswerke	476,00 -
7	22.06.2020	Beitrag AG-Verband 2020/II Holzverarbeitende Unternehmen	250,00 -
8	23.06.2020	Kfz-Haftpflichtversicherung	690,00 -
9	30.06.2020	Annuität Tilgung 500,00 €, Zins 25,00 €	525,00 -
10	30.06.2020	Kontoabrechnung für Juni Gebühren 5,00 € Zinsgutschrift 4,00 €	1,00 -
Münchner Möbel-Manufaktur KG **Dochhamer Straße 31** **81152 München**			Neuer Saldo 8.770,36 € +

Position	Sollkonten		Habenkonten	
1				
2				
3				
4				
5				
6				
7				
8				
9				
10				

Lösung s. Seite 211

Aufgabe 2: Buchung der Rechnung einer Zeitung

Buchen Sie die beiden Inserate der folgenden Rechnung, indem Sie die Kontennummern in die Tabelle eintragen.

MZ – Münchner Zeitung

Äußerer Ring 269, 81345 München

MZ – Münchner Zeitung,
Äußerer Ring 269, 81345 München

Münchner Möbel-Manufaktur KG
Dochhamer Straße 31
81152 München

Ihr Zeichen	
Ihre Nachricht vom	
Unser Zeichen	
Unsere Nachricht vom	
USt-IdNr.:	DE 987654344
Name:	
FON:	089 - 12 34 56 78
FAX:	
E-Mail:	kontakt@mz.com
Rechnungsdatum	13.06.2020

Bitte bei Zahlung unbedingt angeben		
Rechnungsnummer	Kundennummer	Bestellung vom
2020_786		13./14.06.2020

Rechnung

Größe	Artikel	Menge	Gesamtpreis (EUR)
100 x 50	Inserat wegen Mitarbeitersuche	1	300,00
200 x 100	Werbeinserat wegen Sonderverkauf	2	1.000,00
		Summe netto	1.300,00
		19 % USt	247,00
		Rechnungsbetrag	**1.547,00**

Erfüllungsort und Gerichtsstand für beide Vertragspartner: München

Geschäftsräume:	Bankverbindung:	Handelsregister:
Äußerer Ring 269	Münchner Sparkasse	Amtsgericht München
81345 München	IBAN: DE51 7005 0000 0000 2255 78	HRB 1234
	BIC: SSKMDEMMXXX	

Position 1

Soll	Kontonummern	Haben

Position 2

Soll	Kontonummern	Haben

Lösung s. Seite 211

Aufgabe 3: Buchen eines Taxi-Belegs

Frau Henning ist mit dem Taxi gefahren, um ihr betriebliches Fahrzeug vom Kundendienst abzuholen.

Taxi-München eG Genossenschaft der Münchner Taxi-Unternehmen

Taxi-Fahrpreisquittung
Taxiunternehmen Müller
Rosenhauser Straße 15
81667 München

Taxi-Nummer 5010

Quittungsnummer 20088

Nettofahrpreis ______ € ______ Ct

+ 7 **% USt** 15 € ______ Ct

Bruttofahrpreis ______ € ______ Ct

☒ **Stadtfahrt**
☐ **Kurierfahrt**
☐ **Krankenfahrt**
☐ **Zuzahlung**
☐ **Anderes**

Fahrstrecke von ______

nach ______

Datum: 17.03.2020
Unterschrift des Fahrers: Berger

Soll	Kontonummern	Haben

Lösung s. Seite 211

Aufgabe 4: Buchen von Belegen rund um gebrauchte Altmöbel

Münchner Möbel-Manufaktur KG
Wohnmöbel und Wohn-Accessoires
Dochhamer Straße 31, 81152 München

Münchner Möbel-Manufaktur KG, Dochhamer Straße 31, 81152 München

Familie Julius Hansen
Weidengasse 39
88100 Lindau

Ihr Zeichen
Ihre Nachricht vom
Unser Zeichen
Unsere Nachricht vom
USt-IdNr.: DE 987654321

Name: Frau Tezcan
FON: 089 - 98 76 54 32
FAX: 089 - 98 76 54 33
E-Mail: kontakt@muenchner-moebel-manufaktur.de

Rechnungsdatum 22.02.2020

Bitte bei Zahlung unbedingt angeben		
Rechnungsnummer	Kundennummer	Bestellung vom
2020_39	100	

Rechnung
Für den Abbau und die fachgerechte Entsorgung Ihres gebrauchten Sofas berechnen wir Ihnen:

Art.-Nr.	Artikel	Menge	Stückpreis (EUR)	Gesamtpreis (EUR)
1000	Abbau, Entsorgung pauschal	1	80,00	80,00
		Summe netto		80,00
		19 %	USt	15,20
		Rechnungsbetrag		**95,20**

Erfüllungsort und Gerichtsstand für beide Vertragspartner: München

Geschäftsräume:
Dochhamer Straße 31
81152 München

Bankverbindung:
Münchner Sparkasse
IBAN: DE51 7005 0000 0000 3210 98
BIC: SSKMDEMMXXX

Handelsregister:
Amtsgericht München
HRA 1101

a) Buchen Sie die Belege.

Soll				Kontonummern											Haben

Gemeinde Lindau

Abfallentsorgungsgebühr

Quittung **€ 5,--**

Gemeinde Lindau

Abfallentsorgungsgebühr

Quittung **€ 5,--**

Soll	Kontonummern						Haben

b) Erklären Sie kurz, ob der Beleg der Gemeinde Lindau den Vorgaben des Umsatzsteuergesetzes entsprechen muss.

Lösung s. Seite 211

Aufgabe 5: Buchen der Gebühren des Kontoauszugs

Buchen Sie die Gebühren des Kontoauszugs.

Münchner Volksbank			
Kontoauszug vom 01.04.2020 Auszug Nr. 3/Blatt 1			
Buchungstag	**Vorgang**	**Wert**	**Umsatz in Euro**
31.03.2020	Eilgebühr für Überweisung	31.03.2020	5,00 -
31.03.2020	Gebühr Giro-Karte Frau Henning	31.03.2020	7,00 -
31.03.2020	Gemäß separater Aufstellung Monatsabschluss des Kontos Zinsen wegen Überziehung 0,50 € Überweisungsgebühren 3,50 €	31.03.2020	4,00 -
Münchner Möbel-Manufaktur KG **Dochhamer Straße 31** **81152 München**			

Eilgebühr

Soll		Kontonummern					Haben

Kartengebühr

Soll		Kontonummern					Haben

Monatsabschlussgebühr

Soll						Kontonummern									Haben

Lösung s. Seite 212

6. Buchungen im Anlagenbereich

6.1 Anlagenbereich

Unter all den Dingen, die die Möbel-Manufaktur erwirbt, will sie bestimmte Gegenstände sehr langfristig, ja dauerhaft benutzen: die Anlagegüter. Dazu gehören Immobilien, technische Anlagen und Maschinen, andere Anlagen wie Fuhrpark oder Betriebs- und Geschäftsausstattung. Alle Anlagegüter stehen als Anlagevermögen auf der Aktivseite in der Bilanz.

Im Laufe der Zeit verlieren die meisten Anlagegüter an Wert. Vom ursprünglichen Preis, den Anschaffungskosten, bleibt am Schluss nur ein Erinnerungswert von einem Euro übrig.

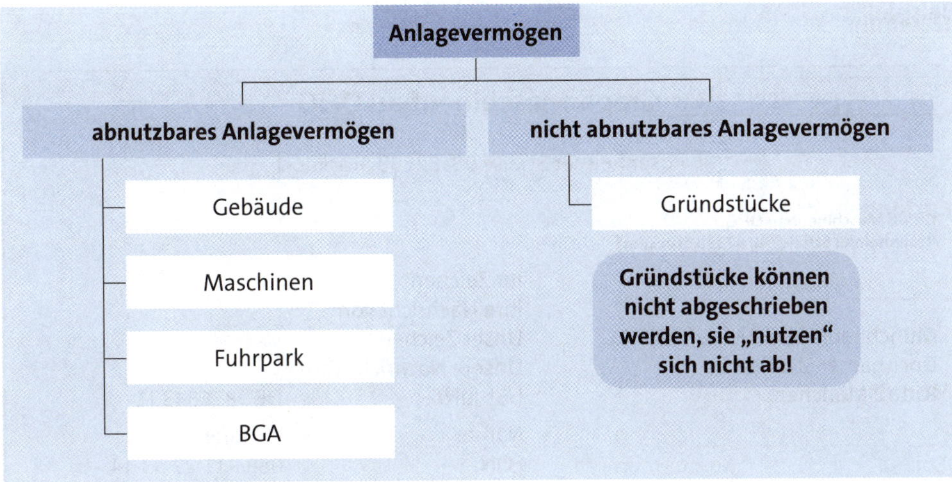

6.2 Kauf von Anlagegütern

Zusammensetzung der Anschaffungskosten:

	Anschaffungspreis abzüglich Sofortrabatte (netto)
+	Anschaffungsnebenkosten (netto)
-	Minderungen des Anschaffungspreises (netto)
=	**Anschaffungskosten**

Je nach Anlagegut fallen andere Nebenkosten oder Minderungen an. Hier einige Beispiele:

	Immobilien (05XX)	Maschinen (07XX)	Fuhrpark (0840)
Anschaffungs-nebenkosten	▸ Grunderwerbssteuer (wird vom Grund **und** vom Gebäude berechnet!) ▸ Notarkosten ▸ Grundbuchgebühren	▸ Sonderausstattung ▸ Anlieferung ▸ Aufstellen ▸ Montage	▸ Zusatzausstattung ▸ Überführungskosten ▸ Zulassungskosten ▸ Nummernschilder
Minderungen der Anschaf-fungskosten		▸ Rabatt ▸ Nachlass ▸ Skonto	▸ Rabatt ▸ Nachlass ▸ Skonto

Nicht zu den Anschaffungskosten gehören die Umsatzsteuer und eventuelle Finanzierungsspesen.

Beispiel

Grooß Maschinenbau OHG

Rosenheimer Straße 98, 82333 Stockdorf

Grooß Maschinenbau OHG,
Rosenheimer Straße 98, 82333 Stockdorf

Münchner Möbel-Manufaktur KG
Dochhamer Straße 31
81152 München

Ihr Zeichen	
Ihre Nachricht vom	
Unser Zeichen	
Unsere Nachricht vom	
USt-IdNr.:	DE 987654331
Name:	A. Hofer
FON:	089 - 11 22 33 44
FAX:	089 - 11 22 33 45
E-Mail:	kontakt@grooß.de
Rechnungsdatum	10.03.2020

Bitte bei Zahlung unbedingt angeben		
Rechnungsnummer	Kundennummer	Bestellung vom
2020_3456	255	05.03.2020

Rechnung

Art.-Nr.	Artikel	Menge	Gesamtpreis (EUR)
987	Holzmeier Hobelmaschine mit 4 Messern	1	1.400,00
9987	Holzmeier Absaugvorrichtung	1	340,00
	Montage und Aufstellen		560,00
		Summe netto	2.300,00
		19 % USt	437,00
		Rechnungsbetrag	**2.737,00**

Zahlungsbedingungen: 30 Tage netto. 10 Tage 2 % Skonto. Die Ware bleibt bis zur vollständigen Bezahlung unser Eigentum, § 449 BGB. Erfüllungsort und Gerichtsstand für beide Vertragspartner: Planegg

Bankverbindung:
Münchner Sparkasse
IBAN: DE51 7005 0000 0000 3377 88
BIC: SSKMDEMMXXX

Handelsregister:
Amtsgericht München
HRB 1289

Die Hobelmaschine wird inklusive Absaugeinrichtung, Montage und Aufstellen auf das Konto 0700 Technische Anlagen und Maschinen gebucht.

Konto	**Betrag im Soll**	**Betrag im Haben**
0700 Technische Anlagen und Maschinen	2.300,00 €	
2600 Vorsteuer 19 %	437,00 €	
4499 Sonstige Verbindlichkeiten		2.737,00 €

Begleichung der Rechnung per Bank innerhalb der Skontofrist – Buchung:

Konto	**Betrag im Soll**	**Betrag im Haben**
4499 Sonstige Verbindlichkeiten	2.737,00	
2800 Bank		2682,26 €
0700 Technische Anlagen und Maschinen		46,00 €
2600 Vorsteuer 19 %		8,74 €

In der Prüfung ist der letzte Buchungssatz so in die Lösungskästchen einzutragen:

Soll								Kontonummern											Haben
4	4	9	9									2	8	0	0	0	7	0	0	2	6	0	0

ACHTUNG

Skonto und sonstige Minderungen bei Anlagegütern werden auf das Konto des Anlagegutes, hier 0700 gebucht, nicht auf 6081 Nachlässe für Handelswaren!

Berechnung der Anschaffungskosten der Hobelmaschine (AK sind immer netto!).

	Anschaffungspreis	
	Maschine	1.400,00 €
+	**Anschaffungsnebenkosten**	
	Absaugvorrichtung	340,00 €
	Montage, Aufstellen	560,00 €
-	**Minderungen**	
	Skonto	46,00 €
=	**Anschaffungskosten**	2.254,00 €

Die Anschaffungskosten sind die Grundlage für die Abschreibungen, die Wertminderungen in der Buchhaltung. Dabei gilt:

Anschaffungskosten - Abschreibung = Buchwert

Gründe für die Abschreibungen sind eingetretene Wertverluste wie z. B. die Abnutzung durch Gebrauch, der Verschleiß durch Witterung, veränderte gesetzliche Vorgaben (aktuell: Dieselautos) usw.

Aufgabe 1: Anschaffungskosten einer Sägemaschine

Die Möbel-Manufaktur hat am 01.04.2020 eine neue Sägemaschine für 85.000 € netto gekauft. Die Eingangsrechnung ist verbucht. Am 06.04.2020 begleicht die Möbel-Manufaktur die Rechnung per Bank abzüglich 2 % Skonto.

a) Wie lautet die Buchung?

Konto	Betrag im Soll	Betrag im Haben

b) Die Rechnung einer Spedition geht ein.

Flitz – Spedition GmbH
Transportieren – Lagern – Kommissionieren
Willinger Straße 38, 81235 München – Web: flitz-spedition.de

Flitz – Spedition GmbH, Willinger Straße 38, 81235 München

Münchner Möbel-Manufaktur KG
Dochhamer Straße 31
81152 München

USt-IdNr.:	DE 654321120
Steuer-Nr.:	12/034/56589
Name:	
FON:	089 - 123 65 43 21
FAX:	
E-Mail:	kontakt@flitz.de
Rechnungsdatum	03.04.2020

Bitte bei Zahlung unbedingt angeben
Rechnungsnummer
257_2020

Rechnung
Anlieferung einer Sägemaschine am 01.04.2020 von Stuttgart nach München.
Wir danken für den Auftrag!

Fracht	550,00 €
zzgl. 19 % USt	104,50 €
Gesamt	**654,50 €**

Gerichtsstand für beide Vertragspartner: München

Geschäftsräume:	Bankverbindung:	Geschäftsführer:
Willinger Straße 38	Münchner Bank	Manfred Flitz
81235 München	IBAN: DE12 7019 0000 0000 5678 91	Amtsgericht München:
	BIC: GENODEF1XXX	HRB 89782

Wie bucht die Möbel-Manufaktur die Speditionsrechnung?

Konto	Betrag im Soll	Betrag im Haben

c) Berechnen Sie nachvollziehbar in einer übersichtlichen Darstellung die Anschaffungskosten der Sägemaschine.

Lösung s. Seite 212

Aufgabe 2: Skonto bei einem Anlagegut

Die Möbel-Manufaktur überweist nach Abzug von 2 % Skonto für eine Trockenkammer (Holz muss vor der Verarbeitung trocken und gut abgelagert sein!) 9.329,60 €.

a) Auf welchen Betrag lautet die Rechnung für die Trockenkammer? Bitte stellen Sie Ihre Berechnung übersichtlich und nachvollziehbar dar.

b) Tragen Sie den Buchungssatz für die Überweisung ein!

Soll	Kontonummern	Haben

c) Wie hoch ist der Steuerkorrekturbetrag in diesem Buchungssatz?

d) Wie hoch sind die Anschaffungskosten der Trockenkammer? Stellen Sie Ihre Berechnung übersichtlich dar!

Lösung s. Seite 212

6.3 Lineare Abschreibung von Anlagegütern

Von Seiten des Finanzamtes ist für jedes Anlagegut eine Nutzungsdauer vorgegeben. Aus Anschaffungskosten und Nutzungsdauer lässt sich die Abschreibung berechnen. Für Hobelmaschinen (siehe Beispiel-Beleg: Hobelmaschine von der Firma Grooß, Seite 116) beträgt die Nutzungsdauer sieben Jahre. Die Maschine wird laut Plan jedes Jahr $^1/_7$ ihres Wertes verlieren.

$$\text{Abschreibungssatz in Prozent} = \frac{100\,\%}{\text{Nutzungsjahre}}$$

$$\text{Abschreibungssatz der Hobelmaschine} = \frac{100\,\%}{7} = 14{,}29\,\%$$

Den Abschreibungsbetrag kann man auf zweierlei Arten berechnen:

1. Anschaffungskosten : Nutzungsdauer oder
2. Anschaffungskosten • Abschreibungssatz.

Folgende Werte sind bei der Abschreibung wichtig:

- die Nutzungsdauer oder der Abschreibungssatz
- die Anschaffungskosten = der Grundwert
- der Abschreibungsbetrag.

Im Jahr der Anschaffung darf nur zeitanteilig abgeschrieben werden. Die Maschine wurde laut Rechnung im März 2020 geliefert. Der Monat der Anlieferung zählt immer zur Abschreibung dazu.

$$\text{Berechnung des Abschreibungsbetrages im Anschaffungsjahr} = \frac{\text{Anschaffungskosten} \cdot \text{Monate}}{\text{Nutzungsdauer} \cdot 12\ \text{Monate}}$$

Fortführung des Beispiels:

$$\text{Abschreibungsbetrag pro Jahr} = \frac{2.254\ €}{7} = 322\ €$$

$$\text{Abschreibungsbetrag 2020} = \frac{2.254\ € \cdot 10\ \text{Monate}^{1}}{7\ \text{Jahre} \cdot 12\ \text{Monate}} = 268{,}33\ €$$

Abschreibungsplan:

	Anschaffungskosten		2.254,00 €
-	Abschreibung	2020	268,33 €
=	Buchwert		1.985,67 €
-	Abschreibung	2021	322,00 €
=	Buchwert		1.663,67 €
-	Abschreibung	2022	322,00 €
=	Buchwert		1.341,67 €
-	Abschreibung	2023	322,00 €
=	Buchwert		1.019,67 €
-	Abschreibung	2024	322,00 €
=	Buchwert		697,67 €
-	Abschreibung	2025	322,00 €
=	Buchwert		375,67 €
-	Abschreibung	2026	322,00 €
=	Buchwert		53,67 €
-	Abschreibung	2027	52,67 €
=	**Erinnerungswert**		**1,00 €**

[1] 10 Monate = März bis September.

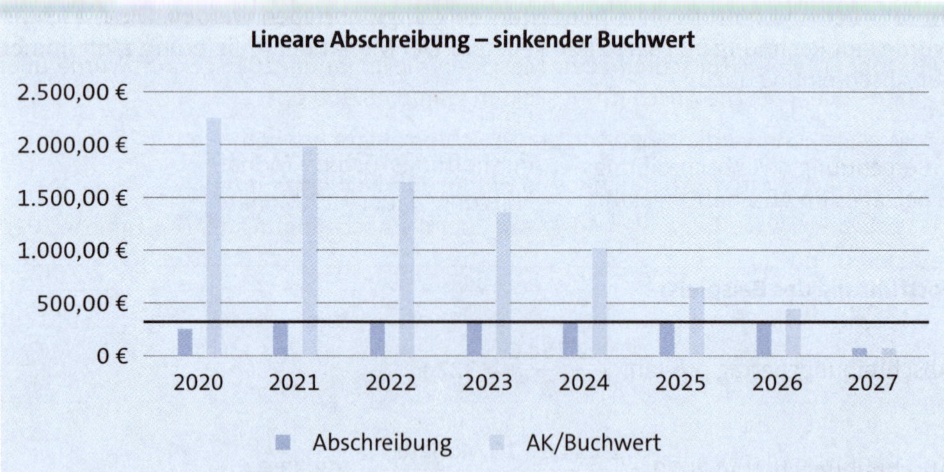

Der Abschreibungsbetrag ist jedes Jahr gleich hoch – wie eine Linie in dem Diagramm, daher der Name „lineare Abschreibung".

Ausnahmen:

- zeitanteilige Abschreibung im 1. Jahr
- restliche Abschreibung im letzten Jahr.

Weil im ersten Jahr nur anteilig abgeschrieben wurde, dauert es acht Kalenderjahre bis 0 € oder der Erinnerungswert erreicht ist.

Buchung der Abschreibung:

6520 Abschreibungen	an	XX-Anlagekonto

Soll				Kontonummern			Haben
6	5	2	0	0	7	0	0

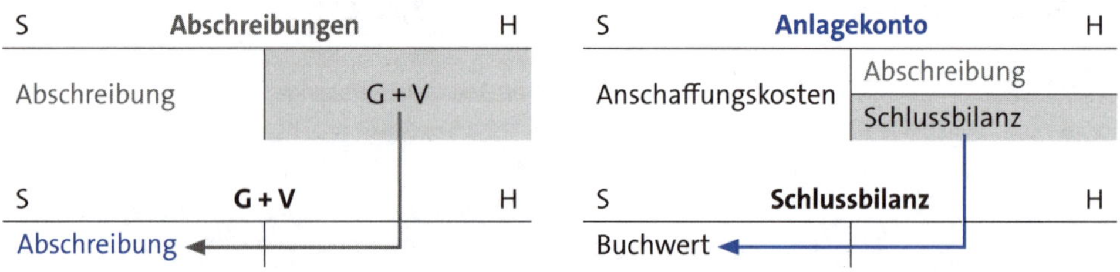

Das Konto Abschreibungen wird an die G + V abgeschlossen; es beeinflusst den Gewinn, es ist **erfolgswirksam**!

Aufgabe 3: Abschreibung einer Maschine

Die Möbel-Manufaktur schreibt eine Maschine, die im Januar 2016 gekauft wurde, über 12 Jahre linear ab. Die Anschaffungskosten waren 48.000 €.

a) Wieviel Euro werden 2020 von der Maschine abgeschrieben?

b) Welche Auswirkung hat die Abschreibung auf die Bilanzsumme?

c) Welche zwei der folgenden Aussagen über die Abschreibung der Maschine in 2020 sind richtig?

Sachverhalt	richtig	falsch
Die Abschreibung ist erfolgsneutral.		
Die Abschreibung muss für das Jahr 2020 zeitanteilig erfolgen.		
Sie mindert den Gewinn der Möbel-Manufaktur.		
Sie steigert das Eigenkapital der Möbel-Manufaktur.		
Der Buchwert zum 31.12.2020 liegt um 8 $\frac{1}{3}$ % unter dem Buchwert vom 31.12.2019.		
Die Abschreibung macht – wie jedes Jahr – ein $\frac{1}{12}$ der Anschaffungskosten der Maschine aus.		

Lösung s. Seite 213

Aufgabe 4: Anlagegüter und Erfolgsauswirkungen

Die Möbel-Manufaktur hat am 01.06.2020 eine Nuthobelmaschine gekauft, Anschaffungskosten: 3.500 €, Nutzungsdauer sechs Jahre.

a) Berechnen Sie den Abschreibungsbetrag für 2020.

b) Wie lautet die Buchung für die Abschreibung?

Soll				Kontonummern Haben			

c) Wie wirkt sich die Abschreibung auf einen möglichen Gewinn oder Verlust der Möbel-Manufaktur aus?

d) Die Möbel-Manufaktur hatte wegen eines Liquiditäts-Engpasses die Nuthobelmaschine bezahlt, ohne die Skonto-Möglichkeit zu nutzen. 3 % Skonto hätte sie abziehen dürfen, wenn Sie 20 Tage früher gezahlt hätte. Welchem Zinssatz hat diese Skonto-Option entsprochen?

Lösung s. Seite 213

Aufgabe 5: Kauf einer Furniersäge

Die Möbel-Manufaktur leistet sich eine neue Furniersäge. Der Hersteller berechnet folgende Beträge:

	Listenpreis		1.200,00 €
-	Sonderrabatt		100,00 €
+	Transport		150,00 €
+	Montage und Inbetriebnahme		240,00 €
	Summe	netto	1.490,00 €
+	Umsatzsteuer	19 %	283,10 €
	Rechnungsbetrag		1.773,10 €

Zahlungsbedingung: 30 Tage Ziel, 10 Tage 2 % Skonto auf die Maschine.

Lieferung am 05.02.2020. Nutzungsdauer sechs Jahre.

a) Buchen Sie die Eingangsrechnung.

Konto	Betrag im Soll	Betrag im Haben

b) Buchen Sie den Rechnungsausgleich innerhalb der Skontofrist.

Konto	Betrag im Soll	Betrag im Haben

c) Berechnen Sie die Anschaffungskosten!

d) Für wie viele Monate schreiben Sie die Furniersäge in 2020 ab?

e) Berechnen und buchen Sie die Abschreibung für 2020!

Konto	Betrag im Soll	Betrag im Haben

f) Welcher Betrag ist in 2021 abzuschreiben?

Lösung s. Seite 213

Aufgabe 6: Kauf eines Pkw

Autohaus Fuhrmann KG

Bärenbadstraße 56, 80555 München

Autohaus Fuhrmann KG,
Bärenbadstraße 56, 80555 München

Münchner Möbel-Manufaktur KG
Dochhamer Straße 31
81152 München

Ihr Zeichen	
Ihre Nachricht vom	
Unser Zeichen	
Unsere Nachricht vom	
USt-IdNr.:	DE 987654331
Name:	A. Reiter
FON:	089 - 11 77 33 48
FAX:	089 - 11 77 33 49
E-Mail:	kontakt@Fuhrmann.de
Rechnungsdatum	10.04.2020

Bitte bei Zahlung unbedingt angeben		
Rechnungsnummer	Kundennummer	Bestellung vom
2020_027	085	10.04.2020

Rechnung

Art.-Nr.	**Artikel**	**Menge**	**Gesamtpreis (EUR)**
	SMW 118 i	1	20.000,00
	Sonderausstattung	1	4.000,00
	Überführungskosten		600,00
		Summe netto	24.600,00
		19 % USt	4.674,00
		Rechnungsbetrag	**29.274,00**

Erfüllungsort und Gerichtsstand für beide Vertragspartner: München

Bankverbindung:
Münchner Sparkasse
IBAN: DE51 7005 0000 0000 33 77 88
BIC: SSKMDEMMXXX

Handelsregister:
Amtsgericht München
HRB 1289

a) Buchen Sie die Eingangsrechnung für die Möbel-Manufaktur!

Soll								Kontonummern							Haben

b) Beschreiben Sie kurz, wie sich dieser Beleg auf den Erfolg des Unternehmens auswirkt?

c) Die Möbel-Manufaktur zahlt die Zulassungsgebühr für das Kfz bar. 50 €. Buchung?

Soll	Kontonummern						Haben

d) Die Nutzungsdauer eines Personenkraftwagens beträgt sechs Jahre. Wie viel Euro schreibt die Möbel-Manufaktur Ende 2020 von diesem Fahrzeug ab?

e) Wie lautet der Buchungssatz für die Abschreibung?

Soll	Kontonummern						Haben

Lösung s. Seite 214

Aufgabe 7: Kauf einer Immobilie

a) Die Möbel-Manufaktur kauft im Juli 2020 eine neue Lagerhalle. Das Grundstück hat einen Wert von 600.000 €, für die Halle rechnet man 400.000 €. Die Beträge gehen vom Bankkonto der Möbel-Manufaktur ab. Wie bucht die Möbel-Manufaktur?

Soll					Kontonummern										Haben

b) Vom Finanzamt kommt der Bescheid über die Grunderwerbsteuer: 3,5 % von 1.000.000 € = 35.000 €. Verbuchen Sie den Bescheid!

Soll					Kontonummern										Haben

c) Betriebsgebäude werden jährlich mit 3 % abgeschrieben. Stellen Sie übersichtlich dar, welchen Betrag die Möbel-Manufaktur in 2020 abschreiben kann.

d) Welche Werte stehen in der Schlussbilanz 2020?

- **für das Grundstück:** ______________________ €
- **für die Lagerhalle:** ______________________ €

Lösung s. Seite 214

6.4 Buchungs-Übersicht Anlagevermögen

	Immobilien	Maschinen	Fuhrpark
Anschaffungspreis und Anschaffungsnebenkosten	0510 0530 an 2800	0700 2600 an 4400	0840 2600 an 4400
Minderungen der Anschaffungskosten		4400 an 0700 2600	4400 an 0840 2600
Rechnungsausgleich mit Skonto		4400 an 2800 0700 2600	4400 an 2800 0840 2600
Abschreibung	6520 an 0530	6520 an 0700	6520 an 0840

ACHTUNG

Keine Vorsteuer bei Immobilien!

7. Der Jahresabschluss

7.1 Bilanz, G + V und Anhang

Der Jahresabschluss, in der Regel zum 31.12., setzt sich aus der Bilanz, der G + V sowie dem Anhang zusammen. Der Anhang ist eine Erläuterung zur Bilanz und der G + V. Die Gliederung und die Begriffe in Bilanz und G + V sind im Gesetz (HGB) geregelt.

AKTIVA	Bilanz zum 31.12.20XX		PASSIVA
A. Anlagevermögen Sachanlagen B. Umlaufvermögen Vorräte Forderungen Kassenbestand, Bankguthaben		A. Eigenkapital B. Fremdkapital Verbindlichkeiten	
Summe		Summe	

Sortierung der Posten innerhalb der Aktiv- oder Passiv-Seite:

AKTIVA	Bilanz	PASSIVA
schwer zu liquidieren ↓ leicht zu liquidieren **Liquiditätsprinzip** für die Investitionsseite		sehr langfristig fällig ↓ kurzfristig fällig **Fälligkeitsprinzip** für die Finanzierungsseite

Aufgabe 1: Bilanzgliederung

In einer Bilanz kommen unter anderem folgende Gliederungsgruppen vor:

1. Anlagevermögen
2. Umlaufvermögen
3. Fremdkapital.

Ordnen Sie den folgenden Bilanzposten jeweils eine Gliederungsgruppe zu!

Bilanzposten	Gliederungsgruppe
Betrieblich genutztes Grundstück	
Darlehen bei der Sparkasse	
Bestand an Handelswaren	
Einrichtung des Büros im Verwaltungsgebäude	
Bargeld in der Geschäftskasse	
Forderungen an Kunden	
betrieblich genutzter Lkw	
Verbindlichkeiten bei Lieferanten	
Kundenparkplatz	
Bankguthaben	
Steuerschulden	

Lösung s. Seite 215

Aufgabe 2: Prinzipien der Bilanzgliederung

a) Ist die Reihenfolge der einzelnen Bilanzpositionen vorgeschrieben? Wenn ja, in welchem Gesetz?

b) Erläutern Sie das Prinzip, nach dem das Umlaufvermögen einer Bilanz gegliedert ist.

c) Erläutern Sie das Prinzip, nach dem das Fremdkapital einer Bilanz gegliedert ist.

Lösung s. Seite 215

Aufgabe 3: Bilanz vervollständigen I

a) Berechnen Sie die Lücken in folgender Bilanz!

AKTIVA	Aufbereitete Bilanz zum ... der Münchner Möbel-Manufaktur		PASSIVA
Anlagevermögen	€	Eigenkapital	180.000 €
Umlaufvermögen	400.000 €	Fremdkapital	€
Summe des Vermögens	€	Summe des Kapitals	600.000 €

Bilanzlücken	Wert in Euro
Anlagevermögen	
Summe des Vermögens	
Fremdkapital	

b) Berechnen Sie den Anteil des Umlaufvermögens in Prozent.

☐☐,☐☐ %

c) Stellen Sie ihr Ergebnis von b) dem Branchendurchschnitt 60 % gegenüber. Geben Sie eine mögliche Ursache für die Abweichung der Möbel-Manufaktur vom Branchendurchschnitt an.

Lösung s. Seite 215

Aufgabe 4: Bilanz vervollständigen II

Berechnen Sie die Lücken in folgender Bilanz!

AKTIVA	Aufbereitete Bilanz zum ... der Münchner Möbel-Manufaktur		PASSIVA
% Anlagevermögen	€	30 % Eigenkapital	165.000 €
% Umlaufvermögen	396.000 €	% Fremdkapital	€
Summe des Vermögens	€	Summe des Kapitals	€

Bilanzlücken	Wert in Prozent	Wert in Euro
Anlagevermögen		
Umlaufvermögen		396.000 €
Summe des Vermögens		
Eigenkapital	30 %	165.000 €
Fremdkapital		
Summe des Kapitals		

Lösung s. Seite 216

7.2 Aufbereitete Bilanz

Für die Bilanzanalyse wird eine Bilanz aufbereitet: es werden Teile zusammengefasst und prozentuale Anteile berechnet.

Quoten-Formeln (hinter allen Formeln zur Berechnung der Quoten stehen einfach Dreisätze!):

$$\text{Eigenkapitalquote} = \frac{\text{Eigenkapital} \cdot 100}{\text{Gesamtkapital}}$$

$$\text{Fremdkapitalquote} = \frac{\text{Fremdkapital} \cdot 100}{\text{Gesamtkapital}}$$

$$\text{Quote des Anlagevermögens} = \frac{\text{Anlagevermögen} \cdot 100}{\text{Gesamtvermögen}}$$

$$\text{Quote des Umlaufvermögens} = \frac{\text{Umlaufvermögen} \cdot 100}{\text{Gesamtvermögen}}$$

Die Bilanz der Möbel-Manufaktur ist noch nicht vollständig aufbereitet:

AKTIVA	**Aufbereitete Bilanz zum ... der Münchner Möbel-Manufaktur**		**PASSIVA**
% Anlagevermögen Sachanlagen	150.000 €	40 % Eigenkapital	€
% Umlaufvermögen Handelswaren Forderungen an Kunden Kassenbestand, Bankguthaben	€	60 % Fremdkapital Bankdarlehen Verbindlichkeiten ... ggü. Lieferanten	€
100 % Summe des Vermögens	500.000 €	100 % Summe des Kapitals	€

- $$\text{Quote des Anlagevermögens} = \frac{100 \cdot \text{AV}}{\text{Summe des Vermögens}} = \frac{100 \cdot 150.000}{500.000} = \mathbf{30\ \%}$$
- Einfach: Wenn das Anlagevermögen 30 % des gesamten Vermögens ausmacht, dann beträgt das Umlaufvermögen **70 %**.

- Es lassen sich auch fehlende Werte in einer Bilanz einfach bestimmen, z. B. das Umlaufvermögen:

	Summe des Vermögens	500.000 €
-	Anlagevermögen	150.000 €
=	Umlaufvermögen	**350.000 €**

- ACHTUNG

Scheinbar fehlt die Summe des Kapitals und man kann weder das Eigen- noch das Fremdkapital berechnen. Aber die Summe des Vermögens ist gegeben! Und Vermögen und Kapital sind schließlich gleich groß!

Jetzt lässt sich rechnen:

40 % Eigenkapital von 500.000 € Vermögen bzw. Kapital = **200.000 €**
60 % Fremdkapital von 500.000 € Vermögen bzw. Kapital = **300.000 €**

Ergebnis der aufbereiteten Bilanz:

AKTIVA	**Aufbereitete Bilanz zum ... der Münchner Möbel-Manufaktur**		**PASSIVA**
30 % Anlagevermögen Sachanlagen	150.000 €	40 % Eigenkapital	**200.000 €**
70 % Umlaufvermögen Handelswaren Forderungen an Kunden Kassenbestand, Bankguthaben	**350.000 €**	60 % Fremdkapital Bankdarlehen Verbindlichkeiten ... ggü. Lieferanten	**300.000 €**
100 % Summe des Vermögens	500.000 €	100 % Summe des Kapitals	**500.000 €**

Weitere Kennziffern:

$$\text{Liquidität 1. Grad} = \frac{(\text{Bank und Kasse}) \cdot 100}{\text{kurzfristige Verbindlichkeiten}}$$

$$\text{Wirtschaftlichkeit} = \frac{\text{Ertrag}}{\text{Aufwand}}$$

Aufgabe 5: Veränderungen von Bilanz-Kennziffern

a) In einem Jahr hatte die Möbel-Manufaktur einen Anteil des Anlagevermögens von 40 %. Erläutern Sie, wie sich die Investition in eine neue Ladenausstattung auf diese Kennziffer auswirkt?

b) Die Investition wurde über einen Kredit finanziert. Erläutern Sie, wie sich der Anteil des Fremdkapitals ändert?

Lösung s. Seite 216

Aufgabe 6: Kennziffern im Vergleich

In einem Jahr hatte die Möbel-Manufaktur einen Anteil des Anlagevermögens von 42 %. Der Branchendurchschnitt zu dieser Zeit lag bei 38 %. Nennen Sie eine mögliche Ursache für die Abweichung!

Lösung s. Seite 216

Aufgabe 7: Auswirkungen eines Immobilienkaufs auf die Bilanz-Kennziffern

AKTIVA	Bilanz zum ... der Münchner Möbel-Manufaktur		PASSIVA
Anlagevermögen	170.000 €	Eigenkapital	170.000 €
Umlaufvermögen	400.000 €	Fremdkapital	400.000 €
Summe des Vermögens	570.000 €	Summe des Kapitals	570.000 €

a) Die Möbel-Manufaktur kauft ein neues Grundstück für 50.000 € per Bank. Erläutern Sie kurz, wie sich der Vorgang auf die Liquidität des Unternehmens auswirkt?

b) Stellen Sie die veränderte Bilanz nach dem Grundstückskauf dar:

AKTIVA	Bilanz zum ... der Münchner Möbel-Manufaktur		PASSIVA
Anlagevermögen	€	Eigenkapital	€
Umlaufvermögen	€	Fremdkapital	€
Summe des Vermögens	€	Summe des Kapitals	€

c) Welche Verschiebung bei den Anteilen des Vermögens auf der Aktivseite ist durch den Kauf eingetreten?

Quote des Anlagevermögens statt 29,8 % jetzt: ☐☐,☐☐ %

Quote des Umlaufvermögens statt 70,2 % jetzt: ☐☐,☐☐ %

d) Gibt es durch den Grundstückskauf per Bank eine Änderung auf der Passivseite der Bilanz? Bitte begründen Sie ihre Aussage!

e) Welche Erfolgsauswirkung hat der Grundstückskauf im Jahresabschluss des Anschaffungsjahres?

Lösung s. Seite 217

7.3 Analyse mittels Kennziffern – Beurteilung

Die Kennziffern können jeweils mit den Vorjahreszahlen oder dem Branchendurchschnitt verglichen werden:

Kennziffer	Beispielwert	Vergleichswert	Beurteilung Es handelt sich jeweils nur um eine mögliche Beurteilung!	
EK-Quote	40 %	35 %	Der Anteil des Eigenkapitals kann durch einen Gewinn, der im Unternehmen verblieb, gestiegen sein.	Das Unternehmen braucht weniger Kredite.
FK-Quote	60 %	65 %	Der Anteil des Fremdkapitals kann durch die Tilgung von Schulden gesunken sein.	Es ist weniger Geld für Zinsen nötig.
Quote des AV	30 %	25 %	Der Anteil des Anlagevermögens kann durch Investitionen gestiegen sein.	Das Unternehmen hat neue Geräte!
Quote des UV	70 %	75 %	Der Anteil des Umlaufvermögens kann durch einen Lager-Sonderverkauf gefallen sein.	Weniger Lagerrisiko!
Liquidität	45 %	42 %	Das Unternehmen kann mehr der kurzfristigen Verbindlichkeiten sofort bezahlen.	Es ist liquider, kann Skonto leichter nutzen.
Wirtschaftlichkeit	1,2	1,1	Das Unternehmen ist wirtschaftlicher geworden!	Der Betriebserfolg ist gestiegen.

Mit Kennziffern können auch Sollwerte berechnet werden.

Beispiel

(Die aufbereitete Bilanz von oben wird für das Beispiel benutzt!)

Der Eigenkapitalanteil im Branchenschnitt ist 33 %. Wir berechnen:

33 % von 500.000 € Vermögen/Kapital = 165.000 € Eigenkapital Sollwert

Das heißt: Im Durchschnitt haben die Betriebe mit 500.000 € Vermögen/Kapital ein Eigenkapital von 165.000 €, die Möbel-Manufaktur aber hat tatsächlich 200.000 €, also um 35.000 € mehr! Wenn sie mehr Eigenkapital besitzt, hat sie logischerweise weniger Fremdkapital, das bedeutet, dass ihre Kapitalausstattung recht gut ist!

Alle Kennziffern lassen sich mit dem Branchendurchschnitt vergleichen.

Aufgabe 8: Formeln von Kennziffern erkennen

Ordnen Sie den Formeln die Begriffe zu!

Begriffe:

- Eigenkapital-Quote
- Fremdkapital-Quote
- Liquidität 1. Grades
- Wirtschaftlichkeit.

Begriff	**Formel**
	$\frac{\text{(Bank und Kasse)}}{\text{kurzfristige Verbindlichkeiten}} \cdot 100$
	$\frac{\text{Eigenkapital}}{\text{Gesamtkapital}} \cdot 100$
	$\frac{\text{Fremdkapital}}{\text{Gesamtkapital}} \cdot 100$
	$\frac{\text{Ertrag}}{\text{Aufwand}}$

Lösung s. Seite 217

B. Kosten- und Leistungsrechnung

1. Grundlagen und Begriffe der Kosten- und Leistungsrechnung (KLR)

1.1 Einordnung

In der Finanzbuchhaltung (Buchführung) heißen die Fachbegriffe Aufwendungen und Erträge, in der Kosten- und Leistungsrechnung (KLR) spricht man von Kosten und Leistungen. Der Oberbegriff ist Rechnungswesen und beinhaltet neben der Finanzbuchhaltung und der Kosten- und Leistungsrechnung zusätzlich die Bereiche Statistik und Planung.

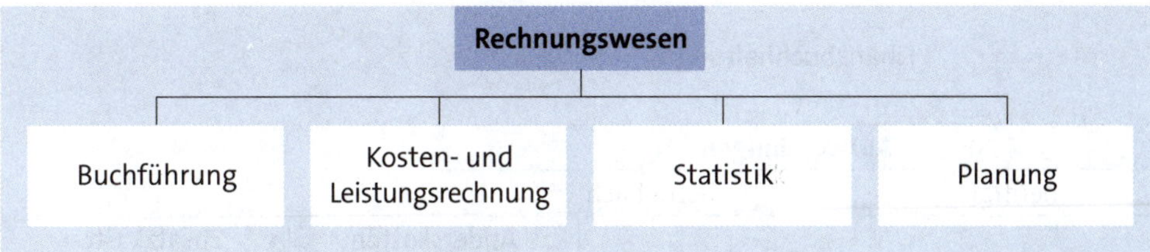

In der Finanzbuchhaltung werden alle (!) Aufwendungen und Erträge erfasst, die über das Geschäftsbankkonto gebucht wurden (Buchung aller Geschäftsfälle). In der Kosten- und Leistungsrechnung werden hingegen nur betriebliche (!) Zahlen erfasst. Betriebliche Geschäftsfälle sind diejenigen, die dem Kerngeschäft des Unternehmens dienen (Unternehmenszweck).

In unserer Firma, der Münchner Möbel-Manufaktur ist das Kerngeschäft die Produktion und der Verkauf von Wohnmöbeln sowie der Einkauf und Verkauf von Handelswaren (Wohn-Accessoires).

Für Aufwendungen und Kosten gilt folgende Aufteilung:

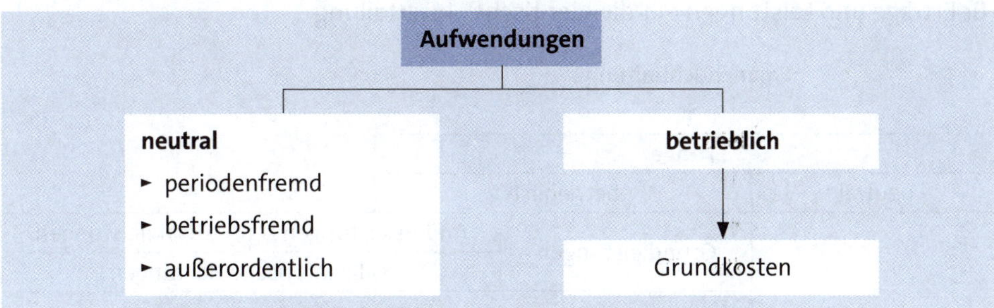

und für die Kosten:

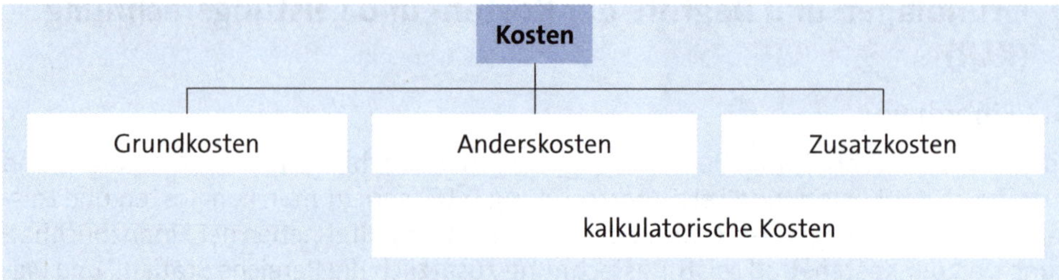

Zusammengefasst ergibt sich:

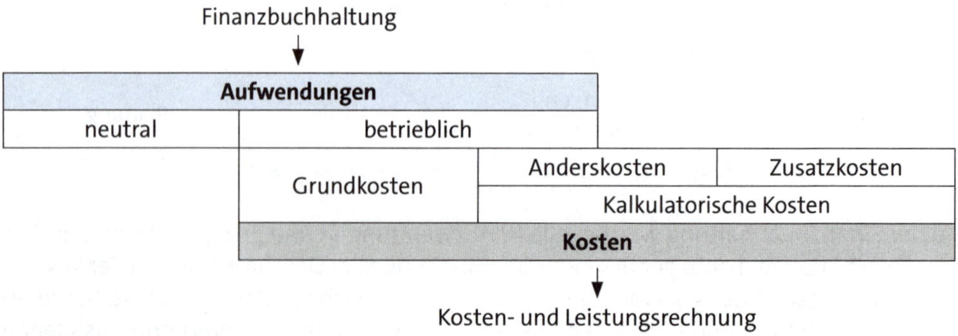

MERKE

Die Anderskosten und die Zusatzkosten werden auch als kalkulatorische Kosten zusammengefasst.

Für Erträge und Leistungen gilt die identische Unterteilung.

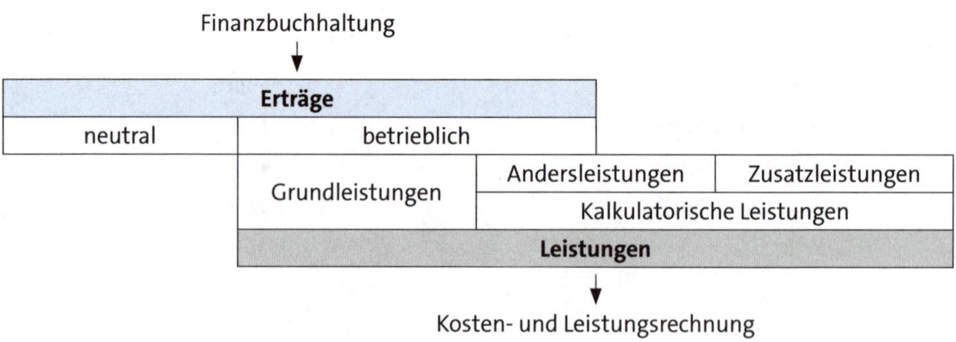

1.2 Definitionen in der Kosten- und Leistungsrechnung

Aufgabe 1: Definition von Aufwendungen

Definieren Sie die Begriffe

- periodenfremder Aufwand,
- betriebsfremder Aufwand
- außerordentlicher Aufwand

und nennen Sie jeweils zwei Beispiele.

Lösung s. Seite 218

Aufgabe 2: Definition von Kosten

Definieren Sie die Begriffe

- Grundkosten,
- Anderskosten,
- Zusatzkosten und
- kalkulatorische Kosten

und nennen Sie jeweils zwei Beispiele.

Lösung s. Seite 219

Aufgabe 3: Zuordnung von Fachbegriffen

Kreuzen Sie für die folgenden Begriffe an, ob es sich

- um einen Aufwand oder um einen Ertrag handelt,
- um einen betrieblichen oder neutralen Aufwand bzw. Ertrag handelt,
- und wenn neutral, welcher der drei Gründe zutrifft (periodenfremd, betriebsfremd oder außerordentlich).

		Aufwand	Ertrag	betrieb-lich	neutral	perioden-fremd	betriebs-fremd	außeror-dentlich
1	Eingangsrechnung für Hilfsstoffe							
2	Überweisung der Gehälter an die Angestellten							
3	Grundsteuer für die Werkswohnungen							
4	Reisekostenabrechnung eines angestellten Verkäufers							
5	Totalschaden an einem Dienstwagen							

		Aufwand	Ertrag	betrieblich	neutral	periodenfremd	betriebsfremd	außerordentlich
6	Erträge aus dem Verkauf von Aktien							
7	Stromverbrauch für die Produktion							
8	Zinserträge							
9	Lohnfortzahlung für erkrankte Mitarbeiter							
10	Jahresbeitrag für die Handwerkskammer							
11	Kfz-Steuer für die Dienstwagen							
12	Gewerbesteuerzahlung							
13	Inventurverluste an Rohstoffen							
14	Nachzahlung für Strom							
15	Verkauf eines Dienstwagens über Buchwert							
16	Miete für eine gemietete Lagerhalle							
17	Verkauf von Wohnmöbeln an unsere Kunden							
18	Nachzahlung von Löhnen durch Überstunden							
19	Zinsaufwendungen für ein Darlehen für eine Maschine							
20	Erträge aus Vermietung							
21	Abschreibung der Dienstwagen							

Lösung s. Seite 221

Aufgabe 4: Unterscheidung Aufwand und Kosten

Kreuzen Sie für die folgenden Begriffe an, ob es sich um einen Aufwand oder um Kosten handelt, oder um beides.

		Aufwand	Kosten
1	Abschreibungen auf Sachanlagen		
2	Steuernachzahlungen		
3	Fremdinstandhaltung		
4	Schadensfall		
5	Zinsaufwendungen		
6	Soziale Abgaben		

		Aufwand	Kosten
7	Verkauf von EDV-Ausstattung unter Buchwert		
8	Miete für das Verwaltungsgebäude		
9	Gehaltsnachzahlungen an die Angestellten		
10	Zahlung des 13. Gehalts an die Mitarbeiter		
11	Versicherungsbeiträge		
12	Büromaterial		
13	Spenden		
14	Verbrauch von Rohstoffen		

Lösung s. Seite 222

1.3 Die Ergebnistabelle

Aufbau einer Ergebnistabelle und Zuordnung der Fachbegriffe:

Rechnungskreis I			Rechnungskreis II					
	Finanzbuchhaltung		Abgrenzungsrechnung: unternehmensbezogene Abgrenzung		Abgrenzungsrechnung: kostenrechnerische Abgrenzung		**Kosten- und Leistungsrechnung**	
Begriff	**Aufwendungen**	**Erträge**	**Aufwendungen**	**Erträge**	**Betriebliche Aufwendungen**	**Verrechnete kalk. Kosten**	**Kosten**	**Leistungen**
Betrieblicher Aufwand								
Betrieblicher Ertrag								
Neutraler Aufwand								
Neutraler Ertrag								
Anderskosten								
Zusatzkosten								
Ergebnisse			Abgrenzungsergebnis		Ergebnis aus kalk. Korrekturen			
	Gesamtergebnis		**Neutrales Ergebnis**				**Betriebsergebnis**	

INFO

Es gilt: Gesamtergebnis = Neutrales Ergebnis + Betriebsergebnis

ACHTUNG

Falle:
Die Darstellung erfolgt i. d. R. monatlich. Daher müssen Beträge, die z. B. jährlich oder pro Quartal angegeben sind, entsprechend umgerechnet werden.

Aufgabe 5: Zuordnung der Aufwendungen, Erträge, Kosten und Leistungen

Ordnen Sie die folgenden Begriffe aus der Finanzbuchhaltung in der Ergebnistabelle (Auszug) mit den entsprechenden Eurobeträgen richtig zu:

a) Verluste aus dem Verkauf von Anlagevermögen unter Buchwert 1.900 €

Rechnungskreis I			Rechnungskreis II					
	Finanzbuchhaltung		**Abgrenzungsrechnung**				**Kosten- und Leistungsrechnung**	
			unternehmensbezogene Abgrenzung		kostenrechnerische Abgrenzung			
Begriff	**Aufwendungen**	**Erträge**	**Aufwendungen**	**Erträge**	**Betriebliche Aufwendungen**	**Verrechnete kalk. Kosten**	**Kosten**	**Leistungen**
Verluste aus dem Verkauf von Anlagevermögen unter Buchwert								

b) Zinserträge 8.500 €

Rechnungskreis I			Rechnungskreis II					
	Finanzbuchhaltung		**Abgrenzungsrechnung**				**Kosten- und Leistungsrechnung**	
			unternehmensbezogene Abgrenzung		kostenrechnerische Abgrenzung			
Begriff	**Aufwendungen**	**Erträge**	**Aufwendungen**	**Erträge**	**Betriebliche Aufwendungen**	**Verrechnete kalk. Kosten**	**Kosten**	**Leistungen**
Zinserträge								

c) In den Gehältern von 46.700 € ist eine Nachzahlung in Höhe von 9.500 € enthalten

Rechnungskreis I			Rechnungskreis II					
	Finanzbuchhaltung		**Abgrenzungsrechnung**				**Kosten- und Leistungsrechnung**	
			unternehmensbezogene Abgrenzung		kostenrechnerische Abgrenzung			
Begriff	**Aufwendungen**	**Erträge**	**Aufwendungen**	**Erträge**	**Betriebliche Aufwendungen**	**Verrechnete kalk. Kosten**	**Kosten**	**Leistungen**
Gehälter								

d) In den betrieblichen Steuern von 18.400 € ist die Grundsteuer für ein vermietetes Gebäude in Höhe von 2.300 € enthalten

Rechnungskreis I			Rechnungskreis II					
	Finanzbuchhaltung		**Abgrenzungsrechnung**				**Kosten- und Leistungsrechnung**	
			unternehmensbezogene Abgrenzung		kostenrechnerische Abgrenzung			
Begriff	**Aufwendungen**	**Erträge**	**Aufwendungen**	**Erträge**	**Betriebliche Aufwendungen**	**Verrechnete kalk. Kosten**	**Kosten**	**Leistungen**
Betriebliche Steuern								

e) Die Kosten für Büromaterial betragen 1.300 €

Rechnungskreis I			Rechnungskreis II					
	Finanzbuchhaltung		**Abgrenzungsrechnung**				**Kosten- und Leistungsrechnung**	
			unternehmensbezogene Abgrenzung		kostenrechnerische Abgrenzung			
Begriff	**Aufwendungen**	**Erträge**	**Aufwendungen**	**Erträge**	**Betriebliche Aufwendungen**	**Verrechnete kalk. Kosten**	**Kosten**	**Leistungen**
Büromaterial								

f) Die Umsatzerlöse für Wohnmöbel und Wohnaccessoires betragen 344.200 €

Rechnungskreis I			Rechnungskreis II					
	Finanzbuchhaltung		**Abgrenzungsrechnung**				**Kosten- und Leistungsrechnung**	
			unternehmensbezogene Abgrenzung		kostenrechnerische Abgrenzung			
Begriff	**Aufwendungen**	**Erträge**	**Aufwendungen**	**Erträge**	**Betriebliche Aufwendungen**	**Verrechnete kalk. Kosten**	**Kosten**	**Leistungen**
Umsatzerlöse								

g) Die kalkulatorische Miete beträgt für 1.820 m^2 jeweils 8,50 €/m^2

Rechnungskreis I			Rechnungskreis II					
	Finanzbuchhaltung		**Abgrenzungsrechnung**				**Kosten- und Leistungsrechnung**	
			unternehmensbezogene Abgrenzung		kostenrechnerische Abgrenzung			
Begriff	**Aufwendungen**	**Erträge**	**Aufwendungen**	**Erträge**	**Betriebliche Aufwendungen**	**Verrechnete kalk. Kosten**	**Kosten**	**Leistungen**
Kalkulatorische Miete								

h) Der kalkulatorische Unternehmerlohn für die Geschäftsführerin beträgt im Quartal 24.000 €

<table>
<tr><th colspan="3">Rechnungskreis I</th><th colspan="6">Rechnungskreis II</th></tr>
<tr><th rowspan="2"></th><th colspan="2" rowspan="2">Finanzbuchhaltung</th><th colspan="4">Abgrenzungsrechnung</th><th colspan="2" rowspan="2">Kosten- und Leistungsrechnung</th></tr>
<tr><th colspan="2">unternehmensbezogene Abgrenzung</th><th colspan="2">kostenrechnerische Abgrenzung</th></tr>
<tr><th>Begriff</th><th>Aufwendungen</th><th>Erträge</th><th>Aufwendungen</th><th>Erträge</th><th>Betriebliche Aufwendungen</th><th>Verrechnete kalk. Kosten</th><th>Kosten</th><th>Leistungen</th></tr>
<tr><td>Kalkulatorischer Unternehmerlohn</td><td></td><td></td><td></td><td></td><td></td><td></td><td></td><td></td></tr>
</table>

i) Die Zinsaufwendungen betragen 3.800 €, die kalkulatorischen Zinsen 5.400 €

<table>
<tr><th colspan="3">Rechnungskreis I</th><th colspan="6">Rechnungskreis II</th></tr>
<tr><th rowspan="2"></th><th colspan="2" rowspan="2">Finanzbuchhaltung</th><th colspan="4">Abgrenzungsrechnung</th><th colspan="2" rowspan="2">Kosten- und Leistungsrechnung</th></tr>
<tr><th colspan="2">unternehmensbezogene Abgrenzung</th><th colspan="2">kostenrechnerische Abgrenzung</th></tr>
<tr><th>Begriff</th><th>Aufwendungen</th><th>Erträge</th><th>Aufwendungen</th><th>Erträge</th><th>Betriebliche Aufwendungen</th><th>Verrechnete kalk. Kosten</th><th>Kosten</th><th>Leistungen</th></tr>
<tr><td>Zinsaufwendungen</td><td></td><td></td><td></td><td></td><td></td><td></td><td></td><td></td></tr>
</table>

j) In den Abschreibungen auf Sachanlagen in Höhe von 56.400 € sind Abschreibungen für ein vermietetes Gebäude in Höhe von 8.200 € enthalten. Die kalkulatorischen Abschreibungen betragen 62.700 €.

<table>
<tr><th colspan="3">Rechnungskreis I</th><th colspan="6">Rechnungskreis II</th></tr>
<tr><th rowspan="2"></th><th colspan="2" rowspan="2">Finanzbuchhaltung</th><th colspan="4">Abgrenzungsrechnung</th><th colspan="2" rowspan="2">Kosten- und Leistungsrechnung</th></tr>
<tr><th colspan="2">unternehmensbezogene Abgrenzung</th><th colspan="2">kostenrechnerische Abgrenzung</th></tr>
<tr><th>Begriff</th><th>Aufwendungen</th><th>Erträge</th><th>Aufwendungen</th><th>Erträge</th><th>Betriebliche Aufwendungen</th><th>Verrechnete kalk. Kosten</th><th>Kosten</th><th>Leistungen</th></tr>
<tr><td>Abschreibung auf Sachanlagen</td><td></td><td></td><td></td><td></td><td></td><td></td><td></td><td></td></tr>
</table>

Lösung s. Seite 222

Aufgabe 6: Gesamt- und Betriebsergebnis berechnen und interpretieren

Bestimmen Sie jeweils das Gesamt- und das Betriebsergebnis und interpretieren Sie kurz Ihre Lösungen.

a)

Rechnungskreis I			Rechnungskreis II					
	Finanzbuchhaltung		Abgrenzungsrechnung				**Kosten- und Leistungsrechnung**	
			unternehmensbezogene Abgrenzung		kostenrechnerische Abgrenzung			
Begriff	**Aufwendungen**	**Erträge**	**Aufwendungen**	**Erträge**	**Betriebliche Aufwendungen**	**Verrechnete kalk. Kosten**	**Kosten**	**Leistungen**
...	...	...	...	...	...	...	...	...
...	...	...	...	...	...	...	...	...
...	...	...	...	...	...	...	...	...
Ergebnisermittlung	267.200 €	391.500 €	181.800 €	14.600 €	102.700 €	163.900 €	293.200 €	523.500 €
	Gesamtergebnis		**Neutrales Ergebnis**				**Betriebsergebnis**	

b)

Rechnungskreis I			Rechnungskreis II					
	Finanzbuchhaltung		Abgrenzungsrechnung				**Kosten- und Leistungsrechnung**	
			unternehmensbezogene Abgrenzung		kostenrechnerische Abgrenzung			
Begriff	**Aufwendungen**	**Erträge**	**Aufwendungen**	**Erträge**	**Betriebliche Aufwendungen**	**Verrechnete kalk. Kosten**	**Kosten**	**Leistungen**
...	...	...	...	...	...	...	...	...
...	...	...	...	...	...	...	...	...
...	...	...	...	...	...	...	...	...
Ergebnisermittlung	522.100 €	439.500 €	61.700 €	23.400 €	261.300 €	154.600 €	323.700 €	386.100 €
	Gesamtergebnis		**Neutrales Ergebnis**				**Betriebsergebnis**	

c)

Rechnungskreis I			Rechnungskreis II					
	Finanzbuchhaltung		**Abgrenzungsrechnung**				**Kosten- und Leistungsrechnung**	
			unternehmensbezogene Abgrenzung		kostenrechnerische Abgrenzung			
Begriff	**Aufwendungen**	**Erträge**	**Aufwendungen**	**Erträge**	**Betriebliche Aufwendungen**	**Verrechnete kalk. Kosten**	**Kosten**	**Leistungen**
...	...	...	...	...	...	...	...	...
...	...	...	...	...	...	...	...	...
...	...	...	...	...	...	...	...	...
Ergebnisermittlung	410.600 €	473.500 €	33.500 €	86.100 €	14.700 €	49.800 €	254.700 €	229.900 €
	Gesamtergebnis		**Neutrales Ergebnis**				**Betriebsergebnis**	

Lösung s. Seite 225

2. Vollkostenrechnung

2.1 Einordnung

In der Finanzbuchhaltung wurden Aufwendungen und Erträge gebucht und ermittelt. In der Ergebnistabelle wurden aus den Daten der Finanzbuchhaltung und unter Einbeziehung der kalkulatorischen Kosten die Kosten und Leistungen berechnet.

Diese Kosten und Leistungen sind nun der Start für alle Berechnungen in der Vollkostenrechnung (und später in der Deckungsbeitragsrechnung (siehe >>**Kapitel B.3**)

Es gilt folgender Zusammenhang:

Finanzbuchhaltung →	Ergebnistabelle →	Kostenrechnung
► Erfassung aller Geschäftsfälle ► Ermittlung des Gewinns und der G + V ► Erstellung der Bilanz	► Abgrenzung der neutralen Aufwendungen und Erträge ► Umbewertung der Aufwendungen in Anderskosten ► Ergänzung der Zusatzkosten	► Vollkostenrechnung (Einzel-/Gemeinkosten) - Kostenartenrechnung - Kostenstellenrechnung - Kostenträgerrechnung ► Teilkostenrechnung = Deckungsbeitragsrechnung (fixe/variable Kosten) - Deckungsbeitragsrechnungen - Gewinnschwelle (Break-Even) - Preisuntergrenzen - Zusatzaufträge - Gesetz der Massenproduktion

Begriffe:
In der Vollkostenrechnung werden die Kosten unterteilt in Einzelkosten und Gemeinkosten (Kostenartenrechnung). Ziel der Vollkostenrechnung ist die Ermittlung der Selbstkosten für ein Produkt (Kostenträgerrechnung). Ein Hilfsmittel dazu ist der Betriebsabrechnungsbogen (Kostenstellenrechnung).

Kosten-Arten-Rechnung

↓

Kosten-Stellen-Rechnung

↓

Kosten-Träger-Rechnung

INFO

Vollkostenrechnung

Einzelkosten	Gemeinkosten

Definitionen und Beispiele finden Sie in den Aufgaben bzw. in den Lösungen.

2.2 Begriffe der Vollkostenrechnung

Aufgabe 1: Definitionen Kosten und Leistungen

Definieren Sie die Begriffe Kosten und Leistungen.

Lösung s. Seite 227

Aufgabe 2: Definitionen Einzel- und Gemeinkosten

Definieren Sie die Begriffe Einzel- und Gemeinkosten und geben Sie jeweils zwei Beispiele an.

Lösung s. Seite 227

Aufgabe 3: Zuordnung von Einzel- und Gemeinkosten

Kreuzen Sie an, ob die jeweiligen Kostenbegriffe Einzel- oder Gemeinkosten sind.

Kostenbegriff	Einzelkosten	Gemeinkosten
Gehälter		
Fertigungslöhne		
Stromverbrauch in der Produktion		
Büromaterial		
Hilfsstoffe		
Reparaturkosten für einen Kopierer		
Fertigungsmaterial		
Miete für das Verwaltungsgebäude		
Telefonkosten		
Kosten für Zinszahlungen		
Hilfslöhne		
Betriebliche Steuern		
Abschreibung der Dienstwagen		
Versicherungen		
Rohstoffverbrauch		

Lösung s. Seite 228

2.3 Der Betriebsabrechnungsbogen (BAB)

INFO

Die vier Kostenstellen im einfachen Betriebsabrechnungsbogen (BAB) sind:

- Material (Abteilungen Einkauf, Lager)
- Fertigung (Abteilungen Produktion, Lager)
- Verwaltung (Geschäftsführung, Buchhaltung, Personalabteilung etc.)
- Vertrieb (Abteilungen Verkauf und Vertrieb).

Die Reihenfolge dieser Kostenstellen ist immer identisch.

Aufgabe 4: Hauptaufgaben des BAB

Nennen Sie zwei Hauptaufgaben des Betriebsabrechnungsbogens (BAB).

Lösung s. Seite 228

Aufgabe 5: Verteilung der Gemeinkosten im BAB

a) Verteilen Sie die Gemeinkosten „kalkulatorische Zinsen“ in Höhe von 15.000 € verursachungsgerecht auf die vier Kostenstellen im Verhältnis

3 : 10 : 5 : 2.

	Gesamtkosten	Material	Fertigung	Verwaltung	Vertrieb
kalk. Zinsen	15.000,00 €				

b) Verteilen Sie die Gemeinkosten „Mietkosten“ in Höhe von 28.350 € verursachungsgerecht auf die vier Kostenstellen im Verhältnis der Quadratmeter:

500 m^2 : 2.000 m^2 : 750 m^2 : 250 m^2.

	Gesamtkosten	Material	Fertigung	Verwaltung	Vertrieb
Mietkosten	28.350,00 €				

c) Verteilen Sie die Gemeinkosten „Kalkulatorische Abschreibung“ in Höhe von 64.000 € verursachungsgerecht auf die vier Kostenstellen im Verhältnis der Anlagenwerte:

270.000 € : 1.180.000 € : 420.000 € : 130.000 €.

	Gesamtkosten	Material	Fertigung	Verwaltung	Vertrieb
kalk. Abschreibung	64.000,00 €				

Lösung s. Seite 229

MERKE

Der allgemeine Aufbau des **einfachen Betriebsabrechnungsbogens (BAB)** ist:

	Kostenstellen			
	Material	**Fertigung**	**Verwaltung**	**Vertrieb**
Gemeinkosten	€	€	€	€
Gemeinkosten	€	€	€	€
Gemeinkosten	€	€	€	€
Summe Gemeinkosten	Materialgemeinkosten	Fertigungsgemeinkosten	Verwaltungsgemeinkosten	Vertriebsgemeinkosten
Zuschlagsgrundlage	Fertigungsmaterial	Fertigungslöhne	Herstellkosten des Umsatzes	Herstellkosten des Umsatzes
Zuschlagssätze in Prozent	Materialzuschlagssatz	Fertigungszuschlagssatz	Verwaltungszuschlagssatz	Vertriebszuschlagssatz

INFO

Übersicht für die **Berechnung der Herstellkosten und der Selbstkosten:**

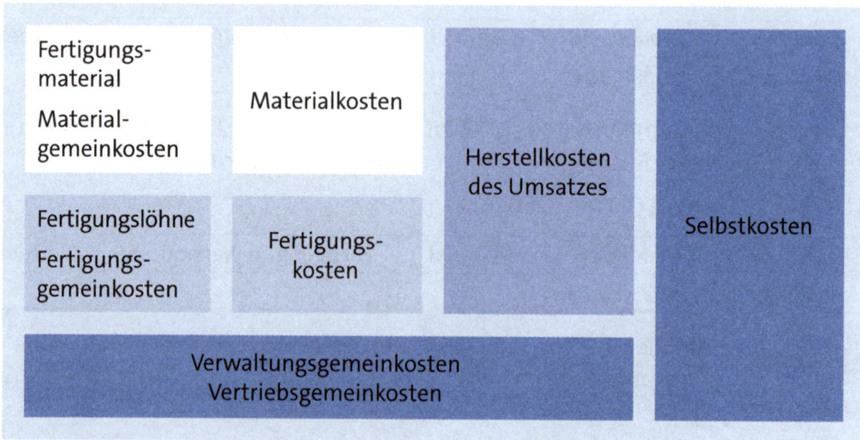

Die **Formel für die Berechnung der Herstellkosten und der Selbstkosten** lautet:

	Fertigungsmaterial
+	Materialgemeinkosten
=	Materialkosten
	Fertigungslöhne
+	Fertigungsgemeinkosten
=	Fertigungskosten
=	Herstellkosten des Umsatzes
+	Verwaltungsgemeinkosten
+	Vertriebsgemeinkosten
=	Selbstkosten

Für jede der vier Kostenstellen wird ein **Zuschlagssatz in Prozent** ermittelt. Die allgemeine Formel lautet:

$$\text{Zuschlagssatz in Prozent} = \frac{\text{Gemeinkosten}}{\text{Zuschlagsgrundlage}} \cdot 100$$

Je nach Kostenstelle werden verschiedene Zuschlagsgrundlagen verwendet: Fertigungsmaterial, Fertigungslöhne und die Herstellkosten des Umsatzes.

$$\text{Material-Gemeinkosten-Zuschlagssatz in Prozent} = \frac{\text{Materialgemeinkosten}}{\text{Fertigungsmaterial}} \cdot 100$$

$$\text{Fertigungs-Gemeinkosten-Zuschlagssatz in Prozent} = \frac{\text{Fertigungsgemeinkosten}}{\text{Fertigungslöhne}} \cdot 100$$

$$\text{Verwaltungs-Gemeinkosten-Zuschlagssatz in Prozent} = \frac{\text{Verwaltungsgemeinkosten}}{\text{Herstellkosten des Umsatzes}} \cdot 100$$

$$\text{Vertriebs-Gemeinkosten-Zuschlagssatz in Prozent} = \frac{\text{Vertriebsgemeinkosten}}{\text{Herstellkosten des Umsatzes}} \cdot 100$$

ACHTUNG

Offizieller gelten die Begriffe Material-Gemeinkosten-Zuschlagssatz, Fertigungs-Gemeinkosten-Zuschlagssatz etc. Aus Vereinfachungsgründen verwendet man allerdings den leichteren Begriff Material-Zuschlagssatz, Fertigungs-Zuschlagssatz (der Bindestrich soll dem besseren Lesen dienen).

2.4 Berechnung der Zuschlagssätze (ohne Bestandsveränderungen)

Aufgabe 6: Berechnung der Zuschlagssätze im BAB

Gegeben ist folgender Auszug aus dem Betriebsabrechnungsbogen (BAB) des vergangenen Monats. Berechnen Sie die fehlenden Größen der Zuschlagsgrundlagen sowie alle Zuschlagssätze und die Selbstkosten.

	Kostenstellen			
Gemeinkosten	**Material**	**Fertigung**	**Verwaltung**	**Vertrieb**
...	...	...	...	...
...	...	...	...	...
Summe Gemeinkosten	16.500,00 €	180.000,00 €	27.000,00 €	42.000,00 €
Zuschlagsgrundlage	132.000,00 €	195.350,00 €		
Zuschlagssätze				

Zuschlagsgrundlage Verwaltung: □□□□□□,□□ €

Zuschlagsgrundlage Vertrieb: □□□□□□,□□ €

Selbstkosten: □□□□□□,□□ €

Zuschlagssatz Material: □□,□□ %

Zuschlagssatz Fertigung: □□,□□ %

Zuschlagssatz Verwaltung: □,□□ %

Zuschlagssatz Vertrieb: □,□□ %

Lösung s. Seite 230

Aufgabe 7: Berechnung der Selbstkosten im Kostenträgerblatt

Die Münchner Möbel-Manufaktur erhält die Anfrage eines örtlichen Hotels nach passgenauen Kleiderschränken für die Hotelzimmer. Wie hoch sind unsere Selbstkosten pro Kleiderschrank?

INFO

Diese Darstellung der Berechnung der Selbstkosten nennt man Berechnung im **Kostenträgerblatt.**

		Prozent	Euro
	Fertigungsmaterial		95,00
+	Materialgemeinkosten	9,4	
=	Materialkosten		
	Fertigungslöhne		136,00
+	Fertigungsgemeinkosten	87,2	
=	Fertigungskosten		
=	Herstellkosten des Umsatzes		
+	Verwaltungsgemeinkosten	8,2	
+	Vertriebsgemeinkosten	2,1	
=	**Selbstkosten**		

Die Selbstkosten pro Kleiderschrank betragen: □□□,□□ €

Lösung s. Seite 231

Exkurs:
Mögliche Aufgabenstellungen am Beispiel der Materialkosten:

Variante 1: Gesucht ist der Materialzuschlagssatz in Prozent:

Fertigungsmaterial in Euro	gegeben
Materialgemeinkosten in Euro	gegeben
Materialzuschlagssatz in Prozent	?

$$\text{Materialzuschlagssatz in Prozent} = \frac{\text{Materialgemeinkosten}}{\text{Fertigungsmaterial}} \cdot 100$$

Variante 2: Gesucht sind die Materialgemeinkosten in Euro:

Fertigungsmaterial in Euro	gegeben
Materialgemeinkosten in Euro	?
Materialzuschlagssatz in Prozent	gegeben

$$\text{Materialgemeinkosten} = \text{Fertigungsmaterial} \cdot \frac{\text{Materialzuschlagssatz}}{100}$$

oder auch

$$\text{Materialgemeinkosten} = \text{Fertigungsmaterial} \cdot \text{Materialzuschlagssatz in Prozent}$$

Variante 3: Gesucht ist das Fertigungsmaterial in Euro:

Fertigungsmaterial in Euro	?
Materialgemeinkosten in Euro	gegeben
Materialzuschlagssatz in Prozent	gegeben

$$\text{Fertigungsmaterial} = \text{Materialgemeinkosten} \cdot \frac{100}{\text{Materialzuschlagssatz}}$$

2.5 Bestandsveränderungen

Aufgabe 8: Ermittlung von Bestandsveränderungen

Für den vergangenen Monat liegen für die Münchner Möbel-Manufaktur folgende Lagerbestände von Schubladen vor.

Berechnen Sie jeweils die Bestandsmehrung bzw. die Bestandsminderung in Euro.

a) Lagerbestand von Schubladen aus Kiefernholz:

Anfangsbestand: 11.350 €

Schlussbestand: 17.920 €

Lösung: ☐☐☐☐,☐☐ €

Geben Sie an, ob eine Bestandsmehrung oder eine Bestandsminderung vorliegt.

b) Produktion von Schubladen aus Buchenholz:

Anfangsbestand: 18.460 €

Schlussbestand: 10.780 €

Lösung: ☐☐☐☐,☐☐ €

Geben Sie an, ob eine Bestandsmehrung oder eine Bestandsminderung vorliegt.

Lösung s. Seite 231

INFO

Die Berechnung der Herstellkosten und der Selbstkosten wird um die Bestandsveränderungen erweitert (Bestandsmehrung bzw. Bestandsminderungen). An der Struktur des Betriebsabrechnungsbogens ändert sich nichts. Neu ist: Die Summe der Materialkosten und der Fertigungskosten ergeben nun die **Herstellkosten der Erzeugung** (nicht die Herstellkosten des Umsatzes). Erst nach Berücksichtigung der Bestandsveränderungen ergeben sich **Herstellkosten des Umsatzes**, die die Zuschlagsgrundlage für die Verwaltungsgemeinkosten und die Vertriebsgemeinkosten sind.

Berechnung der **Selbstkosten mit Bestandsveränderungen**:

	Fertigungsmaterial
+	Materialgemeinkosten
=	Materialkosten
	Fertigungslöhne
+	Fertigungsgemeinkosten
=	Fertigungskosten
=	**Herstellkosten der Erzeugung**
+	**Bestandsminderung**
-	**Bestandsmehrung**
=	**Herstellkosten des Umsatzes**
+	Verwaltungsgemeinkosten
+	Vertriebsgemeinkosten
=	Selbstkosten

Aufgabe 9: Berechnung der Selbstkosten mit Bestandsveränderungen

Berechnen Sie die Selbstkosten für ein Schlafsofa, wenn folgende Daten aus dem vergangenen Monat gegeben sind: Fertigungsmaterial 280 €, Fertigungslöhne 435 €, die Zuschlagssätze für Materialgemeinkosten 9,8 %, Fertigungsgemeinkosten 105,0 %, Verwaltungsgemeinkosten 4,75 % und Vertriebsgemeinkosten 6,65 %. Zusätzlich liegt eine Bestandsmehrung von 374 € vor.

		Prozent	Euro
	Fertigungsmaterial		
+			
=			
	Fertigungslöhne		
+			
=			
=	Herstellkosten der Erzeugung		
+			
-			
=	Herstellkosten des Umsatzes		
+			
+			
=	**Selbstkosten**		

Die Selbstkosten des Schlafsofas betragen: ☐☐☐,☐☐ €

Lösung s. Seite 232

2.6 Rückwärtsberechnung

Aufgabe 10: Aufteilung von Material- und Fertigungskosten

a) Berechnen Sie für den vergangenen Monat die Kosten für das Fertigungsmaterial für Holz-Weinregale, wenn die gesamten Materialkosten 2.731,75 € waren und der Materialzuschlagssatz 11,5 % betrug.

		Prozent	Euro
	Fertigungsmaterial		
+	Materialgemeinkosten		
=	Materialkosten		

Das Fertigungsmaterial beträgt: □□□□,□□ €

b) Berechnen Sie für den vergangenen Monat die Fertigungslöhne für Holz-Gewürzregale, wenn der Fertigungszuschlagssatz 85,7 % beträgt und die Fertigungsgemeinkosten 214,95 €.

		Prozent	Euro
	Fertigungslöhne		
+	Fertigungsgemeinkosten		

Die Fertigungslöhne betragen: □□□,□□ €

Lösung s. Seite 232

Aufgabe 11: Von den Selbstkosten zurück zu den Materialkosten

In einer örtlichen Pension wurde der Frühstücksraum neu mit Esstischen und Stühlen ausgestattet. Berechnen Sie die Kosten des Fertigungsmaterials, wenn folgende Zahlen bekannt sind: Materialzuschlagssatz 17,5 %, Fertigungslöhne 2.675 €, Fertigungszuschlagssatz 138,0 %, der gemeinsame Zuschlagssatz für die Verwaltungs- und Vertriebsgemeinkosten beträgt 13,5 %. Die Selbstkosten sind 9.750 €, es liegen keine Bestandsveränderungen vor.

		Prozent	Euro
	Fertigungsmaterial		
+	Materialgemeinkosten		
=	Materialkosten		
	Fertigungslöhne		
+	Fertigungsgemeinkosten		
=	Fertigungskosten		
=	Herstellkosten des Umsatzes		
+	Verwaltungsgemeinkosten		
+	Vertriebsgemeinkosten		
=	Selbstkosten		

Die Kosten für das Fertigungsmaterial betragen: □□□□,□□ €

Lösung s. Seite 233

Aufgabe 12: Differenzrechnung

Die Münchner Möbel-Manufaktur erhält die Anfrage, Flurspiegel zum Verkaufspreis von 59,90 € zu veräußern. Berechnen Sie, wie hoch der Fertigungszuschlagssatz maximal ausfallen darf, wenn wir die Flurspiegel jeweils zu Selbstkosten von 46,50 € produzieren.

		Prozent	**Euro**
	Fertigungsmaterial		14,20
+	Materialgemeinkosten	6,90	
=	Materialkosten		
	Fertigungslöhne		21,80
+	Fertigungsgemeinkosten	**??**	
=	Fertigungskosten		
=	Herstellkosten des Umsatzes		
+	Verwaltungsgemeinkosten	5,80	
+	Vertriebsgemeinkosten	3,20	
=	Selbstkosten		46,50

Der Fertigungszuschlagssatz darf maximal betragen: ☐☐,☐☐ %

Lösung s. Seite 233

2.7 Kostenunter- bzw. Kostenüberdeckungen

INFO

Istkosten sind Kosten, die im aktuellen Monat entstanden sind.

Normalkosten sind Kosten, die unsere Firma „normalerweise" hätte. Sie werden i. d. R. aus Durchschnittswerten ermittelt und für die Planung verwendet.

Planung	Abgeschlossene Produktion
↓	↓
Normalkosten	Istkosten
↓	↓
Vorkalkulation (für die Angebotserstellung)	Nachkalkulation

Im Vergleich der Istkosten mit den Normalkosten ergeben sich Differenzen: Die Normalkosten wurden zu hoch oder zu niedrig angesetzt. Diese Differenz heißt entweder Kostenüber- oder Kostenunterdeckung.

Kostenüberdeckung:

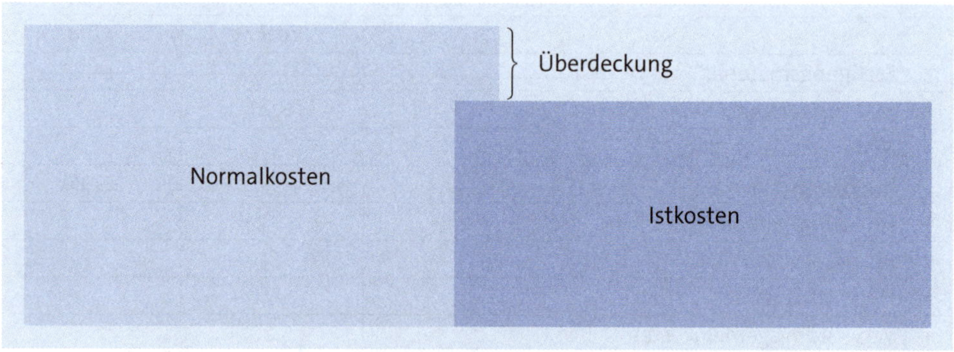

Die Normalkosten sind größer als die tatsächlich angefallenen Kosten, es liegt eine Überdeckung vor!

Kostenunterdeckung:

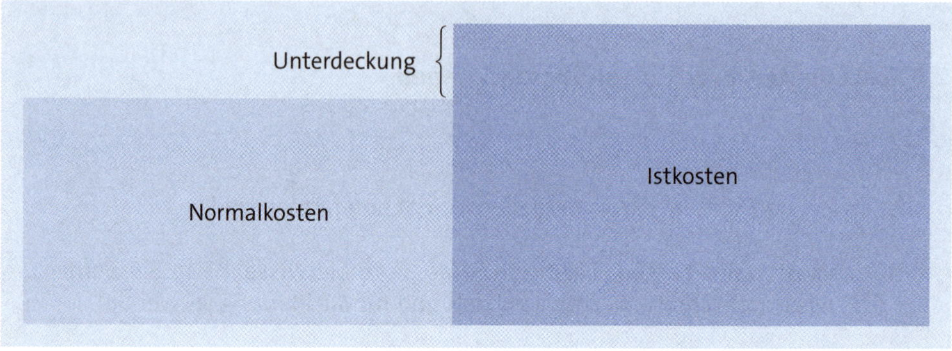

Die Normalkosten sind kleiner als die tatsächlich angefallenen Kosten, es liegt eine Unterdeckung vor!

Kostenunter- bzw. -überdeckungen werden für jede der vier Kostenstellen einzeln berechnet, jeweils über die Differenz der Normal- und Ist-**Gemeinkosten**. Die Summe der vier einzelnen Unter- bzw. Überdeckungen ist die gesamte Kostenunter- bzw. -überdeckung.

Die Darstellung und Berechnung der Kostendifferenzen ist entweder als Eurobetrag oder als Prozentzahl möglich.

INFO

Für die Berechnung der Kostendifferenzen gilt:

Normal-Gemeinkosten - Ist-Gemeinkosten = Kostendifferenz

Ist die Kostendifferenz größer Null, dann liegt eine Kostenüberdeckung vor (Normalkosten größer als die Istkosten): Die jetzigen Istkosten sind geringer als die Normalkosten.

Ist die Kostendifferenz kleiner Null, dann liegt Kostenunterdeckung vor (Normalkosten kleiner als die Istkosten). Die jetzigen Istkosten sind höher als die Normalkosten.

ACHTUNG

Manchmal sind die Begriffe umgekehrt definiert. Wichtig ist, dass Sie Ihre Ergebnisse richtig interpretieren. Beispiele für Interpretationen finden Sie in den Aufgaben bzw. in den Lösungen.

Bei diesen Berechnungen sind die Einzelkosten (Fertigungsmaterial und Fertigungslöhne) identisch bei den Normal- und bei den Istkosten. Daher tritt hier keine Bestandsveränderung auf. Nur die Gemeinkosten können sich ändern.

Aufgabe 13: Kostendifferenzen im BAB I

Gegeben ist folgender Auszug aus dem Betriebsabrechnungsbogen (BAB) des vergangenen Monats.

	Kostenstellen			
	Material	**Fertigung**	**Verwaltung**	**Vertrieb**
Gemeinkosten	...	...	...	...
Gemeinkosten	...	...	...	...
Gemeinkosten	...	...	...	...
Summe IST-Gemeinkosten	14.600,00 €	75.500,00 €	45.200,00 €	16.900,00 €
Summe NORMAL-Gemeinkosten	17.100,00 €	71.800,00 €	49.600,00 €	14.700,00 €
Kostenunter- bzw. -überdeckung				

Berechnen und definieren Sie die jeweiligen Kostendifferenzen und nennen Sie mögliche Ursachen für höhere Kosten im aktuellen Monat.

Lösung s. Seite 235

Aufgabe 14: Kostendifferenzen im BAB II

Gegeben ist folgender Auszug aus dem Betriebsabrechnungsbogen (BAB) des vergangenen Monats.

	Kostenstellen			
	Material	**Fertigung**	**Verwaltung**	**Vertrieb**
Gemeinkosten	...	...	...	...
Gemeinkosten	...	...	...	...
Gemeinkosten	...	...	...	...
Zuschlagssatz IST-Kosten	10,8 %	82,5 %	6,8 %	6,1 %
Zuschlagssatz NORMAL-Kosten	9,2 %	87,4 %	5,7 %	7,3 %
Kostenunter- bzw. -überdeckung				

Berechnen und definieren Sie die jeweiligen Kostendifferenzen und nennen Sie mögliche Ursachen für höhere Kosten im aktuellen Monat.

Lösung s. Seite 236

INFO

Die Darstellung aller Ist- und Normalkosten samt der jeweiligen Kostenunter- bzw. -überdeckungen kann auf zwei Arten dargestellt werden:

- als Anhang eines Betriebsabrechnungsbogens (BAB) oder
- als erweitertes Kostenträgerblatt.

Beispiel

Kostenunter-/-überdeckung im Kostenträgerblatt:

		Ist		**Normal**		**Kosten-differenz**
		Prozent	Euro	Prozent	Euro	Euro
	Fertigungsmaterial		22.500,00		22.500,00	
+	Materialgemeinkosten	12,00	2.700,00	14,00	3.150,00	450,00
	Fertigungslöhne		38.500,00		38.500,00	
+	Fertigungsgemeinkosten	110,00	42.350,00	95,00	36.575,00	-5.775,00
=	**Herstellkosten des Umsatzes**		106.050,00		100.725,00	
+	Verwaltungsgemeinkosten	5,00	5.302,50	7,00	7.050,75	1.748,25
+	Vertriebsgemeinkosten	8,00	8.484,00	6,00	6.043,50	-2.440,50
=	**Selbstkosten**		119.836,50		113.819,25	

Es ergeben sich Kostenüberdeckungen in den Kostenstellen Material und Verwaltung und Kostenunterdeckungen in den Kostenstellen Fertigung und Vertrieb.

Gesamt ergibt sich eine Kostenunterdeckung von -6.017,25 €.

Beachten Sie, dass die Einzelkosten Fertigungsmaterial und Fertigungslöhne identisch sind bei den Istkosten und den Normalkosten und sich nicht verändern.

Aufgabe 15: Kostendifferenzen im BAB III

Gegeben ist folgender Auszug aus einem Betriebsabrechnungsbogen (BAB). Berechnen Sie die fehlenden Größen der Zuschlagsgrundlagen und der Zuschlagssätze sowie jeweils die Selbstkosten (für die Istkosten und für die Normalkosten). Berechnen Sie auch die Kostendifferenzen.

	Kostenstellen			
	Material	**Fertigung**	**Verwaltung**	**Vertrieb**
Gemeinkosten	...	...	...	...
Gemeinkosten	...	...	...	...
Summe IST-Gemeinkosten	22.500,00 €	89.600,00 €	29.100,00 €	14.500,00 €
Zuschlagsgrundlage IST	87.600,00 €	93.400,00 €		
Zuschlagssatz IST in Prozent				
Summe NORMAL-Gemeinkosten	24.600,00 €	77.300,00 €	31.600,00 €	13.700,00 €
Zuschlagsgrundlage NORMAL				
Zuschlagssatz NORMAL in Prozent				
Kostenunter-/-überdeckung				

Lösung s. Seite 236

Aufgabe 16: Kostendifferenzen im Kostenträgerblatt

Gegeben ist folgender Auszug aus einem Kostenträgerblatt. Berechnen Sie die fehlenden Größen der Zuschlagsgrundlagen, der Zuschlagssätze und der Normal-Gemeinkosten sowie jeweils die Selbstkosten (für die Istkosten und für die Normalkosten). Berechnen Sie außerdem die Kostendifferenzen.

		Ist		**Normal**		**Kosten-differenz**
		Prozent	Euro	Prozent	Euro	Euro
	Fertigungsmaterial		36.200,00			
+	Materialgemeinkosten	8,95		8,10		
	Fertigungslöhne		47.100,00			
+	Fertigungsgemeinkosten	103,40		107,20		
=	**Herstellkosten des Umsatzes**					
+	Verwaltungsgemeinkosten	6,50		5,90		
+	Vertriebsgemeinkosten	4,40		5,10		
=	**Selbstkosten**					

Lösung s. Seite 238

3. Deckungsbeitragsrechnung

3.1 Einordnung

INFO

In der Deckungsbeitragsrechnung (auch Teilkostenrechnung genannt) werden die gesamten Kosten in variable und fixe Kosten unterteilt.

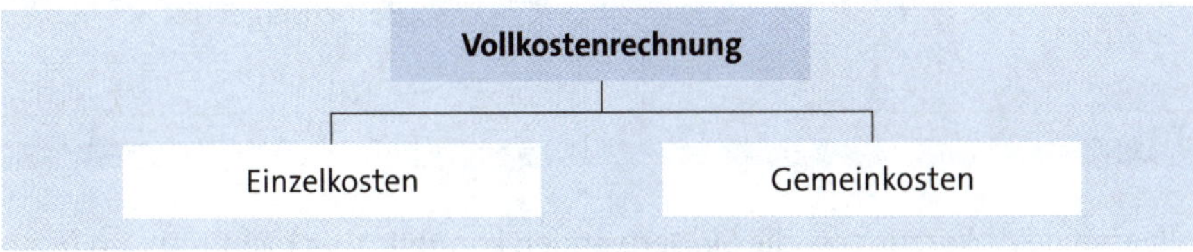

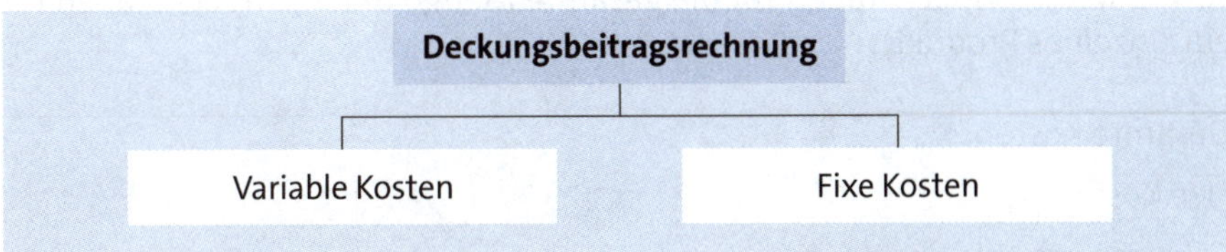

Definitionen und Beispiele zu variablen und fixen Kosten finden Sie in den Aufgaben bzw. in den Lösungen.

INFO

In der Deckungsbeitragsrechnung ist der Ausgangspunkt der Berechnung der Verkaufspreis einer Ware, während in der Vollkostenrechnung mit den Kosten begonnen wird. In der Vollkostenkostenrechnung startet der Betrieb mit seinen Kosten und schaut erst dann, ob der Preis des Produkts auf dem Markt eine Chance hat. Die Deckungsbeitragsrechnung schaut erst auf den Preis, der auf dem Markt realistisch ist und rechnet dann „rückwärts“ seine passenden Kosten dazu aus.

Vollkostenrechnung

	Einzelkosten
+	Gemeinkosten
=	Selbstkosten
	Verkaufspreis
-	Selbstkosten
=	Betriebsergebnis

Deckungsbeitragsrechnung

	Verkaufspreis
-	variable Kosten
=	Deckungsbeitrag
-	fixe Kosten
=	Betriebsergebnis

In der Deckungsbeitragsrechnung wird zwischen dem Deckungsbeitrag pro Stück (db) unterschieden und dem gesamten Deckungsbeitrag für mehrere Produkte (DB):

	Preis pro Stück			
-	variable Kosten pro Stück			
=	Deckungsbeitrag pro Stück (db)	multipliziert mit der Stückzahl (x)	=	Gesamter Deckungsbeitrag (DB)
			-	fixe Kosten
			=	Betriebsergebnis

INFO

Allgemeine Abkürzungen, die Sie verwenden können, aber nicht müssen (man verwendet Großbuchstaben für die gesamte Menge und Kleinbuchstaben für ein einzelnes Produkt):

Gesamte Kosten: K_{gesamt}

Fixe Kosten: K_{fix}

Gesamte variable Kosten: K_{var}

Variable Stückkosten: k_{var}

Stückzahl (= Produktionsmenge): x

Wichtig: Ein anderes Wort für Produktionsmenge ist das Wort „Beschäftigung".

3.2 Begriffe und Formeln der Deckungsbeitragsrechnung

Aufgabe 1: Definition variable und fixe Kosten

Definieren Sie die Begriffe variable und fixe Kosten und geben Sie jeweils zwei Beispiele an.

Lösung s. Seite 239

Aufgabe 2: Zuordnung verschiedener Kostenbegriffe

Kreuzen Sie an, ob die jeweiligen Kostenbegriffe entweder fix oder variabel sind, bzw. Einzel- oder Gemeinkosten sind.

TIPP

In der Regel sind Einzelkosten immer variabel und Gemeinkosten immer fixe Kosten.

	Kostenbegriff	Variable Kosten	Fixe Kosten	Einzel-kosten	Gemein-kosten
1	Fertigungsmaterial				
2	Abschreibung einer Produktionsmaschine				
3	Kosten für Büromaterial				
4	Verbrauch von Hilfsstoffen				
5	Gehalt der Buchhaltungsmitarbeiter				
6	Miete für das Verwaltungsgebäude				
7	Reinigungskosten für die Räume				
8	Fertigungslöhne				
9	Werbung für unsere Produkte				
10	Gewerbesteuer				
11	Wartung des Maschinenparks				
12	Stromverbrauch in der Produktion				
13	Kalkulatorische Zinsen				
14	Kfz-Steuer für die Dienstwagen				
15	Gehalt des Meisters in der Produktion				
16	Verpackungskosten für eine Ware				
17	Rechts- und Beratungskosten				
18	IHK-Beiträge				

Lösung s. Seite 240

MERKE

Fertigungsmaterial und Fertigungslöhne sind Einzelkosten und daher immer variable Kosten.

INFO

Es gilt:

$K_{gesamt} = K_{fix} + K_{var}$

Gesamte Kosten = fixe Kosten + gesamte variable Kosten

$K_{var} = k_{var} \cdot x$

Gesamte variable Kosten = variable Kosten je Stück • Stückzahl

Betriebsergebnis = Umsatzerlöse (Leistungen) - gesamte Kosten

---

Aufgabe 3: Allgemeine Berechnungen

Berechnen Sie die fehlenden Beträge.

Der Preis je Stück beträgt 68 €, die variablen Stückkosten 22 €, die fixen Kosten 36.000 €.

	Stückzahl	**variable Kosten**	**fixe Kosten**	**Gesamte Kosten**	**Umsatzerlöse (Leistungen)**	**Betriebs-ergebnis**
a)	200		36.000,00 €		13.600,00 €	
b)	400	8.800,00 €			27.200,00 €	
c)	600	13.200,00 €	36.000,00 €		40.800,00 €	
d)	800	17.600,00 €	36.000,00 €	53.600,00 €		
e)	1.000	22.000,00 €	36.000,00 €	58.000,00 €	68.000,00 €	
f)		30.800,00 €	36.000,00 €			

Lösung s. Seite 241

3.3 Berechnungen von Deckungsbeiträgen mit Interpretation

INFO

Deckungsbeitrag pro Stück = Preis je Stück - variable Kosten je Stück

Es gilt: Ein positiver Deckungsbeitrag (db > 0) trägt zur Deckung der fixen Kosten bei und erhöht den Betriebsgewinn.

MERKE

Je höher der Deckungsbeitrag eines Produktes, desto höher ist sein Anteil am Betriebsergebnis. Gefördert werden sollte das Produkt mit dem höchsten Stückdeckungsbeitrag (Erhöhung der Absatzmenge durch mehr Werbung oder Verkäuferschulungen usw.).

Aufgabe 4: Deckungsbeitrag und Preispolitik

Der Betriebsgewinn für die Holz-Klappstühle ist der Münchner Möbel-Manufaktur zu gering.

a) Berechnen Sie das bisherige Betriebsergebnis, wenn die fixen Kosten 3.250,00 € betragen, die variablen Stückkosten 12,85 € und der Verkaufspreis mit 18,50 € angesetzt wurde. Es wurden im letzten Monat 650 Stück produziert und verkauft.

		Euro
	Preis (je Stück)	
-	variable Kosten (je Stück)	
=	Deckungsbeitrag (je Stück)	
•	Menge	
=	Deckungsbeitrag (gesamt)	
-	Fixe Kosten	
=	**Betriebsergebnis**	

b) Machen Sie drei Vorschläge, wie die Münchner Möbel-Manufaktur den Betriebsgewinn erhöhen kann.

Lösung s. Seite 242

Aufgabe 5: Deckungsbeitrag pro Stück

a) Unser Holz-Klapptisch wird von einem Mitarbeiter in 20 Minuten zusammengebaut. Der Mitarbeiter erhält einen Stundenlohn von 25,00 €. Die Materialkosten für den Klapptisch betragen 11,40 €, der Verkaufspreis des Klapptisches beträgt 34,80 € (netto). Wie hoch ist der Deckungsbeitrag pro Klapptisch?

b) **Variante:** Der Verkaufspreis des Klapptisches beträgt 39,99 € brutto. Die Kunden aus dem Handel erhalten 10 % Rabatt und 3 % Skonto. Die variablen Kosten sind identisch mit denen aus Aufgabe 5a. Berechnen Sie den Deckungsbeitrag pro Klapptisch.

Lösung s. Seite 242

Aufgabe 6: Deckungsbeitragsrechnung je Sortimentsbereich I

Die Münchner Möbel-Manufaktur produziert und verkauft auch Kinderbetten. Es gibt drei Modelle: Kinderbett „David“ für Jungs, Kinderbett „Julia“ für Mädchen und das Doppelkinderbett „Zwilling“. Es liegen folgende Zahlen vor:

	Kinderbett „David“	**Kinderbett „Julia“**	**Kinderbett „Zwilling“**
Verkaufspreis	220,00 €	240,00 €	360,00 €
Variable Stückkosten	115,00 €	140,00 €	200,00 €
Geplante Absatzmenge	380 Stück	410 Stück	185 Stück
Fixe Kosten	85.200,00 €		

Berechnen und interpretieren Sie die Deckungsbeiträge und das Betriebsergebnis.

		Kinderbett „David“	**Kinderbett „Julia“**	**Kinderbett „Zwilling“**
	Preis			
-	variable Kosten			
=	Deckungsbeitrag (je Stück)			
•	Menge			
=	Deckungsbeitrag (gesamt)			
=	Summe aller Deckungsbeiträge			
-	Fixe Kosten			
=	Betriebsergebnis			

Lösung s. Seite 244

Aufgabe 7: Deckungsbeitragsrechnung je Sortimentsbereich II

Die Münchner Möbel-Manufaktur produziert und verkauft Relaxsessel. Es gibt drei Modelle („Oma“, „Opa“ und „Chef“). Ihnen liegen folgende Zahlen vor:

	Relaxsessel „Oma“	**Relaxsessel „Opa“**	**Relaxsessel „Chef“**
Verkaufspreis	1.300,00 €	1.200,00 €	1.700,00 €
Variable Stückkosten	850,00 €	820,00 €	1.850,00 €
Geplante Absatzmenge	160 Stück	140 Stück	220 Stück
Fixe Kosten	52.700,00 €		

Berechnen und interpretieren Sie die Deckungsbeiträge und das Betriebsergebnis.

		Relaxsessel „Oma“	**Relaxsessel „Opa“**	**Relaxsessel „Chef“**
	Preis			
-	variable Kosten			
=	Deckungsbeitrag (je Stück)			
•	Menge			
=	Deckungsbeitrag (gesamt)			
=	Summe aller Deckungsbeiträge			
-	Fixe Kosten			
=	Betriebsergebnis			

Lösung s. Seite 244

Aufgabe 8: Rückwärtsrechnung

Die Münchner Möbel-Manufaktur produziert die Schuhregale „Standard“ und „Deluxe“. Nun planen Sie, den Preis des Schuhregals „Deluxe“ anzupassen.

Ihnen liegen folgende Zahlen vor:

	Schuhregal „Standard“	**Schuhregal „Deluxe“**
Verkaufspreis	17,80 €	**??** €
Variable Stückkosten	8,10 €	12,90 €
Geplante Absatzmenge	285 Stück	150 Stück
Fixe Kosten	8.220,00 €	

Wie hoch sollte der Verkaufspreis für das Schuhregal „Deluxe“ mindestens sein, damit das Betriebsergebnis – zumindest für einen Monat – ausgeglichen ist (also +/- 0 €).

		Schuhregal „Standard“	**Schuhregal „Deluxe“**
	Preis		**??**
-	variable Kosten		
=	Deckungsbeitrag (je Stück)		
•	Menge		
=	Deckungsbeitrag (gesamt)		
=	Summe aller Deckungsbeiträge		
-	Fixe Kosten		
=	Betriebsergebnis		

Lösung s. Seite 245

Aufgabe 9: Ermittlung des Betriebsergebnisses

Welchen Gewinn bzw. Verlust erzielen wir, wenn wir 1.500 Stück eines Möbels produzieren? Dabei liegen die gesamten fixen Kosten bei 72.800,00 € und der Deckungsbeitrag pro Stück bei 46,20 €? Der aktuelle Verkaufspreis beträgt 75,00 €.

Lösung s. Seite 246

3.4 Gewinnschwellenberechnung (Break-Even)

Definition:

Die Gewinnschwelle ist die Stückzahl, ab der die Münchner Möbel-Manufaktur durch den Verkauf ihrer Produkte einen Gewinn erzielt.

Beispiel

Berechnet man 253,4 Stück als Break-Even-Menge, so wird beim Verkauf von 254 Stück ein Gewinn erzielt (die Stückzahlen immer aufrunden, nicht kaufmännisch runden).

Die Break-Even-Menge kann mithilfe einer Formel berechnet werden. Auch eine grafische Lösung ist möglich, allerdings ist das genaue Ablesen des Ergebnisses hier i. d. R. ungenauer. Die Grafik ist dennoch prüfungsrelevant.

Beispiel

Die fixen Kosten K_{fix} betragen 26.000 €, der Verkaufspreis je Stück beträgt netto (p) 75 €, die variablen Stückkosten k_{var} 28 €. Berechnen Sie die Break-Even-Menge x.

Die **Formel** zur Berechnung der Break-Even-Menge lautet (x):

$$x = \frac{\text{Fixe Kosten}}{\text{Preis je Stück - variable Kosten je Stück}}$$

oder auch

$$x = \frac{\text{Fixe Kosten}}{\text{Deckungsbeitrag je Stück}}$$

Es gilt:

$$x = \frac{26.000\,€}{75\,€ - 28\,€} = \frac{26.000\,€}{47\,€} = 553{,}19 \text{ Stück.}$$

Wichtig für die Bearbeitung des Beispiels**:**

Es können nur ganze Stück verkauft werden. Bei einer Stückzahl von 553 sind wir noch im Verlust (wenn auch minimal), erst bei 554 Stück erzielen wir einen Gewinn.

Für die **grafische Lösung** wird i. d. R. eine Tabelle erstellt (ähnliche Berechnungen finden Sie in Aufgabe 3 in >> **Kapitel B.3.2**).

x	Fixe Kosten	Gesamte variable Kosten	Gesamte Kosten	Erlöse	Gewinn/ Verlust
0	26.000 €	0 €	26.000 €	0 €	-26.000 €
100	26.000 €	2.800 €	28.800 €	7.500 €	-21.300 €
200	26.000 €	5.600 €	31.600 €	15.000 €	-16.600 €
300	26.000 €	8.400 €	34.400 €	22.500 €	-11.900 €
400	26.000 €	11.200 €	37.200 €	30.000 €	-7.200 €
500	26.000 €	14.000 €	40.000 €	37.500 €	-2.500 €
600	26.000 €	16.800 €	42.800 €	45.000 €	2.200 €
700	26.000 €	19.600 €	45.600 €	52.500 €	6.900 €
800	26.000 €	22.400 €	48.400 €	60.000 €	11.600 €
900	26.000 €	25.200 €	51.200 €	67.500 €	16.300 €

Die Break-Even Menge liegt zwischen 500 Stück und 600 Stück, denn da wechseln wir vom Verlust zum Gewinn.

Für die Lösung hilft die Grafik:

Schritt 1:
Abbildung der obigen Tabelle.

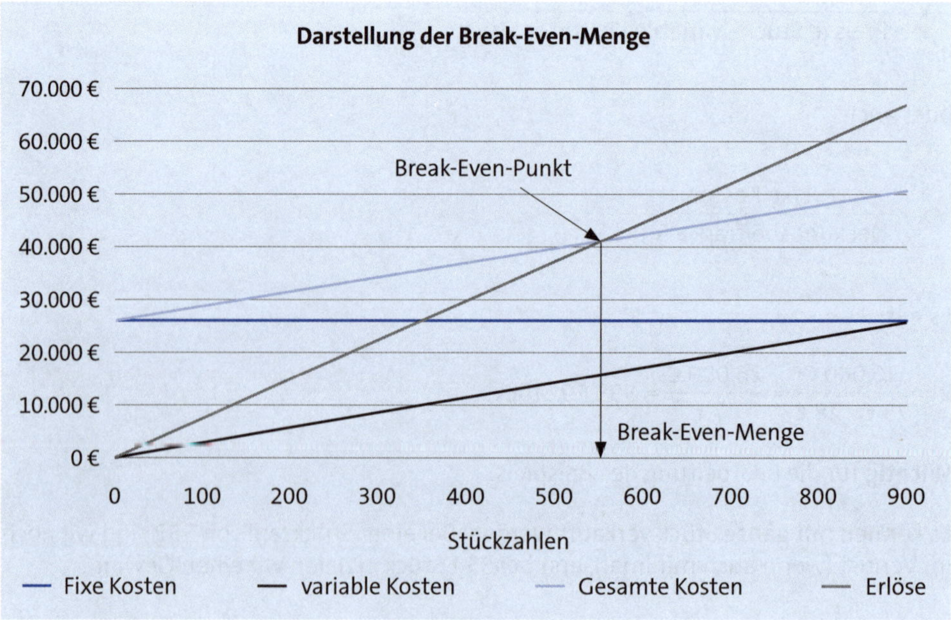

Es fällt auf, dass

- die fixen Kosten immer parallel zur x-Achse verlaufen,
- die Gesamtkosten immer parallel zu den variablen Kosten laufen,
- die Erlöse und die variablen Kosten bei 0 € starten und
- die gesamten Kosten bei den fixen Kosten beginnen.

Schritt 2:
Es gilt:

- Der Break-Even-Punkt ist immer der Schnittpunkt der gesamten Kosten mit den Erlösen.
- Die Break-Even-Menge lässt sich auf der x-Achse ablesen (Schätzung auf ca. 550 Stück. Die exakte Berechnung hatte eine Break-Even-Menge von 554 Stück ergeben.).

Für eine weitere Analyse sind aus obiger Grafik nur die Erlöse und gesamten Kosten herausgefiltert.

Es gilt:

- Der Verlust ist links vom Break-Even-Punkt.
- Der Gewinn ist rechts vom Break-Even-Punkt.

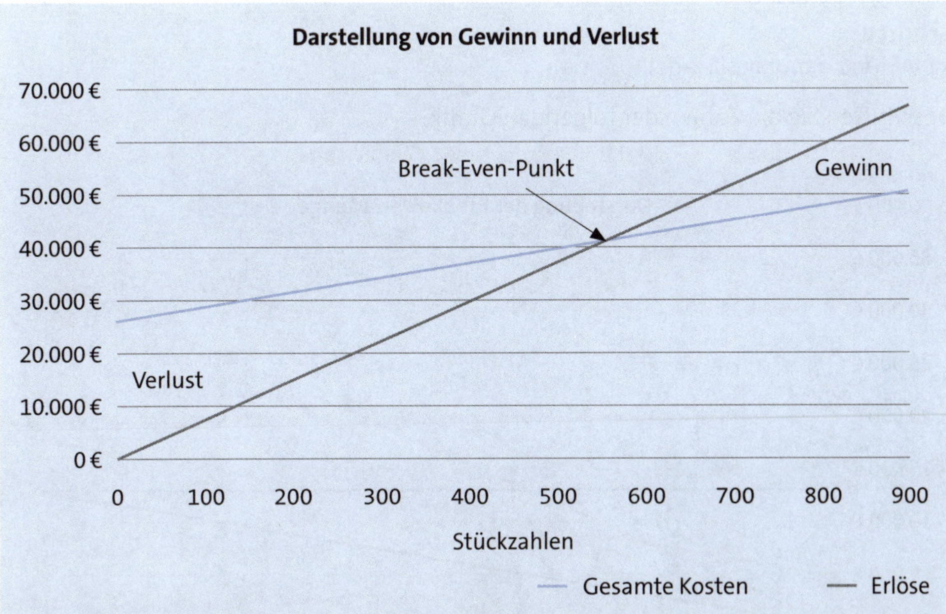

Aufgabe 10: Berechnung der Break-Even-Menge

a) Die Münchner Möbel-Manufaktur produziert auch Tabletts. Berechnen Sie die Break-Even-Menge, wenn der Verkaufspreis bei 15,80 € (netto) liegt, die fixen Kosten 6.470,00 € sind und die variablen Stückkosten 7,20 € betragen.

b) **Variante:** Die Münchner Möbel-Manufaktur möchte mit der Produktion der Tabletts einen Gewinn von mindestens 10.000 € erzielen. Wie viele Tabletts müssen nun produziert werden?

Lösung s. Seite 246

Aufgabe 11: Break-Even bei Kapazitätsgrenze

Berechnen Sie die Gewinnschwelle für folgende Daten:

Begriff	Eurobetrag
Variable Kosten je Stück	18,90 €
Fixe Kosten	26.850,00 €
Verkaufspreis je Stück	45,00 €
Kapazitätsgrenze für Produktion	1.000 Stück

Lösung s. Seite 247

Aufgabe 12: Gewinnschwelle beeinflussen

Erweiterung zur Aufgabe 11: Erläutern Sie die Möglichkeiten, wie die Münchner Möbel-Manufaktur die Gewinnschwelle (den Break-Even-Point) verringern kann.

Lösung s. Seite 247

Aufgabe 13: Grafik analysieren I

Beschriften Sie die Zahlen der folgenden Grafik:

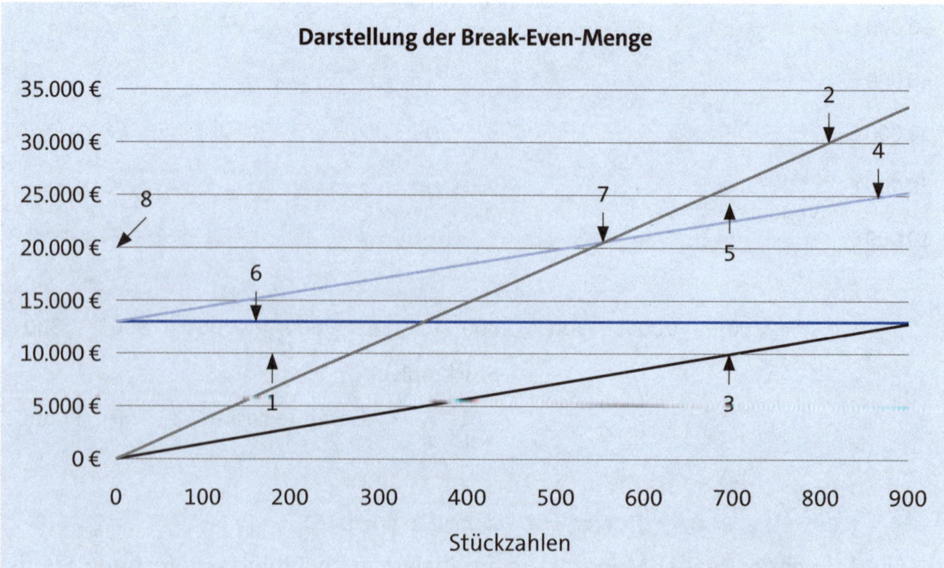

1: ____________________

2: ____________________

3: ____________________

4: ____________________

5: ____________________

6: ____________________

7: ____________________

8: ____________________

Schätzen Sie die Break-Even-Menge: __________ Stück

Lösung s. Seite 248

Aufgabe 14: Grafik analysieren II

Welche zwei Kosten stellt folgender Kostenverlauf dar?

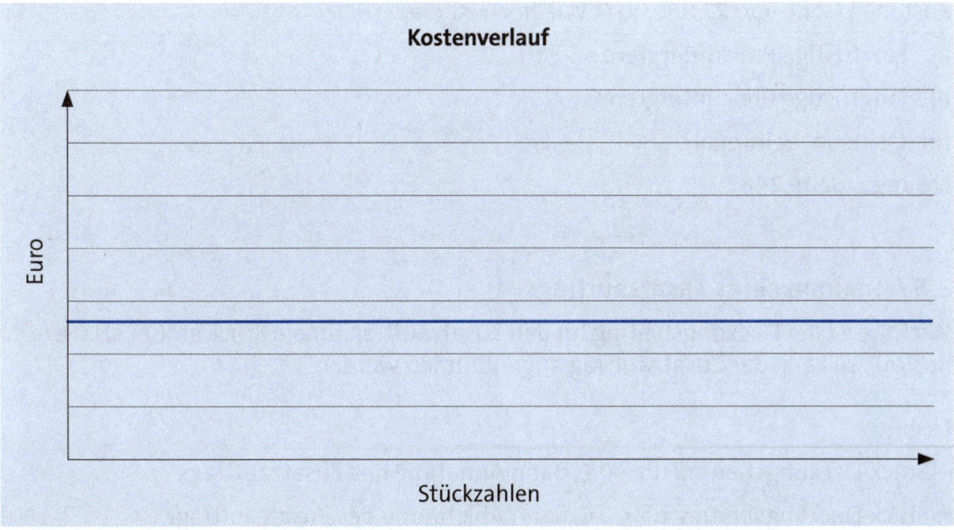

Möglichkeit 1: ______________________________

Möglichkeit 2: ______________________________

Lösung s. Seite 248

3.5 Kurz- und langfristige Preisuntergrenzen

Wichtig: Eine Preisuntergrenze bezieht sich immer auf ein einzelnes Stück.

Es gilt:

- Die kurzfristige Preisuntergrenze ist immer die Höhe der variablen Kosten

$$p = k_{var}$$

- Für die langfristige Preisuntergrenze werden auch die fixen Kosten je Stück addiert:

$$p = \frac{\text{Fixe Kosten}}{\text{Stückzahl}} + k_{var}$$

Aufgabe 15: Festlegung der Preisuntergrenzen

Das neue Weinregal „Frankreich“ soll mit einer geplanten Absatzmenge von 6.000 Stück neu auf den Markt kommen. Bekannt sind variable Kosten in Höhe von 7,55 € und fixe Kosten in Höhe von 22.800,00 €. Wie hoch ist die

a) kurzfristige Preisuntergrenze

b) langfristige Preisuntergrenze

für das neue Weinregal?

Lösung s. Seite 248

3.6 Annahme eines Zusatzauftrags

Wichtig: Ist der Deckungsbeitrag für den Zusatzauftrag für ein Stück größer als 0 € (also positiv), so kann der Zusatzauftrag angenommen werden.

Es gilt:

- Stück-Deckungsbeitrag db > 0 €, dann Annahme des Zusatzauftrags
- Stück-Deckungsbeitrag db < 0 €, dann Ablehnung des Zusatzauftrags
- Stück-Deckungsbeitrag db = 0 €, dann ist es mathematisch egal, ob der Zusatzauftrag angenommen oder abgelehnt wird. Es entscheiden dann andere Gründe (siehe Aufgabe 17).

Aufgabe 16: Entscheidung über Zusatzauftrag

a) Die Münchner Möbel-Manufaktur produziert und verkauft aktuell Flurspiegel. Das Modell „Romantik“ wird aktuell für 49,80 € verkauft und die variablen Stückkosten betragen 29,50 €. Ein neuer Kunde fragt nach dem Flurspiegel Modell „Romantik“, möchte jedoch nur einen Preis von 29,90 € bezahlen. Da wir aktuell in der Produktion noch freie Kapazitäten für 2.000 Flurspiegel haben, wird überlegt, den Zusatzauftrag anzunehmen. Begründen Sie Ihre Entscheidung rechnerisch.

b) **Variante:** Ein weiterer Kunde erfragt die Produktion von 100 Flurspiegel Modell „Barock“ zum Preis von 39,90 €. Für die Münchner Möbel-Manufaktur sind damit variable Stückkosten je Spiegel von 31,50 € verbunden und auch fixe Einmalkosten in Höhe von 1.200,00 €. Begründen Sie rechnerisch, ob der Zusatzauftrag angenommen werden soll.

Wichtig: Sind mit der Annahme eines Zusatzauftrags Einmalkosten verbunden, so müssen auch diese abgedeckt werden.

Lösung s. Seite 249

Aufgabe 17: Weitere Entscheidungsgründe

Nennen Sie drei Gründe, warum unsere Firma einen Zusatzauftrag dennoch annehmen kann, obwohl der Deckungsbeitrag negativ ist.

Lösung s. Seite 249

3.7 Gesetz der Massenproduktion

Wichtig: Das Gesetz der Massenproduktion besagt, dass die fixen Kosten für ein einzelnes Produkt gegen 0 € tendieren, je mehr Stück produziert werden (Produktion von Masse).

Aufgabe 18: Stückzahlen und Kostenentwicklung

Die Münchner Möbel-Manufaktur möchte als Werbegeschenk Holz-Kugelschreiber mit ihrem Firmenlogo produzieren. Die variablen Kosten je Kugelschreiber betragen 0,06 €, die fixen Kosten sind 8.000 €. Erklären Sie anhand dieser Zahlen das Gesetz der Massenproduktion.

Stückzahlen	Variable Stückkosten	Fixe Stückkosten	Gesamte Stückkosten
1 Stück			
1.000 Stück			
10.000 Stück			
100.000 Stück			
1.000.000 Stück			
10.000.000 Stück			

Lösung s. Seite 249

C. Handelskalkulation

1. Einordnung

Im Rechnungswesen wird die Handelskalkulation und die Industriekalkulation unterschieden: Die Handelskalkulation berechnet die Selbstkosten für Handelswaren (bereits fertig produzierte Waren wie Stehlampen, Lattenroste, die von uns bei einem Händler „fertig" einkauft werden). Die Industriekalkulation berechnet die Selbstkosten für die Produkte, die unser Unternehmen selbst produziert (die Münchner Möbel-Manufaktur produziert Wohnmöbel). Die Industriekalkulation wurde im » **Kapitel B.2** „Vollkostenrechnung" ausführlich erläutert. In diesem Kapitel folgen Details zur Handelskalkulation.

Handelskalkulation

	Listen-Einkaufspreis brutto
-	Umsatzsteuer
=	Listen-Einkaufspreis netto
-	Lieferanten-Rabatt
=	Ziel-Einkaufspreis
-	Lieferanten-Skonto
=	Bar-Einkaufspreis
+	Bezugskosten
=	Bezugspreis (= Einstandspreis)
+	Handlungskosten
=	Selbstkosten

Industriekalkulation

	Fertigungsmaterial
+	Materialgemeinkosten
=	Materialkosten
	Fertigungslöhne
+	Fertigungsgemeinkosten
=	Fertigungskosten
=	Herstellkosten des Umsatzes
+	Verwaltungsgemeinkosten
+	Vertriebsgemeinkosten
=	Selbstkosten

	Selbstkosten
+	Gewinn
=	Bar-Verkaufspreis
+	Kunden-Skonto
+	Vertriebsprovision
=	Ziel-Verkaufspreis
+	Kunden-Rabatt
=	Listen-Verkaufspreis netto
+	Umsatzsteuer
=	Listen-Verkaufspreis brutto

Rechenschema für die Handelskalkulation:

Für die folgende Übersicht gilt: Die 100 % sind immer an der fett gedruckten Position und bleiben gleich, die anderen Prozentzahlen sind Beispielzahlen. Die Bezugskosten sind Eurobeträge und daher nicht in der Tabelle berechnet.

	Listen-Einkaufspreis brutto	119 %				
-	Umsatzsteuer	19 %				
=	Listen-Einkaufspreis netto	**100 %**	**100 %**			
-	Lieferanten-Rabatt		10 %			
=	Ziel-Einkaufspreis		90 %	**100 %**		
-	Lieferanten-Skonto			3 %		
=	Bar-Einkaufspreis			97 %		
+	Bezugskosten					
=	Bezugspreis (= Einstandspreis)	**100 %**				
+	Handlungskosten	40 %				
=	Selbstkosten	140 %	**100 %**			
+	Gewinn		75 %			
=	Bar-Verkaufspreis		175 %	95 %		
+	Kunden-Skonto			3 %		
+	Vertriebsprovision			2 %		
=	Ziel-Verkaufspreis			**100 %**	92 %	
+	Kunden-Rabatt				8 %	
=	Listen-Verkaufspreis netto				**100 %**	**100 %**
+	Umsatzsteuer					19 %
=	Listen-Verkaufspreis brutto					119 %

Wichtig: Für die bessere Lesbarkeit wird im Folgenden nur vom Bezugspreis gesprochen (statt von Bezugspreis und Einstandspreis).

INFO

Für die Vorwärts- und die Rückwärtskalkulation ist das Rechenschema und die angegebenen 100 %-Positionen identisch. Beachten Sie, dass die Darstellung für die Berechnung der Rückwärtskalkulation sowohl „vorwärts“ (wie oben) oder auch „rückwärts“ (also spiegelverkehrt) aufgeschrieben werden kann.

2. Begriffe

Aufgabe 1: Rabatt und Skonto

a) Erläutern Sie den Begriff Rabatt und nennen Sie Beispiele.

   Aus welchen Gründen gewährt die Münchner Möbel-Manufaktur ihren Kunden einen Rabatt?

b) Erläutern Sie die Begriff Skonto. Aus welchem Grund gewährt die Münchner Möbel-Manufaktur ihren Kunden einen Skonto?

Lösung s. Seite 251

3. Vorwärtskalkulation

Wichtig: Für alle Aufgaben gilt ein Umsatzsteuer-Satz von 19 %.

Aufgabe 2: Bezugskalkulation I

Die Münchner Möbel-Manufaktur kauft 2.500 Kleiderstangen (Handelsware) zum Listen-Einkaufspreis von 9,99 € brutto. Berechnen Sie den Bezugspreis je Kleiderstange, wenn wir 10 % Mengenrabatt erhalten und 3 % Skonto nutzen. Die Lieferung erfolgt frei Haus, die Umsatzsteuer beträgt 19 %.

TIPP

Berechnen Sie immer den Bezugspreis zuerst für die gesamte Menge und erst am Ende für eine Kleiderstange.

		Prozent	Euro
	Listen-Einkaufspreis brutto		
-	Umsatzsteuer	19	
=	Listen-Einkaufspreis netto		
-	Lieferanten-Rabatt	10	
=	Ziel-Einkaufspreis		
-	Lieferanten-Skonto	3	
=	Bar-Einkaufspreis		
+	Bezugskosten		
=	**Bezugspreis**		

Lösung s. Seite 252

Aufgabe 3: Bezugskalkulation II

Erweiterung der Aufgabe 2 um die Bezugskosten:

Der Transport für die 2.500 Kleiderstangen wird von einer externen Spedition zum Gesamtpreis von 750 € brutto übernommen. Wie hoch ist nun der Bezugspreis für eine Kleiderstange? Die Umsatzsteuer beträgt 19 %.

TIPP

Berechnen Sie zunächst den Bezugspreis für die gesamte Menge.

		Prozent	Euro
	Listen-Einkaufspreis brutto		
-	Umsatzsteuer	19	
=	Listen-Einkaufspreis netto		
-	Lieferanten-Rabatt	10	
=	Ziel-Einkaufspreis		
-	Lieferanten-Skonto	3	
=	Bar-Einkaufspreis		
+	Bezugskosten		
=	**Bezugspreis**		

Lösung s. Seite 252

Aufgabe 4: Angebotskalkulation I

Eine örtliche Pension fragt an, ihren Frühstücksraum mit Esstischen und Stühlen neu auszustatten. Unsere Selbstkosten betragen 25.000 €. Berechnen Sie den Listen-Verkaufspreis brutto, wenn Sie davon ausgehen, dass die Pension einen Rabatt von 8 % vereinbaren und Skonto in Höhe von 2 % in Anspruch nehmen wird. Unsere Gewinnspanne beträgt 12 %.

		Prozent	Euro
	Selbstkosten		25.000,00
	Gewinn		
=	Bar-Verkaufspreis		
	Kunden-Skonto		
=	Ziel-Verkaufspreis		
	Kunden-Rabatt		
=	Listen-Verkaufspreis netto		
	Umsatzsteuer		
=	**Listen-Verkaufspreis brutto**		

Lösung s. Seite 253

Aufgabe 5: Angebotskalkulation II

Erweiterung zur Aufgabe 4: Die Selbstkosten für die Ausstattung des Frühstücksraums sind um 1.500 € auf 26.500 € gestiegen, da die Fertigungslöhne erhöht wurden.

Erläutern Sie zwei Möglichkeiten, wie die Münchner Möbel-Manufaktur bei der Kalkulation auf die gestiegenen Selbstkosten reagieren kann?

Lösung s. Seite 254

Aufgabe 6: Selbstkosten und Bar-Verkaufspreis

a) Die Selbstkosten betragen 3.460 €, die Gewinnspanne 25 %. Wie hoch ist der Bar-Verkaufspreis?

		Prozent	Euro
	Selbstkosten		3.460,00
+	Gewinn	25	
=	**Bar-Verkaufspreis**		

b) **Variante:** Der Bar-Verkaufspreis beträgt 3.460 €, die Gewinnspanne 25 %. Wie hoch sind die Selbstkosten?

		Prozent	Euro
	Selbstkosten		
	Gewinn	25	
	Bar-Verkaufspreis		3.460,00

Lösung s. Seite 254

Aufgabe 7: Bar-Verkaufspreis und Ziel-Verkaufspreis

a) Der Bar-Verkaufspreis einer Ware beträgt 620 €. Der Kunden-Skonto ist 2 %, die Vertriebsprovision 4 %. Wie hoch ist der Ziel-Verkaufspreis?

		Prozent	Euro
	Bar-Verkaufspreis		620,00
+	Kunden-Skonto	2	
+	Vertriebsprovision	4	
=	**Ziel-Verkaufspreis**		

b) Der Ziel-Verkaufspreis einer Ware beträgt 620 €. Der Kunden-Skonto ist 2 %, die Vertriebsprovision 4 %. Wie hoch ist der Bar-Verkaufspreis?

		Prozent	Euro
	Bar-Verkaufspreis		
	Kunden-Skonto	2	
	Vertriebsprovision	4	
	Ziel-Verkaufspreis		620,00

Lösung s. Seite 255

4. Rückwärtskalkulation

Aufgabe 8: Vom Bezugs- zum Listen-Einkaufspreis

Der Bezugspreis für Kleiderstangen ist zu hoch. Wir kalkulieren mit einem maximalen Bezugspreis von 5,50 €. Berechnen Sie den maximalen Listen-Einkaufspreis brutto, wenn folgende Zahlen gegeben sind (Darstellung Vorwärtskalkulation):

		Prozent	Euro
	Listen-Einkaufspreis brutto		
	Umsatzsteuer	19	
=	Listen-Einkaufspreis netto		
	Lieferanten-Rabatt	7	
=	Ziel-Einkaufspreis		
	Lieferanten-Skonto	2,5	
=	Bar-Einkaufspreis		
	Bezugskosten		0,00
=	Bezugspreis		5,50

Lösung s. Seite 255

Aufgabe 9: Vom Listen-Verkaufspreis zu den Selbstkosten

Berechnen Sie die Selbstkosten für ein Schlafsofa, das für brutto 3.890 € verkauft werden soll (Darstellung Vorwärtskalkulation).

		Prozent	Euro
	Selbstkosten		
	Gewinn	30	
=	Bar-Verkaufspreis		
	Kunden-Skonto	1	
=	Ziel-Verkaufspreis		
	Kunden-Rabatt	5	
=	Listen-Verkaufspreis netto		
	Umsatzsteuer	19	
=	Listen-Verkaufspreis brutto		3.890,00

Lösung s. Seite 256

5. Kalkulationszuschlag und Kalkulationsfaktor

INFO

Mit dem **Kalkulationszuschlag** in Prozent und dem **Kalkulationsfaktor** kann man, ausgehend vom Bezugspreis, in einem Schritt den Listen-Verkaufspreis netto berechnen. Beide verkürzen die obigen (sehr ausführlichen) Berechnungen.

Der Kalkulationszuschlag gibt (nur) die Differenz zwischen beiden Preisen in Euro oder als Prozentzahl vom Bezugspreis an.

Mit dem Kalkulationsfaktor multipliziert man den Bezugspreis und erhält direkt den Listen-Verkaufspreis netto.

Für den **Kalkulationszuschlag** gilt:

$$\begin{array}{l}
\quad \textbf{Bezugspreis (BP)} \\
\left.\begin{array}{ll}
+ & \text{Handlungskosten} \\ \hline
= & \text{Selbstkosten} \\
+ & \text{Gewinn} \\ \hline
= & \text{Bar-Verkaufspreis} \\
+ & \text{Kunden-Skonto} \\
+ & \text{Vertriebsprovision} \\ \hline
= & \text{Ziel-Verkaufspreis} \\
+ & \text{Kunden-Rabatt}
\end{array}\right\} \textbf{Kalkulationszuschlag} \\ \hline
= \quad \textbf{Listen-Verkaufspreis netto (LVP netto)}
\end{array}$$

Es gelten folgende **Formeln:**

$$\text{Kalkulationszuschlag in Euro} = (\text{Listenverkaufspreis netto - Bezugspreis}) = (\text{LVP netto - BP})$$

$$\text{Kalkulationszuschlag in Prozent} = \frac{(\text{Listenverkaufspreis netto - Bezugspreis})}{\text{Bezugspreis}} \cdot 100$$

$$= \frac{(\text{LVP netto - BP})}{\text{BP}} \cdot 100$$

ACHTUNG

Wem diese Formeln zu kompliziert sind: Es gibt eine andere (leichtere) Berechnung über den Dreisatz – ohne Formeln (siehe unten, nach Aufgabe 10):

Für den **Kalkulationsfaktor** gilt:

	Bezugspreis (BP)	**Kalkulationsfaktor**
+	Handlungskosten	
=	Selbstkosten	
+	Gewinn	
=	Bar-Verkaufspreis	
+	Kunden-Skonto	
+	Vertriebsprovision	
=	Ziel-Verkaufspreis	
+	Kunden-Rabatt	
=	**Listen-Verkaufspreis netto (LVP netto)**	

Es gelten folgende **Formeln:**

$$\text{Kalkulationsfaktor} = \frac{\text{Listenverkaufspreis netto}}{\text{Bezugspreis}} = \frac{\text{LVP netto}}{\text{BP}}$$

Und:

$$\text{Listenverkaufspreis netto} = \text{Bezugspreis} \cdot \text{Kalkulationsfaktor}$$

ACHTUNG

Es gibt Aufgaben, in denen nur der Kalkulationszuschlag bzw. nur der Kalkulationsfaktor abgefragt werden (siehe Aufgaben 10 bis 13). Zudem werden Aufgaben gestellt, die beide Komponenten enthalten. Wie diese berechnet werden, wird in >> **Kapitel C.5.3** erläutert.

5.1 Kalkulationszuschlag

Aufgabe 10: Kalkulationszuschlag per Formel

a) Der Bezugspreis für eine Stehlampe beträgt 38,50 €. Wie hoch ist unser Kalkulationszuschlag in Prozent, wenn folgende Zahlen vorliegen?

		Prozent	Euro
	Bezugspreis		38,50
+	Handlungskosten	17	
=	Selbstkosten		
+	Gewinn	20	
=	Bar-Verkaufspreis		
+	Kunden-Skonto	1	
=	Ziel-Verkaufspreis		
+	Kunden-Rabatt	5	
=	**Listen-Verkaufspreis netto**		

b) **Variante 1:** Wie hoch ist der Listen-Verkaufspreis netto, wenn der Bezugspreis für eine andere Stehlampe 15,90 € ist und der Kalkulationsfaktor 49,27 % beträgt?

c) **Variante 2:** Der Bezugspreis für ein weiteres Modell einer Stehlampe beträgt 62,50 €, der Kalkulationszuschlag 49,27 %. Wie hoch ist unser Listen-Verkaufspreis netto?

d) **Variante 3:** Ein viertes Modell einer Stehlampe kann für einen Listen-Verkaufspreis netto von 39,80 € verkauft werden. Wie hoch ist unser Bezugspreis bei einem Kalkulationsfaktor von 49,27 %?

Lösung s. Seite 257

MERKE

Die Formel für den Kalkulationszuschlag umzustellen, fällt nicht jedem leicht. Daher stellen wir hier eine alternative Berechnung mithilfe des Dreisatzes vor.

Es gilt weiterhin: Für Berechnungen des Kalkulationszuschlags werden der Bezugspreis und der Listen-Verkaufspreis netto benötigt. Durch Subtraktion ergibt sich der Kalkulationszuschlag.

Es gilt: Die Basis (100 %) für den Kalkulationszuschlag ist immer der Bezugspreis.

Beispiel:

	Bezugspreis	**100 %**
+	Kalkulationszuschlag	49,27 %
=	Listen-Verkaufspreis netto	149,27 %

Aufgabe 11: Kalkulationszuschlag per Dreisatz

Berechnen Sie die Teilaufgaben a) bis d) aus Aufgabe 10 über den Dreisatz.

Lösung s. Seite 258

5.2 Kalkulationsfaktor

Aufgabe 12: Kalkulationsfaktor berechnen und anwenden I

a) Für Lattenroste beträgt der Bezugspreis 62,80 €, der Listen-Verkaufspreis 85,90 €. Mit welchem Kalkulationsfaktor kalkulieren wir unsere Handelswaren?

b) Der Bezugspreis für ein weiteres Modell eines Lattenrostes beträgt 49,50 €. Wie hoch ist unser Listen-Verkaufspreis netto, wenn wir mit einem Kalkulationsfaktor von 1,3678 kalkulieren?

c) Der Listen-Verkaufspreis netto eines weiteren Modells beträgt 124,70 €. Wie hoch ist unser Bezugspreis bei einem Kalkulationsfaktor von 1,3678?

Lösung s. Seite 260

Aufgabe 13: Kalkulationsfaktor berechnen und anwenden II

a) Wir kaufen Lattenroste zu einem Listen-Einkaufspreis brutto von 77,75 € ein. Wir erhalten 5 % Mengenrabatt und 1,5 % Skonto. Die Lieferung erfolgt frei Haus. Berechnen Sie den Listen-Verkaufspreis brutto für einen Lattenrost, wenn wir mit einem Kalkulationsfaktor von 1,45 kalkulieren.

b) **Erweiterung der Teilaufgabe a):** Wie hoch ist unser Gewinn je Lattenrost (in Euro und in Prozent), wenn wir unseren Kunden einen Rabatt von 3 % und einen Skonto von 1 % gewähren sowie mit Handlungskosten von 30 % kalkulieren?

		Prozent	Euro
	Bezugskosten		
	Handlungskosten		
=	Selbstkosten		
	Gewinn	??	??
=	Bar-Verkaufspreis		
	Kunden-Skonto		
=	Ziel-Verkaufspreis		
	Kunden-Rabatt		
=	Listen-Verkaufspreis netto		
	Umsatzsteuer		
=	Listen-Verkaufspreis brutto		

Lösung s. Seite 260

5.3 Kalkulationszuschlag und -faktor

In den Aufgaben kann der Kalkulationszuschlag und der Kalkulationsfaktor **alternativ** verwendet werden.

Für die Umrechnung vom Kalkulationszuschlag zum Kalkulationsfaktor und umgekehrt gibt es viele Formeln oder eine „Schnell-Kopfrechnung", die wesentlich leichter ist.

Kalkulationszuschlag
49,27 %

$$\frac{49{,}27}{100} + 1$$

$$(1{,}4927 - 1) \cdot 100$$

Kalkulationsfaktor
1,4927

Es gilt: Ein Kalkulationszuschlag von 49,27 % entspricht einem Kalkulationsfaktor von 1,4927 und umgekehrt.

Zunächst die Formeln:

1. Gegeben Kalkulationszuschlag, gesucht Kalkulationsfaktor:

$$\text{Kalkulationsfaktor} = \frac{\text{Kalkulationszuschlag}}{100} + 1$$

z. B.: $\frac{(49{,}27)}{100} + 1 = 0{,}4927 + 1 = 1{,}4927$

Vielleicht fällt Ihnen folgender Rechenweg noch leichter:

$$\text{Kalkulationsfaktor} = \frac{(100 + \text{Kalkulationszuschlag})}{100}$$

Bsp.: $\frac{(100 + 49{,}27)}{100} = \frac{(149{,}27)}{100} = 1{,}4927$

2. Gegeben Kalkulationsfaktor, gesucht Kalkulationszuschlag:

$$\text{Kalkulationszuschlag} = (\text{Kalkulationsfaktor} - 1) \cdot 100$$

z. B.: $(1{,}4927 - 1) \cdot 100 = 0{,}4927 \cdot 100 = 49{,}27$

Oder noch eine Alternative als Angebot:

$$\text{Kalkulationszuschlag} = (\text{Kalkulationsfaktor} \cdot 100) - 100$$

Bsp.: $(1{,}4927 \cdot 100) - 100 = 149{,}27 - 100 = 49{,}27$

Variante:
Die „Schnell-Kopfrechnung" lautet:

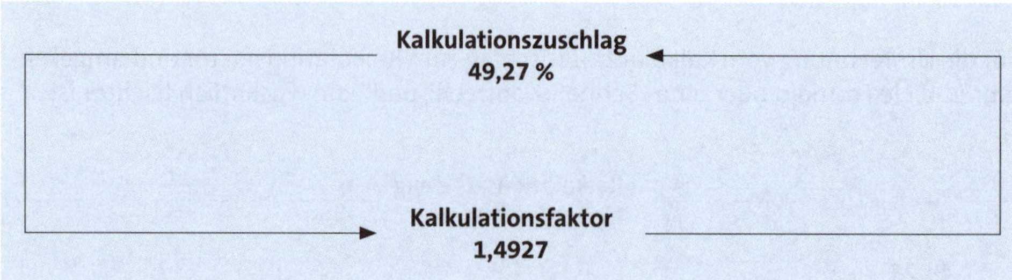

Diese „Berechnung" erfolgt ohne Formeln etc., nur mit einem schnellen Blick, z. B.: Ein Kalkulationsfaktor von 2,5544 entspricht einem Kalkulationszuschlag von 155,44 %.

TIPP

In der Prüfung reicht für die Umrechnung beider Größen die Schnellrechnung.

Wichtig: Der Kalkulationsfaktor wird immer mit vier Nachkommastellen angegeben (Vermeidung von Rundungsfehlern).

Aufgabe 14: Vom Kalkulationsfaktor zum Kalkulationszuschlag und umgekehrt

Berechnen Sie

1. den Kalkulationsfaktor bei einem gegebenen Kalkulationszuschlag von 23,45 %.
2. den Kalkulationsfaktor bei einem gegebenen Kalkulationszuschlag von 106,78 %.
3. den Kalkulationszuschlag bei einem gegebenen Kalkulationsfaktor von 1,5486.
4. den Kalkulationszuschlag bei einem gegebenen Kalkulationsfaktor von 3,5244.

Lösung s. Seite 262

Aufgabe 15: Differenzkalkulation mit dem Kalkulationszuschlag

Die Münchner Möbel-Manufaktur kauft Bettzelte für Kinder zum Bezugspreis von je 8,95 € ein. Der Kalkulationszuschlag beträgt 78,25 %, die Handlungskosten 12,65 %. Wie hoch ist der Gewinn (in Euro und in Prozent), den die Münchner Möbel-Manufaktur erzielt?

		Prozent	Euro
	Bezugspreis		8,95
	Handlungskosten		
=	Selbstkosten		
	Gewinn	??	??
=	Bar-Verkaufspreis		
	Kunden-Skonto		
=	Ziel-Verkaufspreis		
	Kunden-Rabatt		
=	Listen-Verkaufspreis netto		

Lösung s. Seite 262

TIPP

Ob Sie die Aufgaben mit dem angegeben Kalkulationszuschlag oder dem umgerechneten Kalkulationsfaktor berechnen, ist Ihnen überlassen. Das gilt auch für die Prüfungsaufgaben.

Aufgabe 16: Differenzkalkulation mit dem Kalkulationsfaktor

Die Münchner Möbel-Manufaktur verkauft Kletterseile Modell Dschungel für netto 20,00 €. Wie hoch ist der Gewinn für unsere Firma (in Euro und in Prozent), wenn die Handlungskosten 12,65 € betragen und mit einem Kalkulationsfaktor von 1,7585 gerechnet wird?

		Prozent	Euro
	Bezugspreis		
	Handlungskosten		
=	Selbstkosten		
	Gewinn	??	??
=	Bar-Verkaufspreis		
	Kunden-Skonto		
=	Ziel-Verkaufspreis		
	Kunden-Rabatt		
=	Listen-Verkaufspreis netto		20,00

Lösung s. Seite 263

A. Buchführung

1. Grundlagen der Buchführung

1.4.1 Bestandskonten

Einfache Übung zum Einstieg:

1. Kauf eines Grundstücks per Bank: 100.000 €

Welche Konten ändern sich?	Grundstück	Bank
Werden die Konten mehr oder weniger?	+	-
Typ des Kontos?	Aktives Bestandskonto	Aktives Bestandskonto
Auf welcher Kontoseite ist zu buchen?	Soll	Haben

2. Die Bareinnahmen des Tages werden auf das Bankkonto eingezahlt: 2.500 €

Welche Konten ändern sich?	Bank	Kasse
Werden die Konten mehr oder weniger?	+	-
Typ des Kontos?	Aktives Bestandskonto	Aktives Bestandskonto
Auf welcher Kontoseite ist zu buchen?	Soll	Haben

3. Tilgung einer Schuld: bar 50 €

Welche Konten ändern sich?	Verbindlichkeiten	Kasse
Werden die Konten mehr oder weniger?	-	-
Typ des Kontos?	Passives Bestandskonto	Aktives Bestandskonto
Auf welcher Kontoseite ist zu buchen?	Soll	Haben

1.4.3 Buchen auf Bestands- und Erfolgskonten

Einfache Übung zum Einstieg:

1. Die Bank schreibt uns Zinsen gut: 12 €

Welche Konten ändern sich?	Bank	Zinsertrag
Werden die Konten mehr oder weniger?	+	+
Typ des Kontos?	Aktives Bestandskonto	Ertragskonto
Auf welcher Kontoseite ist zu buchen?	Soll	Haben

2. Barzahlung eines Aushilfslohns: 450 €

Welche Konten ändern sich?	Personalaufwand	Kasse
Werden die Konten mehr oder weniger?	+	-
Typ des Kontos?	Aufwandskonto	Aktives Bestandskonto
Auf welcher Kontoseite ist zu buchen?	Soll	Haben

3. Die Regensburger Versicherung bucht Versicherungsbeiträge vom Bankkonto ab: 320 €

Welche Konten ändern sich?	Versicherungsbeiträge	Bank
Werden die Konten mehr oder weniger?	+	-
Typ des Kontos?	Aufwandskonto	Aktives Bestandskonto
Auf welcher Kontoseite ist zu buchen?	Soll	Haben

Übungen aus >> Kapitel A.1.4.1 (von Seite 28):

1. Kauf eines Grundstücks per Bank: 100.000 €

Soll		Kontonummern					Haben
0	5	0	0	2	8	0	0

2. Die Bareinnahmen des Tages werden auf das Bankkonto eingezahlt: 2.500 €

Soll		Kontonummern					Haben
2	8	0	0	2	8	8	0

3. Tilgung einer Schuld: bar 50 €

Soll		Kontonummern					Haben
4	4	F	F	2	8	8	0

Übungen aus >> Kapitel A.1.4.3 (von Seite 30):

1. Die Bank schreibt uns Zinsen gut: 12 €

Soll		Kontonummern					Haben
2	8	0	0	5	7	1	0

2. Barzahlung eines Aushilfslohns: 450 €

Soll		Kontonummern					Haben
6	2	0	0	2	8	8	0

INFO

Wenn 6200 im Prüfungskontenrahmen nicht vorkommt, nehmen wir 6690 Sonstige Personalkosten!

3. Die Regensburger Versicherung bucht Versicherungsbeiträge vom Bankkonto ab: 320 €

Soll		Kontonummern					Haben
6	9	0	0	2	8	0	0

1.2 Vorarbeit: Inventur und Inventar

Lösung zu Aufgabe 1: Inventurverfahren

	Vorgang	Stichtags-inventur	Verlegte Inventur	Permanente Inventur	Stichproben-inventur
a)	Die Inventur wird am 28.12. durchgeführt.	x			
b)	Die Inventur wird vom 31.12. auf den 01.02. verschoben.		x		
c)	Im Hochregallager einer Brauerei wird stichprobenartig gezählt. Daraus werden Rückschlüsse auf den Gesamtbestand gezogen.				x
d)	Es wird eine Lagerbuchhaltung geführt und einmal pro Jahr eine körperliche Bestandsaufnahme durchgeführt.			x	
e)	Die Inventur wird am 15.12. durchgeführt.		x		

Lösung zu Aufgabe 2: Inventargliederung

Fehler 1: Verbindlichkeiten sind kein Umlaufvermögen, sondern eine Schuld

Fehler 2: Forderungen sind keine kurzfristigen Schulden, sondern gehören zum Umlaufvermögen

Lösung zu Aufgabe 3: Merkmale eines Inventars

	Aussage	richtig	falsch
a)	Ein Inventar ist ein Verzeichnis aller **Vermögenswerte**.		x (Nicht nur Vermögenswerte, sondern auch Schulden!)
b)	Auch eine permanente Inventur kommt nicht ganz ohne körperliche Bestandsaufnahmen aus.	x (Der Termin ist frei wählbar.)	
c)	In automatisierten Hochregal-Lagern mit PC-gesteuerten Bediensystemen kann auf die **komplette** Bestandsaufnahme verzichtet werden.	x (Allerdings müssen Stichproben gezogen werden und daraus die Gesamtwerte berechnet werden.)	
d)	Der Fuhrpark eines Unternehmens kann im Inventar mit einem Summenwert aufgenommen werden.		x (Einzelbewertung, nicht Summenbewertung!)

	Aussage	richtig	falsch
e)	Das Inventar ist die Bestandsaufnahme aller Vermögens- und Schuldenwerte zum Ende eines Geschäftsjahres.	x	
f)	Eine Inventur muss auch bei der Gründung eines Unternehmens durchgeführt werden.	x	

Lösung zu Aufgabe 4: Inventurdifferenzen

	Vorgang	Veränderung des Gewinns	
		+ er steigt	- er sinkt
a)	Der Kassenbestand lt. Zählung beträgt 500 €, lt. Kassenbuch müssten aber 550 € in der Kasse sein.		x
b)	Ein Wasserschaden im Warenlager, der einen Schaden von 150 € verursachte, wurde nicht erfasst.		x
c)	Der Inhaber hat zwei Klappstühle aus dem Verkaufsraum für private Zwecke mitgenommen. Der Vorgang wurde in der Buchhaltung nicht erfasst.	x	
d)	Durch eine Warenrückgabe, die in der Buchhaltung nicht erfasst worden ist, stimmen Soll- und Istbestand nicht überein.	x	

Lösung zu Aufgabe 5: Inventurwerte

Anlagevermögen (AV) = 1.350.000 €

Umlaufvermögen (UV) = 39.790 €

Lösung zu Aufgabe 6: Bewertung von Waren in der Inventur

50 • 4 € = 200 €

1.3 Von der Bestandsaufnahme zur Bilanz

Lösung zu Aufgabe 7: Geschäftsfälle und ihre Auswirkungen auf die Bilanz

a)

Bilanzposition	Auswirkung (z. B. sinkt, steigt, keine)	Begründung
Anlagevermögen	steigt	Investition in neue Computer

b)

Bilanzposition	Auswirkung (z. B. sinkt, steigt, keine)	Begründung
Anlagevermögen	keine	Leasing, kein Kauf

c)

Bilanzposition	Auswirkung (z. B. sinkt, steigt, keine)	Begründung
Anlagevermögen	keine	Grundsteuer = Aufwand

d)

Bilanzposition	Auswirkung (z. B. sinkt, steigt, keine)	Begründung
Umlaufvermögen	sinkt (Bank!)	jetzt Zahlung, daher sinkt das Bankkonto und dieses gehört zum UV, also sinkt auch das UV. Im Gegenzug mehr Handelsware, aber die Ware wurde schon beim Rechnungseingang erfasst.

1.4 Von der Bilanz zur Buchführung

1.4.4 Der Erfolg des Unternehmens

Lösung zu Aufgabe 8: Analyse einer Gewinn- und Verlustrechnung

S	G + V		H
6900 Versicherung	800,00 €	5401 Nebenerlöse	6.000,00 €
6920 Beiträge	500,00 €		
6520 Abschreibung	2.300,00 €		
6640 Aufw. für Fortbildung	1.400,00 €		
Saldo	**1.000,00 €**		
Summe	**6.000,00 €**	Summe	**6.000,00 €**

a) Der Saldo beträgt 1.000 €.

b) Es wurde ein Gewinn erwirtschaftet.

c) Auf dem Konto Eigenkapital im Haben.

d) 1. Das Eigenkapital wächst.

Lösung zu Aufgabe 9: Geschäftsfälle und ihre Auswirkungen auf den Unternehmenserfolg

Beleg	erfolgswirksam/erfolgsunwirksam	Gewinn steigt/sinkt/unverändert
1	erfolgswirksam: Aufwand	sinkt
2	erfolgsunwirksam: Investition	unverändert (erst später, die Abschreibung wird den Gewinn verändern)

1.7.2 Buchungssätze mit Nummern in der Prüfung

Lösung zu Aufgabe 10: Buchungssätze mit Bestandskonten

a) Barabhebung vom Bankkonto.

Soll		Kontonummern				Haben	
2	8	8	0	2	8	0	0

b) Kunde gleicht eine Forderung per Bank aus.

Soll		Kontonummern				Haben	
2	8	0	0	2	4	x	x

c) Teil-Tilgung des Darlehens bei der Volksbank.

Soll		Kontonummern				Haben	
4	2	0	0	2	8	1	0

Statt 4200 auch 4250 möglich!

d) Das Unternehmen begleicht eine offene Verbindlichkeit per Bank.

Soll		Kontonummern				Haben	
4	4	x	x	2	8	0	0

e) Überweisung der Umsatzsteuer-Zahllast per Bank.

Soll		Kontonummern				Haben	
4	8	0	0	2	8	0	0

f) Eine kurzfristige Verbindlichkeit wird in eine langfristige Schuld umgewandelt.

Soll		Kontonummern				Haben	
4	2	0	0	4	2	5	0

Statt 4200 auch 4400 möglich!

Lösung zu Aufgabe 11: Buchungssätze mit Erfolgskonten

a) Überweisung der Versicherungsprämie vom Sparkassenkonto.

Soll		Kontonummern				Haben	
6	9	0	0	2	8	0	0

b) Überweisung des IHK-Beitrags per Sparkasse.

Soll		Kontonummern				Haben	
6	9	2	0	2	8	0	0

c) Pachteingang von einem Geschäftspartner auf dem Sparkassenkonto.

Soll	Kontonummern						Haben
2	8	0	0	5	4	0	1

d) Verbuchung der Abschreibung eines Lkws.

Soll	Kontonummern						Haben
6	5	2	0	0	8	4	0

e) Überweisung der Fortbildungskosten für einen Mitarbeiter per Sparkasse.

Soll	Kontonummern						Haben
6	6	4	0	2	8	0	0

Lösung zu Aufgabe 12: Verbuchung eines Kontoauszugs

a) Kfz-Steuer

Soll	Kontonummern						Haben
7	0	3	0	2	8	0	0

b) Annuität für ein Darlehen

Soll						Kontonummern									Haben
7	5	1	0	4	2	5	0	2	8	0	0				

Hinweis: die Reihenfolge der beiden Konten auf der Sollseite kann vertauscht werden.

c) Gewerbesteuer

Soll	Kontonummern						Haben
7	7	0	0	2	8	0	0

d) Spende an SOS Kinderdorf

Soll	Kontonummern						Haben
6	8	8	0	2	8	0	0

e) Briefmarken

Soll	Kontonummern						Haben
6	8	2	0	2	8	0	0

f) Konto-Abschluss: Gebühren

Soll	Kontonummern						Haben
6	7	5	0	2	8	0	0

1.8 Sonstige Infos rund um die Buchführung

1.8.1 Aufbewahrungsfristen

Lösung zu Aufgabe 13: Aufbewahrungsfristen

a) 31.12.2029

b) 01.01.2030

2. Umsatzsteuer

2.1 Das System der Umsatzsteuer

Lösung zu Aufgabe 1: Zahllast

(350 + 600) : 19 • 100 = 5.000 €

Lösung zu Aufgabe 2: Umsatzsteuervoranmeldung I

Umsatz im April 2020	Umsatzsteuer im April 2020
25.000,00 €	4.750,00 €
Vorsteuer vom April 2020 (von 8.000,00 € berechnet)	1.520,00 €
Zahllast der Münchner Möbel-Manufaktur für April 2020	3.230,00 €

Lösung zu Aufgabe 3: Umsatzsteuervoranmeldung II

a)

Umsatz im Mai 2020	Umsatzsteuer im Mai 2020
30.000,00 €	5.700,00 €
Vorsteuer vom Mai 2020 (von 55.000,00 € berechnet)	10.450,00 €
Zahllast **oder** Vorsteuerüberhang der Münchner Möbel-Manufaktur für Mai 2020?	- 4.750,00 €

b) Es handelt sich um einen Vorsteuerüberhang.

2.2 Verbuchung der Umsatzsteuer

Lösung zu Aufgabe 4: Unterscheidung Vorsteuer und Umsatzsteuer

a) **Beleg 1:** Umsatzsteuer

b) **Beleg 2:** Vorsteuer

c)

Umsatz im Februar 2020	Umsatzsteuer im Februar 2020
425,00 €	80,75 €
Vorsteuer vom Februar 2020	42,75 €
Zahllast der Münchner Möbel-Manufaktur für Februar 2020	38,00 €

Lösung zu Aufgabe 5: Ausgleich der Umsatzsteuer

Vorgang	**Soll-Konto**	**Haben-Konto**
Ein Vorsteuerüberhang wird vom Finanzamt erstattet. Auf dem Bankkonto gehen 4.750 € ein.	2800	2600
Das Finanzamt zieht eine Zahllast von 1.220 € vom Bankkonto ein.	4800	2800

Lösung zu Aufgabe 6: Abschluss der Umsatzsteuerkonten I

a)

S	2600 Vorsteuer		H
	12.450 €		1.300 €
		Saldo	**11.150 €**
Summe	12.450 €		12.450 €

S	4800 Umsatzsteuer		H
	3.190 €		36.890 €
Vorsteuer	**11.150 €**		
SBK	**22.550 €**		
	36.890 €		36.890 €

	Betrag
Zahllast	22.550,00 €
Vorsteuerüberhang	

b)

Soll				Kontonummern			Haben
4	8	0	0	2	6	0	0

Lösung zu Aufgabe 7: Abschluss der Umsatzsteuerkonten II

a)

S	2600 Vorsteuer		H
	42.450 €		2.450 €
		USt	**29.000 €**
		SBK	**11.000 €**
	42.450 €		42.450 €

S	4800 Umsatzsteuer		H
	1.600 €		30.600 €
Saldo	**29.000 €**		
	30.600 €		30.600 €

	Betrag
Zahllast	
Vorsteuerüberhang	11.000,00 €

b)

Soll				Kontonummern			Haben
4	8	0	0	2	6	0	0

Lösung zu Aufgabe 8: Abschluss der Umsatzsteuerkonten III

a)

S	2600 Vorsteuer	H
21.680 €		1.680 €
	Saldo	**20.000 €**
21.680 €		21.680 €

S	4800 Umsatzsteuer	H
	2.750 €	37.750 €
Vorsteuer	**20.000 €**	
SBK	**15.000 €**	
	37.750 €	37.750 €

	Betrag
Zahllast	15.000,00 €

b)

Soll				Kontonummern			Haben
4	8	0	0	2	8	0	0

Lösung zu Aufgabe 9: Abschluss der Umsatzsteuerkonten IV

a)

S	2600 Vorsteuer	H
12.450 €		250 €
	USt	**9.350 €**
	SBK	**2.850 €**
12.450 €		12.450 €

S	4800 Umsatzsteuer	H
	280 €	9.630 €
Saldo	**9.350 €**	
	9.630 €	9.630 €

	Betrag
Vorsteuerüberhang	2.850,00 €

b)

Soll				Kontonummern			Haben
2	8	0	0	2	6	0	0

Lösung zu Aufgabe 10: Abschluss der Umsatzsteuerkonten V

a)

S	2600 Vorsteuer	H
7.600 €		600 €
	Saldo	7.000 €
7.600 €		7.600 €

S	4800 Umsatzsteuer	H
Vorsteuer	7.000 €	9.630 €
Saldo	**2.630 €**	
	9.630 €	9.630 €

Soll				Kontonummern			Haben
4	8	0	0	8	0	1	0

b) Es handelt sich um eine Zahllast von 2.630 €.

2.3 Berechnung der Umsatzsteuer

Lösung zu Aufgabe 11: Ermittlung des Rechnungsbetrags aus der Umsatzsteuer

4,20 € : 7 • 107 = **64,20 €** (**Achtung:** Bücher 7 %)

Lösung zu Aufgabe 12: Erfolgswirksamer Teil einer Rechnung

178,50 € : 119 • 100 = **150,00 €** (nur die Nettosumme, die Vorsteuer ist ein durchlaufender Posten)

3. Buchungen beim Einkauf von Handelswaren

3.4 Rechnungsausgleich

Lösung zu Aufgabe 1: Buchung von Eingangsbelegen

a)

Soll							Kontonummern								Haben
6	0	8	0	2	6	0	0	2	8	8	0				

b)

Soll							Kontonummern								Haben
6	0	8	0	2	6	0	0	2	8	8	0				

c)

Soll							Kontonummern								Haben
6	0	8	0	2	6	0	0	4	4	0	5				

d)

Soll							Kontonummern								Haben
6	0	8	0	2	6	0	0	4	4	0	6				

e)

Soll							Kontonummern								Haben
				4	4	0	6	6	0	8	0	2	6	0	0

f)

Soll							Kontonummern								Haben
6	0	8	0	2	6	0	0	4	4	0	1				

g) **Buchung zu Happy Baby Betten:**

Soll											Kontonummern												Haben
4	4	0	5									2	8	0	0	6	0	8	2	2	6	0	0

Buchung zu Gesünder Wohnen:

Soll											Kontonummern												Haben
4	4	0	6									2	8	0	0	6	0	8	2	2	6	0	0

Buchung zu Sirius:

Soll											Kontonummern												Haben
4	4	0	1									2	8	0	0	6	0	8	2	2	6	0	0

Buchung zu Happy Baby Betten: (**Hinweis**: Der Beleg zur Gutschrift über 54,74 € liegt vor, ist aber noch nicht gebucht.)

Soll							Kontonummern								Haben
2	8	0	0					6	0	8	2	2	6	0	0

3.6 Zahlung an den Lieferanten mit Skonto

Lösung zu Aufgabe 2: Eingangsrechnung und Skonto I

(15.232,00 € - 14.775,04 €) : 119 • 19 = 72,96 €

Lösung zu Aufgabe 3: Eingangsrechnung und Skonto II

Umsatzsteuerkorrektur-Betrag: 3200 € • 2,5 % • 19 % = 15,20 €

3.7 Skonto per Kredit finanzieren?

Lösung zu Aufgabe 4: Eingangsrechnung und Skonto III

Überschlag:

20 Tage = 3 %

360 Tage = x

$$x = \frac{3 \cdot 360}{20} = \mathbf{54\ \%}$$

Genauer:

$$\text{Zinssatz} = \frac{3 \cdot 100 \cdot 360}{98 \cdot 20} = \mathbf{55{,}1\ \%}$$

Lösung zu Aufgabe 5: Aussagen rund um den Skonto

Aussage	richtig	falsch
Sendet die Möbel-Manufaktur Waren für 2.000 € an einen Lieferanten zurück, muss sie ihre Vorsteuer um 380 € korrigieren.	x	
Der Lieferant gewährt uns Skonto, damit wir vorzeitig zahlen.	x	
Wenn die Möbel-Manufaktur vom Lieferanten eingeräumten Skonto nutzt, so steigert das den Gewinn der Möbel-Manufaktur.	x	
Eine Rücksendung von Waren an den Lieferanten mindert den Lagerbestand der Möbel-Manufaktur und steigert die Zahllast.	x	
Ein Nachlass von einem Lieferanten mindert den Rohgewinn.		x

3.8 Nachlass vom Lieferanten

3.8.2 Nachträgliche Nachlässe

Lösung zu Aufgabe 6: Buchung eines Gutschriftbelegs

a)

Soll								Kontonummern							Haben
4	4	0	5					6	0	8	2	2	6	0	0

b)

Soll			Kontonummern				Haben
4	4	0	5	2	8	0	0

3.9 Bestandsveränderung von Handelswaren

Lösung zu Aufgabe 7: Bestandsveränderungen

a) Dieser Buchungssatz steht für einen Minderbestand, damit war das Lager zu Beginn des Jahres voller: 14.500 € + 4.000 € = **18.500 €**

b)

Datum	Bestand auf Konto 2280
31.12.2017	18.500 €
31.12.2018	14.500 €
31.12.2019	13.560 €

Der Bestand ist von 14.500 € auf 13.560 € gesunken. **Buchung**: 6080 an 2280 = Minderbestand von 940 €

3.10 Übersicht

Lösung zu Aufgabe 8: Buchungssätze (ohne Belege)

	Geschäftsfall	Konten	Beträge	
			im Soll	im Haben
a)	Zukauf auf Ziel von Schuhregalen Möbel-Hecht für 450 € + USt.	6080 2600 4499	450,00 85,50 	 535,50
b)	Ein Regal für netto 45,00 € wird wegen Schäden zurückgeschickt. Wir erhalten eine Gutschrift per Bank von 53,55 €.	2800 6080 2600	53,55 	 45,00 8,55
c)	Wir kaufen Jette Duftkerzen auf Ziel für netto 30 € und erhalten 5 % Sofortrabatt.	6080 2600 4499	28,50 5,42 	 33,92

	Geschäftsfall	Konten	Beträge	
			im Soll	im Haben
d)	Wir haben nach Abzug von 3 % Skonto für eine offene Rechnung bei der Happy Baby Betten GmbH 1.385,16 € überwiesen.	4405 2800 6082 2600	1.428,00	 1.385,16 36,00 6,84
	Erläuterung zu d) Rechnungsbetrag = 1.385,16 € : 97 • 100 = 1.428,00 € Skonto = (1.428,00 € - 1.385,16 €) : 119 • 100 = 36,00 € Umsatzsteuer-Korrektur = 36 • 19 %			
e)	Wir reklamieren beim Lieferanten Sirius Verschmutzungen der gelieferten Kaminkonsolen und einigen uns auf eine Preisminderung von brutto 41,65 €. Die Gutschrift wird uns überwiesen.	2800 6082 2600	41,65	 35,00 6,65
f)	Zielkauf von Schneidbrettern aus Buchenholz inklusive Umsatzsteuer lautet die Rechnung auf 952 €.	6080 2600 4499	800,00 152,00	 952,00
g)	Begleichung der Rechnung von f) per Bank abzüglich 2 % Skonto.	4499 2800 6082 2600	952,00	 932,96 16,00 3,04
h)	Bei Rutschbahnen für Hochbetten hat sich ein Minderbestand von drei Stück à 95 € ergeben. Buchung?	6080 2280	285,00	 285,00
i)	Ende letzten Jahres erbrachte die Inventur einen Warenbestand von 1.280 €. Ende dieses Jahr wurden Waren im Wert von 1.900 € gezählt. **(= Mehrbestand)**	2280 6080	620,00	 620,00
j)	Zukauf von Büchern: „Wohnen mit Holz" – zehn Stück à netto 35 € auf Ziel.	6080 2610 4499	350,00 24,50	 374,50
	Erläuterung zu j) Druckerzeugnisse: 7 % Umsatzsteuer			
k)	Nach Abzug von 2 % Skonto haben wir an die Happy-Baby-Betten GmbH 460,65 € überwiesen.	4405 2800 6082 2600	470,05	 460,65 7,90 1,50
	Erläuterung zu k) Rechnungsbetrag = 460,65 € : 98 • 100 = 470,05 € Skonto = (470,05 € - 460,65 €) : 119 • 100 = 7,90 € Umsatzsteuer-Korrekturbetrag = 7,90 € • 19 % = 1,50 €			
l)	Die Möbel-Manufaktur hat bei „Gesünder Wohnen" reklamiert und fünf Herbstkränze à netto 19,99 € zurückgeschickt. Die Gutschrift wurde korrekt gebucht. Für eine offene Rechnung überweist die Münchner Möbel-Manufaktur wegen der Gutschrift nur noch 595,06 €.	4406 2800	595,06	 595,06

Lösung zu Aufgabe 9: Diverse Geschäftsfälle und ihre Auswirkung auf die Vorsteuer

a)

		Steuer-satz	Netto-betrag	Brutto-betrag	Vorsteuer
1.	Eingangsrechnung	19 %	2.737,00 €		**520,03 €**
2.	Rücksendung an den Lieferanten	19 %		714,00 €	**-114,00 €**
3.	Gutschrift vom Lieferanten wegen Fehler	7 %	128,40 €		**-8,99 €**
4.	Rücksendung an den Lieferanten	19 %	640,00 €		**-121,60 €**
5.	Gutschrift vom Lieferanten wegen Mangel	19 %		865,00 €	**-138,11 €**
6.	Überweisung nach Nutzung von 2 % Skonto	19 %		3.498,60 €	**-11,40 €**
7.	Überweisung nach Nutzung von 3 % Skonto	19 %		194,00 €	**-0,96 €**
8.	Eingangsrechnung	7 %		556,40 €	**36,40 €**

b) 763,30 €

c)

Soll				Kontonummern			Haben
4	8	0	0	2	6	0	0

d) 6.406,70 €

S	Vorsteuer 2600/2610		H
Eingangsrechnung zu 6.	570,00 €	**2.**	**114,00 €**
Eingangsrechnung zu 7.	31,93 €	**3.**	**8,99 €**
1.	**520,03 €**	**4.**	**121,60 €**
8.	**36,40 €**	**5.**	**138,11 €**
		6.	**11,40 €**
		7.	**0,96 €**
		Saldo	**763,30 €**
Summe	**1.158,36 €**	Summe	**1.158,36 €**

S	Umsatzsteuer 4800/4810		H
Vorsteuer	**763,30 €**	Anfangsbestand	350,00 €
Zahllast	**6.406,70 €**	Forderungen	6.820,00 €
Summe	**7.170,00 €**	Summe	**7.170,00 €**

Lösung zu Aufgabe 10: Analyse eines Buchungssatzes

a) Eingangsrechnung, weil er die **Vor**steuer korrigiert hat.

b) 8,55 € : 19 • 119 = 53,55 €

c) 53,55 € : 2 • 100 = 2.677,50 €

d)

Soll											Kontonummern												Haben
4	4	9	9									2	8	0	0	6	0	8	2	2	6	0	0

4. Buchungen beim Verkauf von Handelswaren

4.3 Ausgangsrechnung und Warentransport zum Kunden

Lösung zu Aufgabe 1: Buchen von Ausgangsbelegen

a)

Konto	Betrag im Soll	Betrag im Haben
2403 Forderungen an Hansen	2.415,70 €	
5100 Umsatzerlöse für Handelswaren		2.030,00 €
4800 Umsatzsteuer		385,70 €

Soll							Kontonummern								Haben
2	4	0	3					5	1	0	0	1	8	0	0

b)

Konto	Betrag im Soll	Betrag im Haben
2880 Kasse	219,00 €	
5100 Umsatzerlöse für Handelswaren		184,03 €
4800 Umsatzsteuer		34,97 €

Soll							Kontonummern								Haben
2	8	8	0					5	1	0	0	4	8	0	0

c)

Konto	Betrag im Soll	Betrag im Haben
2405 Forderungen an Westner	198,00 €	
5100 Umsatzerlöse für Handelswaren		166,38 €
4800 Umsatzsteuer		31,62 €

Soll							Kontonummern								Haben
2	4	0	5					5	1	0	0	4	8	0	0

d)

Konto	Betrag im Soll	Betrag im Haben
6140 Ausgangsfrachten und Fremdlager	30,00 €	
2600 Vorsteuer	5,70 €	
4407 Verbindlichkeiten bei Flitz		35,70 €

Soll							Kontonummern								Haben
6	1	4	0	2	6	0	0	4	4	0	7				

e)

Konto	Betrag im Soll	Betrag im Haben
2402 Forderungen an Kecman	559,30 €	
5100 Umsatzerlöse für Handelswaren		470,00 €
4800 Umsatzsteuer		89,30 €

Soll							Kontonummern								Haben
2	4	0	1					5	1	0	0	4	8	0	0

f) **Buchung am 18.02.2020**

Konto	Betrag im Soll	Betrag im Haben
2800 Bank	690,20 €	
2499 Forderungen an Sonstige Kunden		690,20 €

Buchung am 19.02.2020

Konto	Betrag im Soll	Betrag im Haben
2800 Bank	2.367,39 €	
4800 Umsatzsteuer	7,71 €	
5101 Erlösberichtigung	40,60 €	
4403 Forderungen an Hansen		2.415,70 €

Buchung am 20.02.2020

Konto	Betrag im Soll	Betrag im Haben
4407 Verbindlichkeiten an Flitz	35,70 €	
2800 Bank		35,70 €

Buchung am 21.02.2020

Konto	Betrag im Soll	Betrag im Haben
2800 Bank	194,04 €	
5101 Erlösberichtigung	3,33 €	
4800 Umsatzsteuer	0,63 €	
2405 Forderungen an Westner		198,00 €

Buchung am 25.02.2020

Konto	Betrag im Soll	Betrag im Haben
2800 Bank	548,83 €	
4800 Umsatzsteuer	8,80 €	
5101 Erlösberichtigung	1,67 €	
4402 Forderungen an Kecman		559,30 €

Lösung zu Aufgabe 2: Warenrückgabe vom Kunden

Konto	Betrag im Soll	Betrag im Haben
5100 Umsatzerlöse für Waren	83,19 €	
4800 Umsatzsteuer	15,81 €	
2402 Forderungen an Kecman		99,00 €

Soll						Kontonummern									Haben
5	1	0	0	4	8	0	0	2	4	0	2				

4.5 Erlösschmälerungen – ein Preisnachlass für den Kunden

4.5.3 Der Kunde zahlt mit Skonto

Lösung zu Aufgabe 3: Vergleich von Zahlungsbedingungen

Überschlagsmäßig

Bisher 20 Tage 2 % (Berechnung der Tage: 30 - 10 = 20 Tage eher)
360 Tage **36 %**

a) 15 Tage 2 % (Berechnung der Tage: 25 - 10 = 15 Tage eher)
360 Tage **48 %**

b) 20 Tage 3 % (Berechnung der Tage: 30 - 10 = 20 Tage eher)
360 Tage **54 %**

Für die Kunden, die mit Skonto bezahlen, ist die Alternative b) vorteilhafter.

Lösung zu Aufgabe 4: Aussagen rund um den Skonto

Aussage	richtig	falsch
Sendet ein Kunde Waren für 4.000 € zurück, muss die Möbel-Manufaktur ihre Vorsteuer um 760 € korrigieren.		x
Skonto wird gewährt, damit die Kunden eher zahlen.	x	
Skonto, der den Kunden gewährt wird, steigert unseren Gewinn.		x
Eine Rücksendung von Waren vom Kunden erhöht den Lagerbestand der Möbel-Manufaktur und mindert die Zahllast.	x	
Wenn Kunden Skonto abziehen, steigt die Zahllast der Möbel-Manufaktur.		x

Lösung zu Aufgabe 5: Umsatzsteuerkorrekturen

Position	Rechenweg	Betrag	Korrektur der Umsatzsteuer oder der Vorsteuer ?	
			Vorsteuer	Umsatzsteuer
1	4.899,04 € : 98 • 100 = Rechnungsbetrag 4.999,02 € • 2 : 100 = Skonto brutto 99,98 € : 119 • 19	15,96 €		x (Kunde!)
2	450,18 € : 97 • 100 = Rechnungsbetrag 464,10 € • 3 : 100 = Skonto brutto 13,92 € : 119 • 19	2,22 €	x (Zahlung an Lieferant)	
3	Keine Korrektur – hier nur Zahlung, Gutschrift war schon verbucht!	0 €		

4.6 Übersicht

Lösung zu Aufgabe 6: Buchungssätze (ohne Belege)

	Geschäftsfall	Konten	Beträge	
			im Soll	im Haben
a)	Verkauf von Möbeln auf Ziel an Herrn Grasmeier für 2.000,00 € + USt.	2499 5100 4800	2.380,00 €	 2.000,00 € 380,00 €
b)	Herr Grasmeier bringt einen Schrank, netto 800,00 € wegen Schäden zurück. Wir schreiben ihm den Betrag gut und korrigieren dabei die Umsatzsteuer.	5100 4800 2499	800,00 € 152,00 €	 952,00 €
c)	Herr Grasmeier überweist den Rest innerhalb der Skontofrist und zieht 2 % Skonto ab.	2800 5101 4800 2499	1.399,44 € 24,00 € 4,56 €	 1.428,00 €
	Rechnung zu c) Rest-Forderung = 2.380,00 € - 952 € = 1.428 € Bankbetrag = 1.428 € • 98 : 100 Erlösberichtigung gesamt = 1.428 € • 2 : 100 = 28,56 € brutto → netto 28,56 € : 119 • 100 = 24,00 € USt-Korrektur: 24 • 19 : 100 = 4,56 €			
d)	Wir verkaufen auf Ziel an Hubert Joos Möbel für netto 3.000,00 € und gewähren ihm einen Sonderrabatt von 5 % – bitte Umsatzsteuer ergänzen!	2499 5100 4800	3.391,50 €	 2850,00 € 541,50 €
e)	Ein Kunde hat uns nach Abzug von 3 % Skonto für eine offene Rechnung 2.077,74 € überwiesen.	2800 5101 4800 2499	2077,74 € 54,00 € 10,26 €	 2.142,00 €
	Rechnung zu e) Rechnung = 2.077,74 € : 97 • 100 = 2.142,00 € Skonto netto = (2.142,00 € • 3 : 100) : 119 • 100 = 54,00 € USt-Korrektur: 54,00 € • 19 : 100 = 10,26 €			

	Geschäftsfall	Konten	Beträge	
			im Soll	im Haben
f)	Frau Baumann reklamiert einen Kratzer in dem von uns gelieferten Glastisch, Kostenpunkt brutto 714,00 €. Wir einigen uns auf eine Preisminderung von brutto 114,00 € und erstatten den Betrag aus der Kasse.	5101 4800 2880	95,80 € 18,20 €	 114,00 €
g)	Überweisung der Pacht für angemietete Lagerflächen: 480,00 €.	6700 2800	480,00 €	 480,00 €
h)	Verkauf auf Ziel von Möbeln an Herrn Schumm: Warenwert 3.000,00 €, Anlieferung 50,00 €, Umsatzsteuer?	2499 5100 4800	3.629,50 €	 3.050,00 € 579,50 €
i)	Ein Handelsvertreter hat uns seine Provisionsabrechnung geschickt: brutto 1.428,00 €.	6150 2600 4499	1.200,00 € 228,00 €	 1.428,00 €

Lösung zu Aufgabe 7: Diverse Geschäftsfälle und ihre Auswirkung auf die Umsatzsteuer

		Steuersatz	Nettobetrag	Bruttobetrag	Umsatzsteuer
a)	Ausgangsrechnung	19 %	5.430,00 €		**1.031,70 €**
b)	Rücksendung vom Kunden	19 %		675,00 €	**-107,77 €**
c)	Gutschrift an Kunden wegen Fehler	19 %	188,70 €		**-35,85 €**
d)	Rücksendung vom Kunden	19 %	340,00 €		**-64,60 €**
e)	Gutschrift an Kunden wegen Mangel	19 %		225,00 €	**-35,92 €**
f)	Überweisung nach Nutzung von 2 % Skonto	19 %		2.653,00 €	**-8,64 €**
g)	Überweisung nach Nutzung von 2 % Skonto	19 %		1.549,00 €	**-5,05 €**
h)	Ausgangsrechnung	19 %		3.582,00 €	**571,92 €**

S	Umsatzsteuer		H
b)	**-107,77 €**	Rechnung von f	432,23 €
c)	**-35,85 €**	Rechnung von g	252,37 €
d)	**-64,60 €**	**a)**	**1.031,70 €**
e)	**-35,92 €**	**h)**	**571,92 €**
f)	**-8,64 €**		
g)	**-5,05 €**		
Saldo	**2.030,37 €**		
Summe	**2.288,22 €**	Summe	**2.288,22 €**

Saldo des Kontos Umsatzsteuer: 2.030,37 €.

5. Sonstige Zahlungsvorgänge

5.2 Aufgaben zu sonstigen Zahlungsvorgängen

Lösung zu Aufgabe 1: Buchen eines Kontoauszugs mit diversen Geschäftsfällen

Position	Sollkonten		Habenkonten	
1	2800		4250	
2	7020		2800	
3	6830	2600	2800	
4	7030		2800	
5	4800		2800	
6	6050	2600	2800	
7	6920		2800	
8	6900		2800	
9	4250	7510	2800	
10	6750		5710	2800

Lösung zu Aufgabe 2: Buchung der Rechnung einer Zeitung

Position	Sollkonten		Habenkonten	
1	6600	2600	4499	
2	6870	2600	4499	

Lösung zu Aufgabe 3: Buchen eines Taxi-Belegs

Soll						Kontonummern									Haben
6	8	5	0	2	6	1	0	2	8	8	0				

Lösung zu Aufgabe 4: Buchen von Belegen rund um gebrauchte Altmöbel

a)

Soll						Kontonummern									Haben
2	4	0	3					5	1	0	0	4	8	0	0

Soll		Kontonummern					Haben
6	7	3	0	2	8	8	0

b) Eine Gemeinde ist kein Unternehmen, sie berechnet keine Umsatzsteuer (nur Gebühren!), Ihre Belege müssen dem Umsatzsteuergesetz nicht entsprechen.

Lösung zu Aufgabe 5: Buchen der Gebühren des Kontoauszugs

Eilgebühr

Soll		Kontonummern					Haben
6	7	5	0	2	8	0	0

Kartengebühr

Soll		Kontonummern					Haben
6	7	5	0	2	8	0	0

Monatsabschlussgebühr

Soll						Kontonummern									Haben
6	7	5	0	7	5	1	0	2	8	0	0				

6. Buchungen im Anlagenbereich

6.2 Kauf von Anlagegütern

Lösung zu Aufgabe 1: Anschaffungskosten einer Sägemaschine

a)

Konto	Betrag im Soll	Betrag im Haben
4499 Verbindlichkeiten bei sonstigen Lieferanten	101.150,00 €	
2800 Bank		99.127,00 €
0700 Maschinen		1.700,00 €
2600 Vorsteuer		323,00 €

b)

Konto	Betrag im Soll	Betrag im Haben
0700 Maschinen	550,00 €	
2600 Vorsteuer	104,50 €	
4407 Verbindlichkeiten bei Flitz		654,50 €

c) 85.000 € Preis - 1.700 € Skonto + 550 € Anlieferung = 83.850 €

Lösung zu Aufgabe 2: Skonto bei einem Anlagegut

a) 9.329,60 € : 98 • 100 = 9.520,00 €

b)

Soll											Kontonummern												Haben
4	4	9	9									2	8	0	0	0	7	0	0	2	6	0	0

c) 9.520,00 € • 2 : 100 = 190,40 € Skonto gesamt : 119 • 19 = 30,40 €

d) (9.520,00 € brutto - 190,40 € Skonto) : 119 • 100 = 7.840,00 € Anschaffungskosten

6.3 Lineare Abschreibung von Anlagegütern

Lösung zu Aufgabe 3: Abschreibung einer Maschine

a) 48.000 € : 12 Jahre = 4.000 €

b) Minderung des Anlage-Vermögens

c)

Sachverhalt	richtig	falsch
Die Abschreibung ist erfolgsneutral.		x
Die Abschreibung muss für das Jahr 2020 zeitanteilig erfolgen.		x weil Kauf im Januar!
Sie mindert den Gewinn der Möbel-Manufaktur.	x	
Sie steigert das Eigenkapital der Möbel-Manufaktur.		x
Der Buchwert zum 31.12.2020 liegt um 8 ⅓ % unter dem Buchwert vom 31.12.2019		x
Die Abschreibung macht – wie jedes Jahr – ein 1⁄12 der Anschaffungskosten der Maschine aus.	x	

Lösung zu Aufgabe 4: Anlagegüter und Erfolgsauswirkungen

a) 3.500,00 € : 6 Jahre : 12 Monate • 7 Monaten (Juni - Dezember) = 340,28 €

b)

Soll				Kontonummern			Haben
6	5	2	0	0	7	0	0

c) Sie mindert den Gewinn; Abschreibungen sind Aufwendungen!

d) Überschlag:

20 Tage = 3 %
360 Tage = x
x = 54 %

Lösung zu Aufgabe 5: Kauf einer Furniersäge

a)

Konto	Betrag im Soll	Betrag im Haben
0700 Technische Anlagen und Maschinen	1.490,00 €	
2600 Vorsteuer	283,10 €	
4499 Verbindlichkeiten bei sonstigen Lieferanten		1.773,10

b)

Konto	Betrag im Soll	Betrag im Haben
4499 Verbindlichkeiten bei sonstigen Lieferanten	1.773,10	
2800 Bank		1.746,92 €
0700 Technische Anlagen und Maschinen		22,00 €
2600 Vorsteuer		4,18 €

c) 1.490,00 € - 22,00 € Skonto = 1.468,00 €

d) Lieferung im Februar bis Dezember = 11 Monate

e) AK 1.468 € : 6 Jahre Nutzungsdauer : 12 Monate • 11 Monate = 224,28 €

Konto	**Betrag im Soll**	**Betrag im Haben**
6520 Abschreibungen auf Sachanlagen	224,28 €	
0700 Technische Anlagen und Maschinen		224,28 €

f) AK 1.468,00 € : 6 Jahre Nutzungsdauer = 244,67 €

Die Lineare Abschreibung ist außer im ersten und im letzten Jahr immer gleich!

Lösung zu Aufgabe 6: Kauf eines Pkw

a)

Soll					Kontonummern										Haben
0	8	4	0	2	6	0	0	4	4	9	9				

b) Dieser Beleg hat zunächst gar keine Auswirkung auf den Erfolg des Unternehmens, erst mit der Abschreibung tritt eine Minderung des Gewinns ein!

c) Buchung?

Soll		Kontonummern					Haben
0	8	4	0	2	8	8	0

d) 24.600,00 € + 50,00 € = 24.650,00 € : 6 Jahre = 4.108,33 € Abschreibung pro Jahr Lieferung im April = zeitanteilig für 9 Monate = **3.081,25 €**

e)

Soll		Kontonummern					Haben
6	5	2	0	0	8	4	0

Lösung zu Aufgabe 7: Kauf einer Immobilie

a)

Soll					Kontonummern										Haben
0	5	1	0	0	5	3	0	2	8	0	0				

b)

Soll					Kontonummern										Haben
0	5	1	0	0	5	3	0	4	4	9	9				

c)

Wert der Halle	400.000 €
+ anteilige Grunderwerbssteuer	14.000 €
Anschaffungskosten der Halle	414.000 €
3 % Abschreibung pro Jahr	**12.420 €**

Wichtig: Grund und Boden kann nicht abgeschrieben werden, er verliert keinen Wert!

d)
- **für das Grundstück:** inklusive anteiliger Grunderwerbssteuer 621.000 €
- **für die Lagerhalle:** Anschaffungskosten 414.000 - Abschreibung für ½ Jahr 6.210 € = Buchwert 407.790 €.

7. Der Jahresabschluss

7.1 Bilanz, G + V und Anhang

Lösung zu Aufgabe 1: Bilanzgliederung

Bilanzposten	Gliederungsgruppe
Betrieblich genutztes Grundstück	1
Darlehen bei der Sparkasse	3
Bestand an Handelswaren	2
Einrichtung des Büros im Verwaltungsgebäude	1
Bargeld in der Geschäftskasse	2
Forderungen an Kunden	2
betrieblich genutzter Lkw	1
Verbindlichkeiten bei Lieferanten	3
Kundenparkplatz	1
Bankguthaben	2
Steuerschulden	3

Lösung zu Aufgabe 2: Prinzipien der Bilanzgliederung

a) Ja, die Reihenfolge ist vorgeschrieben, im Handelsgesetzbuch (HGB).

b) **Liquiditätsprinzip:** Die Vermögensgegenstände, die sich am schnellsten zu Geld machen lassen durch einen Verkauf (wir werden liquide), stehen in der Bilanz ganz unten.

c) **Fälligkeitsprinzip:** Die Schulden, die wir am schnellsten zurückzahlen müssen, stehen in der Bilanz ganz unten.

Lösung zu Aufgabe 3: Bilanz vervollständigen I

a)

Bilanzlücken	Wert in Euro
Anlagevermögen	200.000,00 €
Summe des Vermögens	600.000,00 €
Fremdkapital	420.000,00 €

b) 66,67 %

c) Die Möbel-Manufaktur liegt mit knapp 67 % über dem Branchendurchschnitt von 60 %. Mögliche Ursachen: Unser Umlaufvermögen ist zu hoch: Wir haben einen zu hohen Warenbestand.

Lösung zu Aufgabe 4: Bilanz vervollständigen II

Bilanzlücken	Wert in Prozent	Wert in Euro
Anlagevermögen	**28 %**	**154.000,00 €**
Umlaufvermögen	**72 %**	396.000,00 €
Summe des Vermögens	**100 %**	**550.000,00 €**
Eigenkapital	30 %	165.000,00 €
Fremdkapital	**70 %**	**385.000,00 €**
Summe des Kapitals	**100 %**	**550.000,00 €**

7.2 Aufbereitete Bilanz

Lösung zu Aufgabe 5: Veränderungen von Bilanz-Kennziffern

a) Der Anteil des Anlagevermögens steigt.

Exkurs:
Das Anlagevermögen in Euro erhöht sich und die Summe des Vermögens auch. Ist die Investition durch Fremdkapital finanziert, so erhöht sich die Bilanzsumme und die Quote des Anlagevermögens.

Ist die Investition durch Bank oder Kasse finanziert, bleibt die Bilanzsumme stabil, aber die Quote des Anlagevermögens steigt.

b) Der Fremdkapitalanteil steigt.

Exkurs:
Das Anlagevermögen erhöht sich und die Summe des Vermögens steigt.

Durch die Aufnahme eines Kredits erhöht sich auch das Fremdkapital und damit auch die Summe des Kapitals.

Lösung zu Aufgabe 6: Kennziffern im Vergleich

Die Möbel-Manufaktur hat eine höhere Quote als der Branchendurchschnitt.

Mögliche Ursachen:

- überdurchschnittliche Investitionen in Grundstücke, Gebäude, Fuhrpark oder Technische Anlagen und Maschinen.
- Sehr niedriges Umlaufvermögen z. B. durch Abbau des Lagers.

Lösung zu Aufgabe 7: Auswirkungen eines Immobilienkaufs auf die Bilanz-Kennziffern

a) Die Formel lautet:

$$\text{Liquidität 1. Grades} = \frac{\text{(Bank und Kasse)}}{\text{kurzfristige Verbindlichkeiten}} \cdot 100$$

Durch die Überweisung per Bank wird die Bank weniger. Dadurch sinkt die Liquidität.

b)

AKTIVA	Bilanz zum ... der Münchner Möbel-Manufaktur		PASSIVA
Anlagevermögen	220.000 €	Eigenkapital	170.000 €
Umlaufvermögen	350.000 €	Fremdkapital	400.000 €
Summe des Vermögens	570.000 €	Summe des Kapitals	570.000 €

c) Die Quote des Anlagevermögens steigt von 29,8 % auf 38,6 %.

Die Quote des Umlaufvermögens sinkt von 70,2 % auf 61,4 %.

d) Nein, es gibt keine Änderung auf der Passivseite der Bilanz.

Grund: Der Kauf des Grundstücks per Bank ist ein Aktivtausch.

e) Der Grundstückskauf hat keine Auswirkung auf das Ergebnis (Gewinn bzw. Verlust), denn es sind nur Bestandskonten betroffen, keine Erfolgskosten, weil Grundstücke nicht abgeschrieben werden.

7.3 Analyse mittels Kennziffern – Beurteilung

Lösung zu Aufgabe 8: Formeln von Kennziffern erkennen

Begriff	Formel
Liquidität 1. Grades	$\frac{\text{(Bank und Kasse)}}{\text{kurzfristige Verbindlichkeiten}} \cdot 100$
Eigenkapital-Quote	$\frac{\text{Eigenkapital}}{\text{Gesamtkapital}} \cdot 100$
Fremdkapital-Quote	$\frac{\text{Fremdkapital}}{\text{Gesamtkapital}} \cdot 100$
Wirtschaftlichkeit	$\frac{\text{Ertrag}}{\text{Aufwand}}$

B. Kosten- und Leistungsrechnung

1. Grundlagen und Begriffe der Kosten- und Leistungsrechnung (KLR)

1.2 Definitionen in der Kosten- und Leistungsrechnung

Wichtig: In den Lösungshinweisen der Berechnungen können Rundungsfehler auftreten.

Lösung zu Aufgabe 1: Definition von Aufwendungen

- **Periodenfremde Aufwendungen** sind Aufwendungen, die zwar im aktuellen Monat gebucht und bezahlt wurden, aber in einem anderen Monat (früher oder später) verursacht wurden.

  Beispiel

  - Nachzahlungen für Gehälter
  - Nachzahlungen für Löhne
  - Nachzahlungen betrieblicher Steuern
  - Nachzahlungen für Stromverbrauch
  - Vorauszahlungen von Gehältern
  - Vorauszahlungen von Löhnen
  - Vorauszahlungen der Grund- oder Gewerbesteuer
  - etc.

- **Betriebsfremde Aufwendungen** sind Aufwendungen, die in der Buchhaltung gebucht wurden, denn die Bezahlung lief über das Geschäftskonto. Der Geschäftsfall hat aber keinerlei Bezug zum Kerngeschäft des Unternehmens.

  Beispiel

  - Verluste durch Verkauf von Aktien
  - Spenden
  - Hausmeisterentlohnung für Versorgung der Werkswohnungen
  - Grundsteuer für Werkswohnungen
  - etc.

- **Außerordentliche Aufwendungen** sind Aufwendungen, die zwar einen betrieblichen Hintergrund haben, aber in ihrem Auftreten selten oder außergewöhnlich hoch sind.

Beispiel

- Schadensfälle durch Diebstahl
- Schadensfälle durch Brand
- Hochwasser oder Sturm
- Schadensfälle durch Unfälle
- Verkauf von Anlagevermögen unter Buchwert
- etc.

ACHTUNG

Falle:

- Zins- und Miet**aufwendungen** sind betriebliche Kosten.
- Zins- und Miet**erträge** sind betriebsfremd, da sie nicht zum Kerngeschäft gehören.

Lösung zu Aufgabe 2: Definition von Kosten

- **Grundkosten** sind Kosten, die identisch mit den betrieblichen Aufwendungen der Finanzbuchhaltung sind (gleicher Begriff, gleicher Betrag).

Beispiel

- Gehälter
- Löhne
- Stromverbrauch
- Büromaterial
- Kommunikation
- Versicherungen
- Fremdinstandhaltung
- soziale Abgaben
- etc.

- **Anderskosten** sind Kosten, die zwar in der Gewinn- und Verlustrechnung der Buchhaltung enthalten sind, aber mit einem **anderen** Betrag in die Kosten- und Leistungsrechnung übernommen werden (aufwandsungleiche Kosten). Die Kosten (Eurobeträge) werden neu berechnet (neu kalkuliert). Daher nennt man die Anderskosten auch kalkulatorische Kosten.

Beispiel

- Kalkulatorische Abschreibung (statt bilanzieller Abschreibung in der G + V)
- kalkulatorische Zinsen (statt Zinsaufwendungen in der G + V).

- **Zusatzkosten** sind Kosten, die nicht in der Gewinn- und Verlustrechnung stehen, sondern nur **zusätzlich** in die Kosten- und Leistungsrechnung aufgenommen werden (aufwandslose Kosten). Auch diese Kosten (Eurobeträge) werden neu berechnet. Daher zählen auch die Zusatzkosten zu den kalkulatorischen Kosten.

Beispiel

- Kalkulatorischer Unternehmerlohn
- kalkulatorische Miete.

- **Kalkulatorische Kosten** sind Kosten, die anders oder zusätzlich kalkuliert (berechnet) werden.

Beispiel

- Anderskosten
- Zusatzkosten.

Lösung zu Aufgabe 3: Zuordnung von Fachbegriffen

		Aufwand	Ertrag	betrieblich	neutral	periodenfremd	betriebsfremd	außerordentlich
1	Eingangsrechnung für Hilfsstoffe	x		x				
2	Überweisung der Gehälter an die Angestellten	x		x				
3	Grundsteuer für die Werkswohnungen	x			x		x	
4	Reisekostenabrechnung eines angestellten Verkäufers	x		x				
5	Totalschaden an einem Dienstwagen	x			x			x
6	Erträge aus dem Verkauf von Aktien		x		x		x	
7	Stromverbrauch für die Produktion	x		x				
8	Zinserträge		x		x		x	
9	Lohnfortzahlung für erkrankte Mitarbeiter	x		x				
10	Jahresbeitrag für die Handwerkskammer	x		x				
11	Kfz-Steuer für die Dienstwagen	x		x				
12	Gewerbesteuerzahlung	x		x				
13	Inventurverluste an Rohstoffen	x			x			x
14	Nachzahlung für Strom	x			x	x		
15	Verkauf eines Dienstwagens über Buchwert		x		x			x
16	Miete für eine gemietete Lagerhalle	x		x				
17	Verkauf von Wohnmöbeln an unsere Kunden		x	x				
18	Nachzahlung von Löhnen durch Überstunden	x			x	x		
19	Zinsaufwendungen für ein Darlehen für eine Maschine	x		x				
20	Erträge aus Vermietung		x		x		x	
21	Abschreibung der Dienstwagen	x		x				

Lösung zu Aufgabe 4: Unterscheidung Aufwand und Kosten

		Aufwand	Kosten
1	Abschreibungen auf Sachanlagen	x	x
2	Steuernachzahlungen	x	
3	Fremdinstandhaltung	x	x
4	Schadensfall	x	
5	Zinsaufwendungen	x	x
6	Soziale Abgaben	x	x
7	Verkauf von EDV-Ausstattung unter Buchwert	x	
8	Miete für das Verwaltungsgebäude	x	x
9	Gehaltsnachzahlungen an die Angestellten	x	
10	Zahlung des 13. Gehalts an die Mitarbeiter	x	
11	Versicherungsbeiträge	x	x
12	Büromaterial	x	x
13	Spenden	x	
14	Verbrauch von Rohstoffen	x	x

1.3 Die Ergebnistabelle

Lösung zu Aufgabe 5: Zuordnung der Aufwendungen, Erträge, Kosten und Leistungen

a) Verluste aus dem Verkauf von Anlagevermögen unter Buchwert sind neutrale Aufwendungen (außergewöhnlich):

Rechnungskreis I			Rechnungskreis II					
	Finanzbuchhaltung		Abgrenzungsrechnung				Kosten- und Leistungsrechnung	
			unternehmensbezogene Abgrenzung		kostenrechnerische Abgrenzung			
Begriff	**Aufwendungen**	**Erträge**	**Aufwendungen**	**Erträge**	**Betriebliche Aufwendungen**	**Verrechnete kalk. Kosten**	**Kosten**	**Leistungen**
Verluste aus dem Verkauf von Anlagevermögen unter Buchwert	1.900 €		1.900 €					

b) Zinserträge sind neutrale Erträge (betriebsfremd):

Rechnungskreis I			Rechnungskreis II					
	Finanzbuchhaltung		Abgrenzungsrechnung				Kosten- und Leistungsrechnung	
			unternehmensbezogene Abgrenzung		kostenrechnerische Abgrenzung			
Begriff	**Aufwendungen**	**Erträge**	**Aufwendungen**	**Erträge**	**Betriebliche Aufwendungen**	**Verrechnete kalk. Kosten**	**Kosten**	**Leistungen**
Zinserträge		8.500 €		8.500 €				

c) Nachzahlungen sind neutral (periodenfremd). Die verbleibenden Gehälter sind betrieblich und daher Kosten (46.700 € - 9.500 € = 37.200 €):

Rechnungskreis I			Rechnungskreis II					
	Finanzbuchhaltung		**Abgrenzungsrechnung**				**Kosten- und Leistungsrechnung**	
			unternehmensbezogene Abgrenzung		kostenrechnerische Abgrenzung			
Begriff	**Aufwendungen**	**Erträge**	**Aufwendungen**	**Erträge**	**Betriebliche Aufwendungen**	**Verrechnete kalk. Kosten**	**Kosten**	**Leistungen**
Gehälter	46.700 €		9.500 €				37.200 €	

d) Die Grundsteuer für das vermietete Gebäude ist neutral (betriebsfremd). Die restlichen Steuern sind betrieblich und daher Kosten (18.400 € - 2.300 € = 16.100 €):

Rechnungskreis I			Rechnungskreis II					
	Finanzbuchhaltung		**Abgrenzungsrechnung**				**Kosten- und Leistungsrechnung**	
			unternehmensbezogene Abgrenzung		kostenrechnerische Abgrenzung			
Begriff	**Aufwendungen**	**Erträge**	**Aufwendungen**	**Erträge**	**Betriebliche Aufwendungen**	**Verrechnete kalk. Kosten**	**Kosten**	**Leistungen**
Betriebliche Steuern	18.400 €		2.300 €				16.100 €	

e) Das Büromaterial sind betriebliche Aufwendungen und daher Kosten (Grundkosten):

Rechnungskreis I			Rechnungskreis II					
	Finanzbuchhaltung		**Abgrenzungsrechnung**				**Kosten- und Leistungsrechnung**	
			unternehmensbezogene Abgrenzung		kostenrechnerische Abgrenzung			
Begriff	**Aufwendungen**	**Erträge**	**Aufwendungen**	**Erträge**	**Betriebliche Aufwendungen**	**Verrechnete kalk. Kosten**	**Kosten**	**Leistungen**
Büromaterial	1.300 €						1.300 €	

f) Umsatzerlöse sind betriebliche Erträge und daher Leistungen:

Rechnungskreis I			Rechnungskreis II					
	Finanzbuchhaltung		**Abgrenzungsrechnung**				**Kosten- und Leistungsrechnung**	
			unternehmensbezogene Abgrenzung		kostenrechnerische Abgrenzung			
Begriff	**Aufwendungen**	**Erträge**	**Aufwendungen**	**Erträge**	**Betriebliche Aufwendungen**	**Verrechnete kalk. Kosten**	**Kosten**	**Leistungen**
Umsatzerlöse		344.200 €						344.200 €

g) Die kalkulatorische Miete sind Zusatzkosten ($1.820,00\ m^2 \cdot 8,50\ €/m^2 = 15.470,00\ €$)
Es steht daher kein Betrag in der Finanzbuchhaltung:

Rechnungskreis I			Rechnungskreis II					
	Finanzbuchhaltung		**Abgrenzungsrechnung**				**Kosten- und Leistungsrechnung**	
			unternehmensbezogene Abgrenzung		kostenrechnerische Abgrenzung			
Begriff	**Aufwendungen**	**Erträge**	**Aufwendungen**	**Erträge**	**Betriebliche Aufwendungen**	**Verrechnete kalk. Kosten**	**Kosten**	**Leistungen**
Kalkulatorische Miete						15.470 €	15.470 €	

h) Der kalkulatorische Unternehmerlohn wird für einen Monat berechnet (24.000 € : 3 = 8.000 €). Es handelt sich um Zusatzkosten. Daher steht kein Betrag in der Finanzbuchhaltung:

Rechnungskreis I			Rechnungskreis II					
	Finanzbuchhaltung		**Abgrenzungsrechnung**				**Kosten- und Leistungsrechnung**	
			unternehmensbezogene Abgrenzung		kostenrechnerische Abgrenzung			
Begriff	**Aufwendungen**	**Erträge**	**Aufwendungen**	**Erträge**	**Betriebliche Aufwendungen**	**Verrechnete kalk. Kosten**	**Kosten**	**Leistungen**
Kalkulatorischer Unternehmerlohn						8.000 €	8.000 €	

i) Die Zinsaufwendungen werden neu berechnet und werden somit zu kalkulatorischen Kosten und sind daher Anderskosten:

Rechnungskreis I			Rechnungskreis II					
	Finanzbuchhaltung		**Abgrenzungsrechnung**				**Kosten- und Leistungsrechnung**	
			unternehmensbezogene Abgrenzung		kostenrechnerische Abgrenzung			
Begriff	**Aufwendungen**	**Erträge**	**Aufwendungen**	**Erträge**	**Betriebliche Aufwendungen**	**Verrechnete kalk. Kosten**	**Kosten**	**Leistungen**
Zinsaufwendungen	3.800 €				3.800 €	5.400 €	5.400 €	

j) Die Abschreibungen werden zu kalkulatorischen Abschreibungen und sind daher Anderskosten. Die Abschreibung für das vermietete Gebäude ist neutral (betriebsfremd) und wird daher abgezogen (56.400 € - 8.200 € = 48.200 €):

Rechnungskreis I			Rechnungskreis II					
	Finanzbuchhaltung		**Abgrenzungsrechnung**				**Kosten- und Leistungsrechnung**	
			unternehmensbezogene Abgrenzung		kostenrechnerische Abgrenzung			
Begriff	**Aufwendungen**	**Erträge**	**Aufwendungen**	**Erträge**	**Betriebliche Aufwendungen**	**Verrechnete kalk. Kosten**	**Kosten**	**Leistungen**
Abschreibung auf Sachanlagen	56.400 €		8.200 €		48.200 €	62.700 €	62.700 €	

Lösung zu Aufgabe 6: Gesamt- und Betriebsergebnis berechnen und interpretieren

a)

Rechnungskreis I			Rechnungskreis II					
	Finanzbuchhaltung		**Abgrenzungsrechnung**				**Kosten- und Leistungsrechnung**	
			unternehmensbezogene Abgrenzung		kostenrechnerische Abgrenzung			
Begriff	**Aufwendungen**	**Erträge**	**Aufwendungen**	**Erträge**	**Betriebliche Aufwendungen**	**Verrechnete kalk. Kosten**	**Kosten**	**Leistungen**
...	...	...	...	...	...	...	...	...
...	...	...	...	...	...	...	...	...
...	...	...	...	...	...	...	...	...
Ergebnisermittlung	267.200 €	391.500 €	181.800 €	14.600 €	102.700 €	163.900 €	293.200 €	523.500 €
	124.300 €			**167.200 €**	**61.200 €**		**230.300 €**	
	391.500 €	391.500 €	181.800 €	181.800 €	163.900 €	163.900 €	523.500 €	523.500 €
	Gesamtergebnis		-106.000 €				**Betriebsergebnis**	
			Neutrales Ergebnis					

Gesamtergebnis:
124.300 € (Gewinn)

Betriebsergebnis:
230.300 € (Gewinn)

Berechnungen:
Neutrales Ergebnis = - 167.200 € + 61.200 € = - 106.000 €

Interpretation:
Das Gesamtergebnis beträgt 124.300 € und ist ein Gewinn, das Betriebsergebnis ist 230.300 € und ist ebenfalls ein Gewinn.

Der Betriebsgewinn ist knapp doppelt so hoch wie der Gesamtgewinn. Damit erzielt unsere Münchner Möbel-Manufaktur einen sehr hohen Gewinn aus seinem Kerngeschäft (Unternehmenszweck). Ein Teil davon musste allerdings zur Deckung des neutralen Verlusts verwendet werden, dennoch blieb noch ein Gewinn von 124.300 € übrig. Das ist ein gutes Ergebnis.

b)

Rechnungskreis I			Rechnungskreis II					
	Finanzbuchhaltung		**Abgrenzungsrechnung**				**Kosten- und Leistungsrechnung**	
			unternehmensbezogene Abgrenzung		kostenrechnerische Abgrenzung			
Begriff	**Aufwendungen**	**Erträge**	**Aufwendungen**	**Erträge**	**Betriebliche Aufwendungen**	**Verrechnete kalk. Kosten**	**Kosten**	**Leistungen**
...	...	...	...	...	...	...	...	...
...	...	...	...	...	...	...	...	...
...	...	...	...	...	...	...	...	...
Ergebnisermittlung	522.100 €	439.500 €	61.700 €	23.400 €	261.300 €	154.600 €	323.700 €	386.100 €
		82.600 €		**38.300 €**		**106.700 €**	**62.400 €**	
	522.100 €	522.100 €	61.700 €	61.700 €	261.300 €	261.300 €	386.100 €	386.100 €
	Gesamtergebnis		-145.000 €				**Betriebsergebnis**	
			Neutrales Ergebnis					

Gesamtergebnis:
- 82.600 € (Verlust)

Betriebsergebnis:
62.400 € (Gewinn)

Berechnungen:
Neutrales Ergebnis = - 38.300 € + (- 106.700 €) = - 145.000 €

Interpretation:
Das Gesamtergebnis beträgt - 82.600 € und ist ein Verlust, das Betriebsergebnis ist 62.400 € und ist ein Gewinn.

Die Münchner Möbel-Manufaktur erzielt insgesamt einen Verlust, allerdings mit seinem Kerngeschäft (Unternehmenszweck) einen Gewinn. Das Kernergebnis ist gut, geht aber im neutralen Bereich unter. Unser Unternehmen sollte sich langfristig auf das Kerngeschäft konzentrieren. Die Münchner Möbel-Manufaktur hat einen zu hohen neutralen Verlust.

c)

Rechnungskreis I			Rechnungskreis II					
	Finanzbuchhaltung		Abgrenzungsrechnung				Kosten- und Leistungsrechnung	
			unternehmensbezogene Abgrenzung		kostenrechnerische Abgrenzung			
Begriff	**Aufwendungen**	**Erträge**	**Aufwendungen**	**Erträge**	**Betriebliche Aufwendungen**	**Verrechnete kalk. Kosten**	**Kosten**	**Leistungen**
...	...	...	...	...	...	...	...	...
...	...	...	...	...	...	...	...	...
...	...	...	...	...	...	...	...	...
Ergebnisermittlung	410.600 €	473.500 €	33.500 €	86.100 €	14.700 €	49.800 €	254.700 €	229.900 €
	62.900 €		**52.600 €**		**35.100 €**			**24.800 €**
	473.500 €	473.500 €	86.100 €	86.100 €	49.800 €	49.800 €	254.700 €	254.700 €
	Gesamtergebnis		87.700 € **Neutrales Ergebnis**				**Betriebsergebnis**	

Gesamtergebnis:
62.900 € (Gewinn)

Betriebsergebnis:
- 24.800 € (Verlust)

Berechnungen:
Neutrales Ergebnis = 52.600 € + 35.100 € = 87.700 €

Interpretation:
Das Gesamtergebnis beträgt 62.900 € und ist ein Gewinn, das Betriebsergebnis ist - 24.800 € und ein Verlust.

Die Münchner Möbel-Manufaktur erzielt mit seinem Kerngeschäft (Unternehmenszweck) einen Verlust. Das ist schlecht und führt auf Dauer in den Konkurs. Der neutrale Gewinn ist viel interessanter (vielleicht gute Mieteinnahmen?), da er zur Deckung des Betriebsverlustes verwendet wird. Eventuell langfristig besser Konzentration auf das neutrale Geschäft?

2. Vollkostenrechnung

Wichtig: In den Lösungshinweisen der Berechnungen können Rundungsfehler auftreten.

2.2 Aufgaben zu Definitionen der Kostenbegriffe

Lösung zu Aufgabe 1: Definitionen Kosten und Leistungen

Kosten sind der Wert (Eurobetrag) aller Güter und Dienstleistungen, die von uns in einer Periode (i. d. R. in einem Monat) im Rahmen des Betriebszwecks (= Kerngeschäft) verbraucht wurden.

Leistungen sind der Wert (Eurobetrag) aller Güter und Dienstleistungen, die von uns in einer Periode (i. d. R. in einem Monat) im Rahmen des Betriebszwecks (= Kerngeschäft) erstellt wurden.

Lösung zu Aufgabe 2: Definitionen Einzel- und Gemeinkosten

Einzelkosten sind Kosten, die einzeln (= direkt) auf ein einzelnes Produkt zugeordnet werden können.

Beispiel

- Fertigungsmaterial (Holz für einen Gartentisch)
- Fertigungslöhne (Lohn für das Lackieren der Holzteile).

Gemeinkosten sind Kosten, die gemeinsam für mehrere verschiedene Produkte anfallen und nicht (sinnvoll) einem einzelnen Produkt zuordnet werden können.

Beispiel

- Gehalt für den Abteilungsleiter der Personalabteilung
- Stromkosten für die gesamte Produktion
- Kfz-Steuer für die Dienstwagen
- Abschreibung für das Verwaltungsgebäude
- Verbrauch von Büromaterial
- Miete für eine Lagerhalle
- etc.

Lösung zu Aufgabe 3: Zuordnung von Einzel- und Gemeinkosten

Kostenbegriff	Einzelkosten	Gemeinkosten
Gehälter		x
Fertigungslöhne	x	
Stromverbrauch in der Produktion		x
Büromaterial		x
Hilfsstoffe		x
Reparaturkosten für einen Kopierer		x
Fertigungsmaterial	x	
Miete für das Verwaltungsgebäude		x
Telefonkosten		x
Kosten für Zinszahlungen		x
Hilfslöhne		x
Betriebliche Steuern		x
Abschreibung der Dienstwagen		x
Versicherungen		x
Rohstoffverbrauch	x	

Wichtig: Genau genommen sind Hilfsstoffe auch Einzelkosten. Da aber die Zurechnung zu aufwendig ist, werden sie als Gemeinkosten behandelt.

MERKE

Nur Fertigungsmaterial und Fertigungslöhne sind Einzelkosten. Alle anderen Kosten sind Gemeinkosten.

2.3 Aufgaben zum Betriebsabrechnungsbogen BAB: Zuordnung der Gemeinkosten auf die Kostenstellen

Lösung zu Aufgabe 4: Hauptaufgaben des BAB

Die zwei Hauptaufgaben des Betriebsabrechnungsbogens (BAB) sind:

- Verursachungsgerechte Verteilung der Gemeinkosten auf die Kostenstellen: Die Gemeinkosten werden verursachungsgerecht gerecht denjenigen Kostenstellen zugeordnet, in denen sie angefallen sind. Diese gerechte Aufteilung erfolgt z. B. über Quadratmeter, über Zähler oder über Belege etc.
- Ermittlung der Zuschlagssätze für die Gemeinkosten jeder Kostenstelle (zur Berechnung der Selbstkosten).

Lösung zu Aufgabe 5: Verteilung der Gemeinkosten im BAB

a) **Summe aller Anteile:** 3 + 10 + 5 + 2 = 20

Verteilung der Gemeinkosten der „kalkulatorischen Zinsen“:

Material: $15.000\,€ \cdot \frac{3}{20} = 2.250\,€$

Fertigung: $15.000\,€ \cdot \frac{10}{20} = 7.500\,€$

Verwaltung: $15.000\,€ \cdot \frac{5}{20} = 3.750\,€$

Vertrieb: $15.000\,€ \cdot \frac{2}{20} = 1.500\,€$

	Gesamtkosten	Material	Fertigung	Verwaltung	Vertrieb
kalk. Zinsen	15.000,00 €	2.250,00 €	7.500,00 €	3.750,00 €	1.500,00 €

b) **Summe aller Quadratmeter:** $500\text{ m}^2 + 2.000\text{ m}^2 + 750\text{ m}^2 + 250\text{ m}^2 = 3.500\text{ m}^2$

Verteilung der Gemeinkosten der „Mietkosten“:

Material: $28.350\,€ \cdot \frac{500\text{ m}^2}{3.500\text{ m}^2} = 4.050\,€$

Fertigung: $28.350\,€ \cdot \frac{2.000\text{ m}^2}{3.500\text{ m}^2} = 16.200\,€$

Verwaltung: $28.350\,€ \cdot \frac{750\text{ m}^2}{3.500\text{ m}^2} = 6.075\,€$

Vertrieb: $28.350\,€ \cdot \frac{250\text{ m}^2}{3.500\text{ m}^2} = 2.025\,€$

	Gesamtkosten	Material	Fertigung	Verwaltung	Vertrieb
Mietkosten	28.350,00 €	4.050,00 €	16.200,00 €	6.075,00 €	2.025,00 €

c) **Summe aller Anlagenwerte:** 270.000 € + 1.180.000 € + 420.000 € + 130.000 € = 2.000.000 €.

Verteilung der Gemeinkosten der „kalkulatorischen Abschreibung“:

Material: $64.000\,€ \cdot \frac{270.000\,€}{2.000.000\,€} = 8.640\,€$

Fertigung: $64.000\,€ \cdot \frac{1.180.000\,€}{2.000.000\,€} = 37.760\,€$

Verwaltung: $64.000\,€ \cdot \frac{420.000\,€}{2.000.000\,€} = 13.440\,€$

Vertrieb: $64.000\,€ \cdot \frac{130.000\,€}{2.000.000\,€} = 4.160\,€$

	Gesamtkosten	Material	Fertigung	Verwaltung	Vertrieb
kalk. Abschreibung	64.000,00 €	8.640,00 €	37.760,00 €	13.440,00 €	4.160,00 €

2.4 Berechnung der Zuschlagssätze (ohne Bestandsveränderungen)

Lösung zu Aufgabe 6: Berechnung der Zuschlagssätze im BAB

	Kostenstellen			
Gemeinkosten	**Material**	**Fertigung**	**Verwaltung**	**Vertrieb**
...	...	...	...	...
...	...	...	...	...
Summe Gemeinkosten	16.500,00 €	180.000,00 €	27.000,00 €	42.000,00 €
Zuschlagsgrundlage	132.000,00 €	195.350,00 €	**523.850,00 €**	**523.850,00 €**
Zuschlagssätze	**12,50 %**	**92,14 %**	**5,15 %**	**8,02 %**

Die Berechnung der Herstellkosten und der Selbstkosten:

	Fertigungsmaterial	132.000,00 €
+	Materialgemeinkosten	16.500,00 €
=	Materialkosten	148.500,00 €
	Fertigungslöhne	195.350,00 €
+	Fertigungsgemeinkosten	180.000,00 €
=	Fertigungskosten	375.350,00 €
=	**Herstellkosten des Umsatzes**	**523.850,00 €**
+	Verwaltungsgemeinkosten	27.000,00 €
+	Vertriebsgemeinkosten	42.000,00 €
=	**Selbstkosten**	**592.850,00 €**

Die Berechnung der vier Zuschlagssätze:

$$\text{Materialzuschlagssatz in Prozent} = \frac{\text{Materialgemeinkosten}}{\text{Fertigungsmaterial}} \cdot 100$$

$$= \frac{16.500\ €}{132.000\ €} \cdot 100 = 12{,}50\ \%$$

$$\text{Fertigungszuschlagssatz in Prozent} = \frac{\text{Fertigungsgemeinkosten}}{\text{Fertigungslöhne}} \cdot 100$$

$$= \frac{180.000\ €}{195.350\ €} \cdot 100 = 92{,}14\ \%$$

$$\text{Verwaltungszuschlagssatz in Prozent} = \frac{\text{Verwaltungsgemeinkosten}}{\text{Herstellkosten des Umsatzes}} \cdot 100$$

$$= \frac{27.000\ €}{523.850\ €} \cdot 100 = 5{,}15\ \%$$

$$\text{Vertriebszuschlagssatz in Prozent} = \frac{\text{Vertriebsgemeinkosten}}{\text{Herstellkosten des Umsatzes}} \cdot 100$$

$$= \frac{42.000\ €}{523.850\ €} \cdot 100 = 8{,}02\ \%$$

Lösung zu Aufgabe 7: Berechnung der Selbstkosten im Kostenträgerblatt

Die Selbstkosten pro Kleiderschrank betragen 395,45 €:

		Prozent	Euro
	Fertigungsmaterial		95,00
+	Materialgemeinkosten	9,4	8,93
=	Materialkosten		103,93
	Fertigungslöhne		136,00
+	Fertigungsgemeinkosten	87,2	118,59
=	Fertigungskosten		254,59
=	Herstellkosten des Umsatzes		358,52
+	Verwaltungsgemeinkosten	8,2	29,40
+	Vertriebsgemeinkosten	2,1	7,53
=	**Selbstkosten**		**395,45**

Rechenwege:
95 € • 9,4 : 100
95 € + 8,93 €
136 € • 87,2 : 100
136 € + 118,59 €
103,93 € + 254,59 €
358,52 € • 8,2 : 100
358,52 € • 2,1 : 100
358,52 € + 29,40 € + 7,53 €

2.5 Bestandsveränderungen

Lösung zu Aufgabe 8: Ermittlung von Bestandsveränderungen

a) Bei den Schubladen aus Kiefernholz liegt eine **Bestandsmehrung** von 6.570 € vor, da der Bestand im Lager mehr wird (17.920 € - 11.350 € = + 6.570 €).

b) Bei den Schubladen aus Buchenholz liegt eine **Bestandsminderung** von 7.680 € vor, da sich der Bestand im Lager mindert (10.780 € - 18.460 € = - 7.680 €).

Lösung zu Aufgabe 9: Berechnung der Selbstkosten mit Bestandsveränderungen

Die Selbstkosten je Schlafsofa betragen 919,26 €:

		Prozent	Euro	Rechenwege:
	Fertigungsmaterial		280,00	
+	Materialgemeinkosten	9,80	27,44	280 € • 9,8 : 100
=	Materialkosten		307,44	280 € + 27,44 €
	Fertigungslöhne		435,00	
+	Fertigungsgemeinkosten	105	456,75	435 € • 105 : 100
=	Fertigungskosten		891,75	435 € + 456,75 €
=	Herstellkosten der Erzeugung		1.199,19	307,44 € + 891,75 €
+	Bestandsminderung		0,00	
-	Bestandsmehrung		374,00	
=	Herstellkosten des Umsatzes		825,19	1.199,19 € - 374 €
+	Verwaltungsgemeinkosten	4,75	39,20	825,19 € • 4,75 : 100
+	Vertriebsgemeinkosten	6,65	54,88	825,19 € • 6,65 : 100
=	**Selbstkosten**		**919,26**	825,19 € + 39,20 € + 54,88 €

2.6 Rückwärtsberechnung

Lösung zu Aufgabe 10: Aufteilung von Material- und Fertigungskosten

a)

		Prozent	Euro	Rechenwege:
	Fertigungsmaterial	**100**	**2.450,00**	2.731,75 € - 281,75 €
+	Materialgemeinkosten	11,5	281,75	2.731,75 € • 11,5 : 111,5
=	Materialkosten	**111,5**	2.731,75	

b)

		Prozent	Euro	Rechenwege:
	Fertigungslöhne	**100**	**250,82**	214,95 € • 100 : 85,7
+	Fertigungsgemeinkosten	85,7	214,95	

Lösung zu Aufgabe 11: Von den Selbstkosten zurück zu den Materialkosten

Das Fertigungsmaterial beträgt 1.892,60 €.

Rechenwege:

- **Schritt 1:** Berechnung der Verwaltungs- und Vertriebsgemeinkosten (1.159,69 €)
- **Schritt 2:** Berechnung der Herstellkosten des Umsatzes (8.590,31 €)
- **Schritt 3:** Berechnung der Fertigungsgemeinkosten (3.691,50 €)
- **Schritt 4:** Berechnung der Fertigungskosten (6.366,50 €)
- **Schritt 5:** Berechnung der Materialkosten als Differenz der Herstellkosten des Umsatzes und der Fertigungskosten (2.223,81 €)
- **Schritt 6:** Berechnung der Materialgemeinkosten (331,21 €)
- **Schritt 7:** Berechnung des Fertigungsmaterials (1.892,60 €).

Alternativ kann in Schritt 6 direkt das Fertigungsmaterial berechnet werden mit 2.223,81 € • 100 : 117,5.

		Prozent	Euro	Rechenwege:
	Fertigungsmaterial	**100**	**1.892,60**	2.223,81 € - 331,21 €
+	Materialgemeinkosten	17,5	331,21	2.223,81 € • 17,5 : 117,5
=	Materialkosten	**117,5**	2.223,81	8.590,31 € - 6.366,50 €
	Fertigungslöhne	**100**	2.675,00	
+	Fertigungsgemeinkosten	138	3.691,50	2.675 € • 138 : 100
=	Fertigungskosten	**238**	6.366,50	2.675 € + 3.691,50 €
=	Herstellkosten des Umsatzes	**100**	8.590,31	9.750 € - 1.159,69 €
+	Verwaltungsgemeinkosten	13,5	1.159,69	9.750 € • 13,5 : 113,5
+	Vertriebsgemeinkosten			
=	Selbstkosten	**113,5**	**9.750,00**	

Lösung zu Aufgabe 12: Differenzrechnung

Der Fertigungszuschlagssatz darf maximal 26,06 % betragen.

Rechenwege:

- **Schritt 1:** Berechnung der Herstellkosten des Umsatzes (42,66 €). Beachten Sie, dass die Selbstkosten 109 % sind (100 % + 5,8 % + 3,2 %). Die Herstellkosten des Umsatzes betragen daher 46,50 € • 100 : 109 = 42,66 €. Die Ergebnisse für die Verwaltungs- und Vertriebsgemeinkosten wurden der Vollständigkeit halber ergänzt.

- **Schritt 2:** Berechnung der Materialkosten (15,18 €). Dazu werden die Materialgemeinkosten (14,20 € • 6,9 : 100 = 0,98 €) zum Fertigungsmaterial (14,20 €) addiert.
- **Schritt 3:** Berechnung der Fertigungskosten (27,48 €): Da die Herstellkosten des Umsatzes (42,66 €) die Summe aus den Materialkosten (15,18 €) und den Fertigungskosten sind, ergeben sich 27,48 € für die Fertigungskosten.
- **Schritt 4:** Berechnung der Fertigungsgemeinkosten in Euro (5,68 €) als Differenz zwischen den Fertigungskosten (27,48 €) und den Fertigungslöhnen (21,80 €).
- **Schritt 5:** Der Fertigungszuschlagssatz wird über die bekannte Formel:

$$\frac{\text{Fertigungsgemeinkosten}}{\text{Fertigungslöhne}} \cdot 100$$

berechnet. Es ergibt sich über

$$\frac{5{,}68\ €}{21{,}80\ €} \cdot 100$$

ein Zuschlagssatz von 26,06 %.

		Prozent	Euro
	Fertigungsmaterial		14,20
+	Materialgemeinkosten	6,90	0,98
=	Materialkosten		15,18
	Fertigungslöhne		21,80
+	Fertigungsgemeinkosten	**26,06**	5,68
=	Fertigungskosten		27,48
=	Herstellkosten des Umsatzes		42,66
+	Verwaltungsgemeinkosten	5,80	2,47
+	Vertriebsgemeinkosten	3,20	1,37
=	Selbstkosten		46,50

INFO

Die Angabe des Verkaufspreises von 59,90 € spielt für die Lösung dieser Aufgabe keine Rolle. Auch in der Prüfung kann es sein, dass Sie Angaben erhalten, die für den Lösungsweg unwichtig sind.

Lösung zu Aufgabe 13: Kostendifferenzen im BAB I

	Kostenstellen			
	Material	**Fertigung**	**Verwaltung**	**Vertrieb**
Gemeinkosten	...	...	...	...
Gemeinkosten	...	...	...	...
Gemeinkosten	...	...	...	...
Summe IST-Gemeinkosten	14.600,00 €	75.500,00 €	45.200,00 €	16.900,00 €
Summe NORMAL-Gemeinkosten	17.100,00 €	71.800,00 €	49.600,00 €	14.700,00 €
Kostenunter- bzw. -überdeckung	**2.500,00 €**	**-3.700,00 €**	**4.400,00 €**	**-2.200,00 €**

Für die Berechnung der Kostendifferenzen gilt:

Normal-Gemeinkosten - Ist-Gemeinkosten = Kostendifferenz

Eine Kostenüberdeckung liegt in den Kostenstellen Material und Verwaltung vor, da die jetzigen Istkosten geringer als die Normalkosten sind. Eine Kostenunterdeckung wird in den Kostenstellen Fertigung und Vertrieb erreicht, da die jetzigen Istkosten höher sind als die Normalkosten.

Gründe für aktuell höhere Kosten als geplant können nur in den Gemeinkosten gefunden werden, da – zunächst – die Einzelkosten als konstant angesehen werden. Diese können höherer Stromverbrauch, höhere Abschreibungsbeträge durch Anschaffung einer neuen Maschine sein, höhere Gehälter oder Hilfslöhne durch Einstellung neuer Mitarbeiter, Vertretung erkrankter Mitarbeiter, höherer Benzinverbrauch bei den Außendienstmitarbeitern etc.

INFO

Achten Sie darauf, ob in den Prüfungen nach den Gründen für eine Kostenunterdeckung gefragt wird (Lösung siehe oben) oder danach, wie die Firma auf die Abweichung reagieren könnte (Senkung der Stromkosten, Senkung der Abschreibungsbeträge etc.)

Lösung zu Aufgabe 14: Kostendifferenzen im BAB II

	Kostenstellen			
	Material	**Fertigung**	**Verwaltung**	**Vertrieb**
Gemeinkosten	...	...	...	...
Gemeinkosten	...	...	...	...
Gemeinkosten	...	...	...	...
Zuschlagssatz IST-Kosten	10,8 %	82,5 %	6,8 %	6,1 %
Zuschlagssatz NORMAL-Kosten	9,2 %	87,4 %	5,7 %	7,3 %
Kostenunter- bzw. -überdeckung	**-1,6 %**	**4,9 %**	**-1,1 %**	**1,2 %**

Auch hier ergibt sich die Kostenunter- bzw. -überdeckung durch die Berechnung der Differenz.

Eine Kostenüberdeckung liegt vor in den Kostenstellen Fertigung und Vertrieb, da die jetzigen Zuschlagssätze (und damit die jetzigen Ist-Gemeinkosten) geringer sind als normal. Eine Kostenunterdeckung wird in den Kostenstellen Material und in der Verwaltung erzielt.

Gründe für höhere Zuschlagssätze und damit verbunden für höhere Gemeinkosten (da die Einzelkosten als gleichbleibend definiert sind) können ein erhöhter Materialverbrauch sein, bzw. gestiegene Preise für Material (Hilfsstoffe). Auch ein erhöhter Verbrauch an Büromaterial (Kopierkosten), sowie höhere Gehälter durch Einstellung neuer Mitarbeiter und ein höherer Energieverbrauch etc. können ausschlaggebend sein.

Lösung zu Aufgabe 15: Kostendifferenzen im BAB III

INFO

Fertigungsmaterial und Fertigungslöhne sind identisch bei Istkosten und Normalkosten (per Definition).

Erinnerung: Zuschlagsgrundlage sind Fertigungsmaterial, Fertigungslöhne und die Herstellkosten des Umsatzes.

Hinweis zur Berechnung: Die fertige Lösung wird im BAB angezeigt, für die Rechenwege jedoch hilft die Darstellung des Kostenträgerblattes sehr, da hier die Formeln aufgeführt sind.

Rechenwege für die Berechnung der Herstellkosten des Umsatzes, der Selbstkosten und der Zuschlagssätze:

		Ist		Normal	
		Prozent	Euro	Prozent	Euro
	Fertigungsmaterial		87.600,00		**87.600,00**
+	Materialgemeinkosten	**25,68**	22.500,00	**28,08**	24.600,00
	Fertigungslöhne		93.400,00		93.400,00
+	Fertigungsgemeinkosten	**95,93**	89.600,00	**82,76**	77.300,00
=	**Herstellkosten des Umsatzes**		**293.100,00**		**282.900,00**
+	Verwaltungsgemeinkosten	**9,93**	29.100,00	**11,17**	31.600,00
+	Vertriebsgemeinkosten	**4,95**	14.500,00	**4,84**	13.700,00
=	**Selbstkosten**		**336.700,00**		**328.200,00**

Berechnung der Zuschlagssätze für die Istkosten:

$$\text{Materialzuschlagssatz} = \frac{22.500\ €}{87.600\ €} \cdot 100 = 25{,}68\ \%$$

$$\text{Fertigungszuschlagssatz} = \frac{89.600\ €}{93.400\ €} \cdot 100 = 95{,}93\ \%$$

$$\text{Verwaltungszuschlagssatz} = \frac{29.100\ €}{293.100\ €} \cdot 100 = 9{,}93\ \%$$

$$\text{Vertriebszuschlagssatz} = \frac{14.500\ €}{293.100\ €} \cdot 100 = 4{,}95\ \%$$

Berechnung der Zuschlagssätze für die Normalkosten:

$$\text{Materialzuschlagssatz} = \frac{24.600\ €}{87.600\ €} \cdot 100 = 28{,}08\ \%$$

$$\text{Fertigungszuschlagssatz} = \frac{77.300\ €}{93.400\ €} \cdot 100 = 82{,}76\ \%$$

$$\text{Verwaltungszuschlagssatz} = \frac{31.600\ €}{282.900\ €} \cdot 100 = 11{,}17\ \%$$

$$\text{Vertriebszuschlagssatz} = \frac{13.700\ €}{282.900\ €} \cdot 100 = 4{,}84\ \%$$

Zusammenfassung der Ergebnisse im BAB:

	Kostenstellen			
	Material	**Fertigung**	**Verwaltung**	**Vertrieb**
Gemeinkosten	...	...	...	...
Gemeinkosten	...	...	...	...
Summe IST-Gemeinkosten	22.500,00 €	89.600,00 €	29.100,00 €	14.500,00 €
Zuschlagsgrundlage IST	87.600,00 €	93.400,00 €	**293.100,00 €**	**293.100,00 €**
Zuschlagssatz IST in Prozent	**25,68 %**	**95,93 %**	**9,93 %**	**4,95 %**
Summe NORMAL-Gemeinkosten	24.600,00 €	77.300,00 €	31.600,00 €	13.700,00 €
Zuschlagsgrundlage NORMAL	**87.600,00 €**	**93.400,00 €**	**282.900,00 €**	**282.900,00 €**
Zuschlagssatz NORMAL in Prozent	**28,08 %**	**82,76 %**	**11,17 %**	**4,84 %**
Kostenunter-/-überdeckung	**2.100,00 €**	**-12.300,00 €**	**2.500,00 €**	**-800,00 €**

Lösung zu Aufgabe 16: Kostendifferenzen im Kostenträgerblatt

INFO

Fertigungsmaterial und Fertigungslöhne sind identisch bei Istkosten und Normalkosten (per Definition).

Berechnung der fehlenden Größen:

		Ist		Normal		Kostendifferenz
		Prozent	Euro	Prozent	Euro	Euro
	Fertigungsmaterial		36.200,00		36.200,00	
+	Materialgemeinkosten	8,95	3.239,90	8,10	2.932,20	-307,70
	Fertigungslöhne		47.100,00		47.100,00	
+	Fertigungsgemeinkosten	103,40	48.701,40	107,20	50.491,20	1.789,80
=	**Herstellkosten des Umsatzes**		**135.241,30**		**136.723,40**	
+	Verwaltungsgemeinkosten	6,50	8.790,68	5,90	8.066,68	-724,00
+	Vertriebsgemeinkosten	4,40	5.950,62	5,10	6.972,89	1.022,28
=	**Selbstkosten**		**149.982,60**		**151.762,97**	

Berechnung der Ist-Gemeinkosten:

$$\text{Ist-Materialgemeinkosten} = 36.200\,€ \cdot \frac{8,95}{100} = 3.239,90\,€$$

$$\text{Ist-Fertigungsgemeinkosten} = 47.100\,€ \cdot \frac{103,4}{100} = 48.701,40\,€$$

$$\text{Ist-Verwaltungsgemeinkosten} = 135.241,30\,€ \cdot \frac{6,5}{100} = 8.790,68\,€$$

$$\text{Ist-Vertriebsgemeinkosten} = 135.241,30\,€ \cdot \frac{4,4}{100} = 5.950,62\,€$$

Berechnung der Normal-Gemeinkosten:

$$\text{NORMAL-Materialgemeinkosten} = 36.200\,€ \cdot \frac{8,1}{100} = 2.932,20\,€$$

$$\text{NORMAL-Fertigungsgemeinkosten} = 47.100\,€ \cdot \frac{107,2}{100} = 50.491,20\,€$$

$$\text{NORMAL-Verwaltungsgemeinkosten} = 136.723,40\,€ \cdot \frac{5,9}{100} = 8.066,68\,€$$

$$\text{NORMAL-Vertriebsgemeinkosten} = 136.723,40\,€ \cdot \frac{5,1}{100} = 6.972,89\,€$$

3. Deckungsbeitragsrechnung

Wichtig: In den Lösungshinweisen der Berechnungen können Rundungsfehler auftreten.

3.2 Begriffe und Formeln der Deckungsbeitragsrechnung

Lösung zu Aufgabe 1: Definition variable und fixe Kosten

Variable Kosten sind Kosten, die abhängig (= variabel) von der Menge der produzierten Stückzahl sind. Je mehr Stück wir produzieren, desto höher sind die gesamten variablen Kosten (für alle produzierten Stücke). Beachten Sie, dass die variablen Kosten für ein einzelnes Stück immer gleich hoch (konstant) sind.

Beispiel

- Fertigungsmaterial (Holz für die Möbel)
- Fertigungslöhne (für die Montage der Möbel).

Fixe Kosten sind Kosten, die sich nicht verändern, wenn wir mehr oder weniger Stück produzieren. Die Höhe der Kosten ist immer gleich (= fix), unabhängig von der Produktionsmenge.

Beispiel

- Gehalt des Meisters in der Produktion
- Abschreibung auf eine Lagerhalle
- Miete für das Verwaltungsgebäude
- Kfz-Steuer für unsere Dienstwagen
- etc.

Lösung zu Aufgabe 2: Zuordnung verschiedener Kostenbegriffe

	Kostenbegriff	Variable Kosten	Fixe Kosten	Einzelkosten	Gemeinkosten
1	Fertigungsmaterial	x		x	
2	Abschreibung einer Produktionsmaschine		x		x
3	Kosten für Büromaterial		x		x
4	Verbrauch von Hilfsstoffen	x			x
5	Gehalt der Buchhaltungsmitarbeiter		x		x
6	Miete für das Verwaltungsgebäude		x		x
7	Reinigungskosten für die Räume		x		x
8	Fertigungslöhne	x		x	
9	Werbung für unsere Produkte		x		x
10	Gewerbesteuer		x		x
11	Wartung des Maschinenparks		x		x
12	Stromverbrauch in der Produktion	x			x
13	Kalkulatorische Zinsen		x		x
14	Kfz-Steuer für die Dienstwagen		x		x
15	Gehalt des Meisters in der Produktion		x		x
16	Verpackungskosten für eine Ware	x		x	
17	Rechts- und Beratungskosten		x		x
18	IHK-Beiträge		x		x

Hinweis zur Lösung: Genau genommen sind Hilfsstoffe auch Einzelkosten. Aber da die Zurechnung zu aufwendig ist, werden sie als Gemeinkosten behandelt.

Lösung zu Aufgabe 3: Allgemeine Berechnungen

a)

Stück-zahl	variable Kosten	fixe Kosten	Gesamte Kosten	Umsatzerlöse (Leistungen)	Betriebs-ergebnis
200	**4.400,00 €**	36.000,00 €	**40.400,00 €**	13.600,00 €	**-26.800,00 €**

Variable Kosten: 200 Stück • 22 €/Stück = 4.400 €

Gesamte Kosten: 4.400 € + 36.000 € = 40.400 €

Betriebsergebnis: 13.600 € - 40.400 € = - 26.800 €

b)

Stück-zahl	variable Kosten	fixe Kosten	Gesamte Kosten	Umsatzerlöse (Leistungen)	Betriebs-ergebnis
400	8.800,00 €	**36.000,00 €**	**44.800,00 €**	27.200,00 €	**-17.600,00 €**

Die fixen Kosten betragen immer 36.000 €, unabhängig von der Stückzahl.

Gesamte Kosten: 8.800 € + 36.000 € = 44.800 €

Betriebsergebnis: 27.200 € - 44.800 € = - 17.600 €

c)

Stück-zahl	variable Kosten	fixe Kosten	Gesamte Kosten	Umsatzerlöse (Leistungen)	Betriebs-ergebnis
600	13.200,00 €	36.000,00 €	**49.200,00 €**	40.800,00 €	**-8.400,00 €**

Gesamte Kosten: 13.200 € + 36.000 € = 49.200 €

Betriebsergebnis: 40.800 € - 49.200 € = - 8.400 €

d)

Stück-zahl	variable Kosten	fixe Kosten	Gesamte Kosten	Umsatzerlöse (Leistungen)	Betriebs-ergebnis
800	17.600,00 €	36.000,00 €	53.600,00 €	**54.400,00 €**	**800,00 €**

Umsatzerlöse: 800 Stück • 68 €/Stück = 54.400 €

Betriebsergebnis: 54.400 € - 53.600 € = 800 €

e)

Stück-zahl	variable Kosten	fixe Kosten	Gesamte Kosten	Umsatzerlöse (Leistungen)	Betriebs-ergebnis
1.000	22.000,00 €	36.000,00 €	58.000,00 €	68.000,00 €	**10.000,00 €**

Betriebsergebnis: 68.000 € - 58.000 € = 10.000 €

f)

Stück-zahl	variable Kosten	fixe Kosten	Gesamte Kosten	Umsatzerlöse (Leistungen)	Betriebs-ergebnis
1.400	30.800,00 €	36.000,00 €	**66.800,00 €**	**95.200,00 €**	**28.400,00 €**

Stückzahl: 30.800 € : 22 €/Stück = 1.400 Stück

Gesamte Kosten: 30.800 € + 36.000 € = 66.800 €

Betriebsergebnis: 95.200 € - 66.800 € = 28.400 €

Lösung zu Aufgabe 4: Deckungsbeitrag und Preispolitik

a) Der bisherige Betriebsgewinn für die Holz-Klappstühle beträgt 422,50 €.

		Euro
	Preis (je Stück)	18,50
-	variable Kosten (je Stück)	12,85
=	Deckungsbeitrag (je Stück)	5,65
•	Menge	650 Stück
=	Deckungsbeitrag (gesamt)	3.672,50
-	Fixe Kosten	3.250,00
=	**Betriebsergebnis**	422,50

b) Der Betriebsgewinn kann durch folgende Faktoren erhöht werden:

- Erhöhung der Verkaufszahlen (mehr Werbung, Rabatt-Aktionen, Verkäuferschulungen)
- Senkung der variablen Stückkosten (geringere Materialkosten durch höhere Rabatte oder neue günstigere Lieferanten, sparsamere Produktionsverfahren, geringere Fertigungslöhne)
- Senkung der fixen Kosten (geringere Miete, geringere Abschreibungen oder das Gesetz der Masse)
- Erhöhung des Verkaufspreises für die Klappstühle (jedoch fraglich, ob die Kunden das Produkt dann noch kaufen bzw. gute Marketingstrategien erforderlich)
- Erhöhung des Verkaufspreises für das Zusatzprodukt Klapptisch, der oft in Kombination mit Klappstühlen gekauft wird.

Lösung zu Aufgabe 5: Deckungsbeitrag pro Stück

a) Der Deckungsbeitrag pro Klapptisch beträgt 15,07 €.

INFO

Fertigungslöhne und Fertigungsmaterial sind Einzelkosten und daher variable Kosten.

Die variablen Stückkosten sind die Summe aus dem Fertigungslohn und dem Fertigungsmaterial.

Der Fertigungslohn pro Klapptisch beträgt

$$25\,€ \cdot \frac{20 \text{ Minuten}}{60 \text{ Minuten}} = 8{,}33\,€.$$

Somit sind die variablen Stückkosten pro Klapptisch: 8,33 € + 11,40 € = 19,73 €.

Der Deckungsbeitrag pro Klapptisch berechnet sich mit

	Preis je Klapptisch	34,80 €
-	variable Kosten je Klapptisch	19,73 €
=	Deckungsbeitrag je Klapptisch	15,07 €

b) Der Deckungsbeitrag pro Klapptisch beträgt 9,61 €.

Rechenschritte:
Der Deckungsbeitrag wird berechnet mit: Preis - variable Kosten.

Die variablen Stückkosten betragen 19,73 € – wie in Aufgabe a).

INFO

Als Preis wird immer der Nettopreis verwendet, nach Abzug aller Nachlässe (= Bar-Verkaufspreis). Die Berechnung erfolgt über die Rückwärtskalkulation der Handelskalkulation (Details zur Handelskalkulation siehe >> **Kapitel C.**).

		Prozent	Euro	Rechenwege:
=	**Bar-Verkaufspreis**		**29,34**	30,24 € - 0,91 € ▲
+	Skonto	3	0,91	30,24 € • 3 : 100
=	Ziel-Verkaufspreis		30,24	33,61 € - 3,36 €
+	Rabatt	10	3,36	33,61 € • 10 : 100
=	Listen-Verkaufspreis netto		33,61	39,99 € - 6,38 €
+	Umsatzsteuer	19	6,38	39,99 € • 19 : 119
	Listen-Verkaufspreis brutto		39,99	

Der errechnete Bar-Verkaufspreis wir nun in die Deckungsbeitragsrechnung eingesetzt. Der Deckungsbeitrag pro Klapptisch beträgt somit:

	Preis je Klapptisch	29,34 €
-	variable Kosten je Klapptisch	19,73 €
=	Deckungsbeitrag je Klapptisch	9,61 €

Lösung zu Aufgabe 6: Deckungsbeitragsrechnung je Sortimentsbereich I

		Kinderbett „David“	Kinderbett „Julia“	Kinderbett „Zwilling“
	Preis	220,00 €	240,00 €	360,00 €
-	variable Kosten	115,00 €	140,00 €	200,00 €
=	Deckungsbeitrag (je Stück)	105,00 €	100,00 €	160,00 €
•	Menge	380 Stück	410 Stück	185 Stück
=	Deckungsbeitrag (gesamt)	39.900,00 €	41.000,00 €	29.600,00 €
=	Summe aller Deckungsbeiträge	110.500,00 €		
-	Fixe Kosten	85.200,00 €		
=	Betriebsergebnis	25.300,00 €		

Interpretation:

- Das Betriebsergebnis ist positiv. Es liegt ein Gewinn von 25.300 € vor.
- Jeder der drei gesamten Deckungsbeiträge ist positiv: das Kinderbett „Julia“ hat den höchsten Deckungsbeitrag (41.000 €), das Kinderbett „Zwilling“ den geringsten (29.600 €), er liegt etwa ein Viertel unter dem gesamten höchsten Deckungsbeitrags.
- Bei den Stückdeckungsbeiträgen sieht es gegenteilig aus: Das Produkt mit dem höchsten gesamten Deckungsbeitrag hat den niedrigsten Stückdeckungsbeitrag (Kinderbett „Julia“).
- Gesteigert werden sollte das Produkt mit dem höchsten Stückdeckungsbeitrag (Kinderbett „Zwilling“), z. B. durch eine Erhöhung des Verkaufspreises oder der Absatzmenge, bessere Marketingstrategien etc.

Lösung zu Aufgabe 7: Deckungsbeitragsrechnung je Sortimentsbereich II

		Relaxsessel „Oma“	Relaxsessel „Opa“	Relaxsessel „Chef“
	Preis	1.300,00 €	1.200,00 €	1.700,00 €
-	variable Kosten	850,00 €	820,00 €	1.850,00 €
=	Deckungsbeitrag (je Stück)	450,00 €	380,00 €	-150,00 €
•	Menge	160 Stück	140 Stück	220 Stück
=	Deckungsbeitrag (gesamt)	72.000,00 €	53.200,00 €	-33.000,00 €
=	Summe aller Deckungsbeiträge	92.200,00 €		
-	Fixe Kosten	52.700,00 €		
=	Betriebsergebnis	39.500,00 €		

Interpretation:

- Das Betriebsergebnis ist positiv. Es liegt ein Gewinn von 39.500 € vor.
- Jedoch erzielen nur zwei der drei Produkte einen positiven gesamten Deckungsbeiträge (Relaxsessel „Oma“ und „Opa“). Der Relaxsessel „Chef“ hat als einziges Produkt einen negativen Deckungsbetrag (- 33.000 €).

- Auch bei den Stückdeckungsbeiträgen hat der Relaxsessel „Chef“ als einziges einen negativen Deckungsbeitrag. Jeder verkaufte Sessel senkt den Betriebsgewinn.
- Die Produktreihe Relaxsessel „Chef“ muss aus kostenrechnerischen Gründen aus dem Sortiment genommen werden. Der dann neue gesamte Deckungsbeitrag beträgt 125.200 € (72.000 € + 53.200 €). Das neue Betriebsergebnis (Betriebsgewinn) errechnet sich auf 72.500 € (125.200 € - 52.700 €), unter der Annahme, dass die fixen Kosten unverändert bleiben.
- Alternativ kann für den Relaxsessel „Chef“ entweder der Verkaufspreis angehoben werden (auf mindestens 1.850 €) oder die variablen Stückkosten gesenkt werden (auf mindestens 1.700 €). Es muss sich für den Relaxsessel „Chef“ ein positiver Deckungsbeitrag ergeben (nicht negativ), zumal die Absatzmenge gut ist.

Lösung zu Aufgabe 8: Rückwärtsrechnung

Der Verkaufspreis für das Schuhregal „Deluxe“ sollte mindestens 49,27 € betragen.

		Schuhregal „Standard“	**Schuhregal „Deluxe“**
	Preis	17,80 €	**49,27 €**
-	variable Kosten	8,10 €	12,90 €
=	Deckungsbeitrag (je Stück)	9,70 €	**36,37 €**
•	Menge	285 Stück	150 Stück
=	Deckungsbeitrag (gesamt)	2.764,50 €	**5.455,50 €**
=	Summe aller Deckungsbeiträge	**8.220,00 €**	
-	Fixe Kosten	8.220,00 €	
=	Betriebsergebnis	0,00 €	

INFO

Bei einem Betriebsergebnis von +/- 0 € entspricht die Summe der gesamten Deckungsbeiträge der Höhe der fixen Kosten (hier 8.220 €).

Rechenwege:

- **Schritt 1:** Für das Schuhregal „Standard“ beträgt der gesamte Deckungsbeitrag 2.764,50 €.
- **Schritt 2:** Der gesamte Deckungsbeitrag ist 8.220,00 € (identisch mit den fixen Kosten).
- **Schritt 3:** Für das Schuhregal „Deluxe“ errechnet sich der gesamte Deckungsbeitrag 5.455,50 € (8.220,00 € - 2.764,50 €).

- **Schritt 4:** Der Stück-Deckungsbeitrag für das Schuhregal „Deluxe“ wird berechnet: 5.455,50 € : 150 Stück = 36,37 €/Stück.
- **Schritt 5:** Somit ergibt sich ein Verkaufspreis für das Schuhregal „Deluxe“ von mindestens:

  Deckungsbeitrag (je Stück) + variable Kosten = 36,37 € + 12,90 € = 49,27 €.

INFO

Beachten Sie auch die Unterscheidung in kurzfristige und langfristige Preisuntergrenze (siehe Aufgabe 15) (>> **Kapitel B.3.5**).

Lösung zu Aufgabe 9: Ermittlung des Betriebsergebnisses

Es wird nur ein Auszug aus der gesamten Berechnung benötigt:

	Gesamter Deckungsbeitrag	69.300 €	1.500 Stück • 46,20 €/Stück
-	Fixkosten	72.800 €	
=	**Betriebsgewinn/-verlust**	**-3.500 €**	

Wir erzielen einen Verlust in Höhe von -3.500 €.

INFO

In der Aufgabenstellung ist der Deckungsbeitrag pro Stück bereits angegeben. Daher benötigen wir keine weiteren Informationen zu Verkaufspreisen bzw. variablen Kosten pro Stück. Sollten diese Daten in der Aufgabenstellung dennoch gegeben sein, können Sie diese vernachlässigen (Der Deckungsbeitrag ist bereits das Endergebnis aus der Differenz beider Zahlen).

3.4 Gewinnschwellenberechnung (Break Even)

Lösung zu Aufgabe 10: Berechnung der Break-Even-Menge

a) Über die Formel ergibt sich:

$$\text{Break-Even-Menge } x = \frac{6.470{,}00\,€}{(15{,}80\,€/\text{Stück} - 7{,}20\,€/\text{Stück})} = \frac{6.470{,}00\,€}{8{,}60\,€/\text{Stück}} = 752{,}33\text{ Stück.}$$

Die Break-Even-Menge für die Tabletts beträgt daher 753 Stück.

INFO

Stückzahlen der Break-Even-Menge sind immer ganzzahlig (ohne Nachkommastelle) und werden immer aufgerundet (nicht kaufmännisch gerundet).

---

b) **Wichtig:** Der gewünschte Gewinn wird zu den fixen Kosten addiert.

Über die Formel ergibt sich:

$$\text{Break-Even-Menge } x = \frac{6.470{,}00\ € + 10.000{,}00\ €}{(15{,}80\ €/\text{Stück} - 7{,}20\ €/\text{Stück})} = \frac{16.470{,}00\ €}{8{,}60\ €/\text{Stück}} = 1.915{,}12\ \text{Stück.}$$

Die Break-Even-Menge beträgt nun 1.916 Stück.

Lösung zu Aufgabe 11: Break-Even bei Kapazitätsgrenze

Über die Formel ergibt sich:

$$\text{Break-Even-Menge } x = \frac{26.850{,}00\ €}{(45{,}00\ €/\text{Stück} - 18{,}90\ €/\text{Stück})} = \frac{26.850{,}00\ €}{26{,}10\ €/\text{Stück}} = 1.028{,}74\ \text{Stück.}$$

Die Break-Even-Menge beträgt daher 1.029 Stück.

ACHTUNG

Die maximale Stückzahl, die im aktuellen Monat produziert werden kann, sind 1.000 Stück. Damit wird mit der maximal möglich produzierten Stückzahl der Break-Even-Punkt nicht erreicht. Selbst bei voller Produktion erreicht die Münchner Möbel-Manufaktur nur einen Verlust. Das Produkt sollte aus kostenrechnerischen Gründen so nicht produziert werden.

Lösung zu Aufgabe 12: Gewinnschwelle beeinflussen

- Senkung der variablen Kosten pro Stück:
  - geringere Kosten für Material (weniger Abfall bei der Produktion erzeugen, Aushandeln höherer Rabatte und Skonti bei unseren aktuellen Lieferanten, günstigeres Material oder Ersatzstoffe verwenden, alternative günstigere Lieferanten finden)
  - geringere Fertigungslöhne (weniger Zeit für die Produktion bzw. geringerer Stundenlohn, Rationalisierung, Outsourcing, Einstellen von Zeitarbeitnehmern)

- Senkung der fixen Kosten (aber kurzfristig kaum möglich):
  - geringe Abschreibungen
  - geringere Mieten
  - geringere Gehälter
  - geringere Kfz-Steuern etc.
- Erhöhung des Verkaufspreises (dafür braucht es eine gute Promotion, damit die Kunden das Produkt auch dann noch kaufen).

Lösung zu Aufgabe 13: Grafik analysieren I

1: Verlust

2: Erlöse

3: gesamte variable Kosten

4: gesamte Kosten

5: Gewinn

6: fixe Kosten

7: Break-Even-Punkt

8: Break-Even-Umsatz.

Die Break-Even-Menge beträgt geschätzt ca. 450 Stück.

Lösung zu Aufgabe 14: Grafik analysieren II

Möglichkeit 1: die gesamten fixen Kosten

Möglichkeit 2: die variablen Kosten je Stück.

3.5 Kurz- und langfristige Preisuntergrenzen

Lösung zu Aufgabe 15: Festlegung der Preisuntergrenzen

a) Die kurzfristige Preisuntergrenze beträgt 7,55 € (die Höhe der variablen Kosten je Stück). Hier muss keine Rechnung erfolgen. Das Abschreiben des Eurobetrags der variablen Stückkosten ist ausreichend.

b) Für die Berechnung der langfristigen Preisuntergrenze werden die variablen und die fixen Kosten berücksichtigt:

$$7{,}55\text{ €} + \frac{22.800{,}00\text{ €}}{6.000\text{ Stück}} = 7{,}55\text{ €} + 3{,}80\text{ €} = 11{,}35\text{ €}.$$

Die langfristige Preisuntergrenze für das neue Weinregal beträgt 11,35 €.

3.6 Annahme eines Zusatzauftrags

Lösung zu Aufgabe 16: Entscheidung über Zusatzauftrag

a) Der Deckungsbeitrag für den Zusatzauftrag des Flurspiegels „Romantik" beträgt:

	Preis je Flurspiegel „Romantik"	29,90 €
-	variable Kosten je Flurspiegel „Romantik"	29,50 €
=	Deckungsbeitrag je Flurspiegel „Romantik"	0,40 €

Der Stückdeckungsbeitrag je Flurspiegel „Romantik" ist mit 0,40 € knapp über Null und daher positiv. Daher kann der Zusatzauftrag angenommen werden. Der maximale zusätzliche Deckungsbeitrag durch den Zusatzauftrag beträgt 800,00 € (0,40 €/Stück • 2.000 Stück).

b)

	Preis je Spiegel „Barock"	39,90 €
-	variable Kosten je Spiegel „Barock"	31,50 €
=	Deckungsbeitrag je Spiegel „Barock"	8,40 €
•	Absatzmenge von 100 Stück	840,00 €
-	Fixe Einmalkosten	1.200,00 €
=	Deckungsbeitrag	- 360,00 €

Der gesamte Deckungsbeitrag für den Zusatzauftrag ist negativ mit -360 € und erzielt einen Verlust. Daher sollte der Zusatzauftrag aus rechnerischen Gründen nicht angenommen werden.

Lösung zu Aufgabe 17: Weitere Entscheidungsgründe

Gründe für die Annahme eines Zusatzauftrags trotz negativem Deckungsbeitrag:

- Der Auftraggeber ist ein Stammkunde
- Der Auftraggeber ist ein Neukunde, der in Zukunft weitere Produkte aus unserem Sortiment kaufen wird, die einen höheren Gewinn versprechen
- Einführung in einen neuen Markt (Sortimentserweiterung bzw. Marktausweitung)
- Langfristig lassen sich unsere variablen Stückkosten bzw. die Einmalkosten reduzieren und der Deckungsbeitrag wird positiv.

3.7 Gesetz der Massenproduktion

Lösung zu Aufgabe 18: Stückzahlen und Kostenentwicklung

Die gesamten Stückkosten je Kugelschreiber sind die Summe aus den variablen Stückkosten und den fixen Stückkosten.

Variable Stückkosten + fixe Stückkosten = gesamte Stückkosten

Stückzahlen	Variable Stückkosten	Fixe Stückkosten	Gesamte Stückkosten
1 Stück	0,06 €	$\frac{8.000\ €}{1\ \text{Stück}} = 8.000\ €$	8.000,06 €
1.000 Stück	0,06 €	$\frac{8.000\ €}{1.000\ \text{Stück}} = 8\ €$	8,06 €
10.000 Stück	0,06 €	$\frac{8.000\ €}{10.000\ \text{Stück}} = 0{,}80\ €$	0,86 €
100.000 Stück	0,06 €	$\frac{8.000\ €}{100.000\ \text{Stück}} = 0{,}08\ €$	0,14 €
1.000.000 Stück	0,06 €	$\frac{8.000\ €}{1.000.000\ \text{Stück}} = 0{,}008\ €$	0,068 €
10.000.000 Stück	0,06 €	$\frac{8.000\ €}{10.000.000\ \text{Stück}} = 0{,}0008\ €$	0,0608 €

Bei der Produktion von Masse tendieren die fixen Kosten je Stück gegen 0 € (Fixkostendegression) und es bleiben allein die variablen Stückkosten. Damit erhöht sich – bei gleichbleibendem Verkaufspreis – der Betriebsgewinn.

C. Handelskalkulation

Wichtig: In den Lösungshinweisen der Berechnungen können Rundungsfehler auftreten.

2. Begriffe

Lösung zu Aufgabe 1: Rabatt und Skonto

a) **Rabatte** sind Preisminderungen im Einkauf und im Verkauf.

Beispiel

- Mengenrabatte
- Rabatte im Schlussverkauf (Sale)
- Händlerrabatte
- Personalrabatte
- Rabatte wegen Mängel in der Ware
- etc.

Gründe: die Kunden kaufen mehr Ware, um den Mengenrabatt nutzen zu können. Auch kaufen sie Ware, da sie trotz eines Mangels reduziert ist. Durch die Rabatte hat der Kunde das Gefühl eines Deals und wird gebunden.

Es wird unterschieden in den Rabatt, den wir als Einkäufer nutzen (Lieferanten-Rabatt) und den Rabatt, den wir unseren Kunden gewähren können (Kunden-Rabatt). In der Praxis wird der Lieferanten-Rabatt im Einkauf oft nur als „Rabatt" bezeichnet.

b) **Skonto** sind Minderungen durch frühzeitige Bezahlung der Ein- bzw. Ausgangsrechnung. Im Handel ist ein Zahlungsziel von 30 Tagen und eine Skontofrist von 10 Tagen Praxis.

Grund: Durch den früheren Zahlungseingang (i. d. R. 10 Tage nach Rechnungserstellung statt nach 30 Tagen) hat die Münchner Möbel-Manufaktur zügiger das ausstehende Geld für seine eigenen Ausgaben und ist sicher, dass der Kunde die Rechnung bezahlt hat.

Es wird auch hier in Lieferanten-Skonto (beim Einkauf) und Kunden-Skonto unterschieden. In der Praxis wird der Lieferanten-Skonto im Einkauf oft nur als „Skonto" bezeichnet.

INFO

Ist in den Aufgabenstellungen nur von Rabatt bzw. Skonto die Rede, so ist damit i. d. R. der Lieferanten-Rabatt und der Lieferanten-Skonto gemeint.

3. Vorwärtskalkulation

Lösung zu Aufgabe 2: Bezugskalkulation I

Der Bezugspreis für eine Kleiderstange beträgt 7,33 €.

ACHTUNG

Berechnung des Listen-Einkaufspreises brutto für die gesamte Lieferung:

2.500 Stück • 9,99 €/Stück = 24.975,00 €.

		Prozent	Euro
	Listen-Einkaufspreis brutto		24.975,00
-	Umsatzsteuer	19	3.987,61
=	Listen-Einkaufspreis netto		20.987,39
-	Lieferanten-Rabatt	10	2.098,74
=	Ziel-Einkaufspreis		18.888,66
-	Lieferanten-Skonto	3	566,66
=	Bar-Einkaufspreis		18.322,00
+	Bezugskosten		0,00
=	**Bezugspreis**		**18.322,00**

Rechenwege:
9,99 € • 2.500 Stück
24.975 € • 19 : 119
24.975 € - 3.987,61 €
20.987,39 € • 10 : 100
20.987,39 € - 2.098,74 €
18.888,66 € • 3 : 100
18.888,66 € - 566,66 €

Der Bezugspreis für eine Kleiderstange beträgt 18.322,00 € : 2.500 Stück = 7,33 €.

Lösung zu Aufgabe 3: Bezugskalkulation II

Der neue Bezugspreis für eine Kleiderstange beträgt 7,58 €.

ACHTUNG

1. Die Transportkosten sind als Bezugskosten immer netto zu addieren: 750,00 € • 100 : 119 = 630,25 €.
2. Bezugskosten sind nicht skontierbar. Es wird immer der gesamte Betrag (netto) berechnet, ohne Skonto abzuziehen.

		Prozent	Euro
	Listen-Einkaufspreis brutto		24.975,00
-	Umsatzsteuer	19	3.987,61
=	Listen-Einkaufspreis netto		20.987,39
-	Lieferanten-Rabatt	10	2.098,74
=	Ziel-Einkaufspreis		18.888,66
-	Lieferanten-Skonto	3	566,66
=	Bar-Einkaufspreis		18.322,00
+	Bezugskosten		630,25
=	**Bezugspreis**		**18.952,25**

Rechenwege:
9,99 € • 2.500 Stück
24.975 € • 19 : 119
24.975 € - 3.987,61 €
20.987,39 € • 10 : 100
20.987,39 € - 2.098,74 €
18.888,66 € • 3 : 100
18.888,66 € - 566,66 €
750 € • 100 : 119
18.322 € + 630,25 €

Der Bezugspreis für eine Kleiderstange beträgt 18.952,25 € : 2.500 Stück = 7,58 €.

INFO

Beachten Sie, dass die Transportkosten (Bezugskosten) nicht skontierbar sind: Ein Skonto kann nur bei Waren abgezogen werden. Bei den Transportkosten wird immer der volle Betrag addiert (aber netto, nicht brutto, also ohne Umsatzsteuer).

Lösung zu Aufgabe 4: Angebotskalkulation I

Der Listen-Verkaufspreis brutto beträgt 36.956,52 €.

		Prozent	Euro
	Selbstkosten		25.000,00
+	Gewinn	12	3.000,00
=	Bar-Verkaufspreis		28.000,00
+	Kunden-Skonto	2	571,43
=	Ziel-Verkaufspreis		28.571,43
+	Kunden-Rabatt	8	2.484,47
=	Listen-Verkaufspreis netto		31.055,90
+	Umsatzsteuer	19	5.900,62
=	**Listen-Verkaufspreis brutto**		**36.956,52**

Rechenwege:
25.000 € • 12 : 100
25.000 € + 3.000 €
28.000 € • 2 : 98
28.000 € + 571,43 €
28.571,43 € • 8 : 92
28.571,43 € + 2.484,47 €
31.055,90 € • 19 : 100
31.055,90 € + 5.900,62 €

Lösung zu Aufgabe 5: Angebotskalkulation II

Möglichkeiten der Münchner Möbel-Manufaktur auf die gestiegenen Selbstkosten zu reagieren:

- Erhöhung des Verkaufspreises. Damit bleiben alle geplanten Prozentsätze identisch und v. a. die geplante Gewinnspanne bleibt gleich. Die Frage ist, wie der Kunde auf die Preissteigerung reagieren wird bzw. welche negative Werbung (schlechte Mundpropaganda) sich verbreitet, zumal es sich um einen örtlichen Kunden handelt.
- Beibehaltung des ursprünglichen Verkaufspreises. Damit ist der Kunde zufrieden, allerdings sinkt dafür der alte Gewinn um die Hälfte (der Bar-Verkaufspreis beträgt weiterhin 28.000 €, die neuen Selbstkosten 26.500 €, ergibt einen Gewinn von 1.500 € statt von 3.000 €).
- Beibehaltung des ursprünglichen Verkaufspreises und der Gewinnspanne, jedoch Reduzierung von Rabatt und Skonto. Fraglich ist, wie der Kunde darauf reagieren wird.

Lösung zu Aufgabe 6: Selbstkosten und Bar-Verkaufspreis

a) Die Selbstkosten betragen 100 %, der Bar-Verkaufspreis liegt bei 125 %.

Der Bar-Verkaufspreis beträgt 4.325 €.

		Prozent	Euro
	Selbstkosten	100	3.460,00
+	Gewinn	25	865,00
=	**Bar-Verkaufspreis**	**125**	**4.325,00**

Rechenwege:
3.460 € • 25 : 100
3.460 € + 865 €

b) Die Zuordnung der Prozent-Zahlen ändert sich nicht: Der Bar-Verkaufspreis ist 125 %, die Selbstkosten 100 %.

Die Selbstkosten betragen 2.768 €.

		Prozent	Euro
	Selbstkosten	**100**	**2.768,00**
+	Gewinn	25	692,00
=	Bar-Verkaufspreis	125	3.460,00

Rechenwege:
3.460 € - 692 € ↑
3.460 € • 25 : 125

INFO

Die Formel ist nach dem Schema der Vorwärtskalkulation notiert, jedoch rückwärts berechnet.

Lösung zu Aufgabe 7: Bar-Verkaufspreis und Ziel-Verkaufspreis

a) Der Ziel-Verkaufspreis liegt bei 100 %, damit ergeben sich für den Bar-Verkaufspreis 94 % (= 100 % - 4 % - 2 %).

Der Ziel-Verkaufspreis beträgt 659,57 €.

		Prozent	Euro	Rechenwege:
	Bar-Verkaufspreis	**94**	620,00	
+	Kunden-Skonto	2	13,19	620 € • 2 : 94
+	Vertriebsprovision	4	26,38	620 € • 4 : 94
=	**Ziel-Verkaufspreis**	**100**	**659,57**	620 € + 13,19 € + 26,38 €

ACHTUNG

Beide Berechnungen starten bei 94 % und nichts anderem!

b) Auch hier beträgt der Ziel-Verkaufspreis 100 % und der Bar-Verkaufspreis 94 %.

Der Bar-Verkaufspreis beträgt 582,80 €.

		Prozent	Euro	Rechenwege:
	Bar-Verkaufspreis	**94**	**582,80**	620 € - 24,80 € - 12,40 € ▲
+	Kunden-Skonto	2	12,40	620 € • 2 : 100
+	Vertriebsprovision	4	24,80	620 € • 4 : 100
=	Ziel-Verkaufspreis	100	620,00	

INFO

Die Formel ist nach dem Schema der Vorwärtskalkulation notiert, jedoch rückwärts berechnet.

4. Rückwärtskalkulation

Lösung zu Aufgabe 8: Vom Bezugs- zum Listen-Einkaufspreis

ACHTUNG

Die Darstellung ist die der Vorwärtskalkulation. Die Rechenwege richten sich nach der Rückwärtskalkulation.

Der neue Listen-Einkaufspreis brutto darf maximal 7,22 € betragen.

		Prozent	Euro
	Listen-Einkaufspreis brutto		**7,22**
-	Umsatzsteuer	19	1,15
=	Listen-Einkaufspreis netto		6,07
-	Lieferanten-Rabatt	7	0,42
=	Ziel-Einkaufspreis		5,64
-	Lieferanten-Skonto	2,5	0,14
=	Bar-Einkaufspreis		5,50
+	Bezugskosten		0,00
=	Bezugspreis		5,50

Rechenwege:
6,07 € + 1,15 € ▲
6,07 € • 19 : 100
5,64 € + 0,42 €
5,64 € • 7 : 93
5,50 € + 0,14 €
5,50 € • 2,5 : 97,5
5,50 € - 0 €

Lösung zu Aufgabe 9: Vom Listen-Verkaufspreis zu den Selbstkosten

ACHTUNG

Auch hier wird die Darstellung der Vorwärtskalkulation verwendet. Die Rechenwege sind die der Rückwärtskalkulation.

Die Selbstkosten sollten maximal 2.364,93 € betragen.

		Prozent	Euro
	Selbstkosten		**2.364,93**
+	Gewinn	30	709,48
=	Bar-Verkaufspreis		3.074,41
+	Kunden-Skonto	1	31,05
=	Ziel-Verkaufspreis		3.105,46
+	Kunden-Rabatt	5	163,45
=	Listen-Verkaufspreis netto		3.268,91
+	Umsatzsteuer	19	621,09
=	Listen-Verkaufspreis brutto		3.890,00

Rechenwege:
3.074,41 € - 709,48 € ▲
3.074,41 € • 30 : 130
3.105,46 € - 31,05 €
3.105,45 € • 1 : 100
3.268,91 € - 163,45 €
3.268,91 € • 5 : 100
3.890 € - 621,09 €
3.890 € • 19 : 119

5. Kalkulationszuschlag und Kalkulationsfaktor

5.1 Kalkulationszuschlag

Lösung zu Aufgabe 10: Kalkulationszuschlag per Formel

a) Der Kalkulationszuschlag für eine Stehlampe beträgt 49,27 %.

Zunächst wird der Listen-Verkaufspreis netto berechnet. Er beträgt für eine Stehlampe 57,47 €.

		Prozent	Euro
	Bezugspreis		38,50
+	Handlungskosten	17	6,55
=	Selbstkosten		45,05
+	Gewinn	20	9,01
=	Bar-Verkaufspreis		54,05
+	Kunden-Skonto	1	0,55
=	Ziel-Verkaufspreis		54,60
+	Kunden-Rabatt	5	2,87
=	**Listen-Verkaufspreis netto**		**57,47**

Rechenwege:
38,50 € • 17 : 100
38,50 € + 6,55 €
45,05 € • 20 : 100
45,05 € + 9,01 €
54,05 € • 1 : 99
54,05 € + 0,55 €
54,60 € • 5 : 95
54,60 € + 2,87 €

Der Kalkulationszuschlag berechnet sich über die Formel:

$$\text{Kalkulationszuschlag in Prozent} = \frac{(\text{Listenverkaufspreis netto - Bezugspreis})}{\text{Bezugspreis}} \cdot 100$$

$$= \frac{(57{,}47\,€ - 38{,}50\,€)}{38{,}50\,€} \cdot 100 = \frac{18{,}97\,€}{38{,}50\,€} \cdot 100 = 49{,}27\,\%.$$

b) Der Listen-Verkaufspreis netto für die neue Stehlampe beträgt 23,73 €.

Durch Umstellen der Formel erhält man:

$$\text{LVP netto} = \text{Bezugspreis} + \text{Bezugspreis} \cdot \frac{\text{Kalkulationszuschlag}}{100}$$

$$= 15{,}90\,€ + 15{,}90\,€ \cdot \frac{49{,}27}{100} = 15{,}90\,€ + 7{,}83\,€ = 23{,}73\,€.$$

c) Der Listen-Verkaufspreis netto beträgt 93,29 €.

Statt mit der Formel aus Teilaufgabe b) kann der Listen-Verkaufspreis netto auch wie folgt berechnet werden:

$$\text{LVP netto} = \text{Bezugspreis} \cdot \frac{(100 + \text{Kalkulationszuschlag})}{100}$$

$$= 62{,}50\ € \cdot \frac{149{,}27}{100} = 93{,}29\ €.$$

d) Der Bezugspreis beträgt 26,66 €.

Die Berechnung erfolgt erneut durch das Umstellen der Formel:

$$\text{Bezugspreis} = \text{Listenverkauspreis netto} \cdot \frac{100}{(100 + \text{Kalkulationszuschlag})}$$

$$= 39{,}80\ € \cdot \frac{100}{(100 + 49{,}27)} = 39{,}80\ € \cdot \frac{100}{149{,}27} = 26{,}66\ €$$

Lösung zu Aufgabe 11: Kalkulationszuschlag per Dreisatz

a) Mit einem gegebenen Bezugspreis von 38,50 € und einem errechneten Listen-Verkaufspreis netto von 57,47 € ergibt sich eine Differenz (= Kalkulationszuschlag) zwischen beiden Beträgen von 18,97 €.

Über den Dreisatz ergibt sich der Kalkulationszuschlag von 49,27 %.

		Prozent	**Euro**
	Bezugspreis	**100,00**	38,50
+	Kalkulationszuschlag		18,97
=	Listen-Verkaufspreis netto		57,47

$$\text{Kalkulationszuschlag in Prozent} = 100 \cdot \frac{18{,}97\ €}{38{,}50\ €} = 49{,}27\ \%.$$

		Prozent	**Euro**
	Bezugspreis	100,00	38,50
+	Kalkulationszuschlag	**49,27**	18,97
=	Listen-Verkaufspreis netto	149,27	57,47

b) Der Listen-Verkaufspreis netto entspricht der Summe aus den 100 % des Bezugspreises und dem Kalkulationszuschlag (der Differenz) von 49,27 %.

		Prozent	Euro
	Bezugspreis	**100,00**	15,90
+	Kalkulationszuschlag	49,27	
=	Listen-Verkaufspreis netto	149,27	

Der Listen-Verkaufspreis netto beträgt mit 15,90 € $\cdot \frac{149{,}27}{100}$ = 23,73 €.

c) Gleicher Rechenweg für diesen Listen-Verkaufspreis netto:

		Prozent	Euro
	Bezugspreis	**100,00**	62,50
+	Kalkulationszuschlag	49,27	
=	Listen-Verkaufspreis netto	149,27	

Der Listen-Verkaufspreis netto beträgt 93,29 € (über 62,50 € $\cdot \frac{149{,}27}{100}$).

d) Auch der Bezugspreis kann über den Dreisatz berechnet werden.

		Prozent	Euro
	Bezugspreis	**100,00**	
+	Kalkulationszuschlag	49,27	
=	Listen-Verkaufspreis netto	149,27	39,80

Der Bezugspreis wird mit 39,80 € $\cdot \frac{100}{149{,}27}$ berechnet und beträgt 26,66 €.

INFO

Welchen Rechenweg Sie in der Prüfung darstellen, spielt keine Rolle. Wichtig ist, dass Ihr Rechenweg ausführlich genug und nachvollziehbar dargestellt wird (Fachbegriffe benutzen!).

Lösung zu Aufgabe 12: Kalkulationsfaktor berechnen und anwenden I

a) Der Kalkulationsfaktor beträgt 1,3678.

Über die Formel ergibt sich:

$$\text{Kalkulationsfaktor} = \frac{\text{Listenverkaufspreis netto}}{\text{Bezugspreis}} = \frac{85{,}90\text{ €}}{62{,}80\text{ €}} = 1{,}3678.$$

INFO

Die Darstellung des Kalkulationsfaktors erfolgt in der Regel mit vier Nachkommastellen.

b) Der Listen-Verkaufspreis netto beträgt 67,71 €.

Durch Umstellen der Formel erhält man:

$$\text{LVP netto} = \text{Bezugspreis} \cdot \text{Kalkulationsfaktor} = 49{,}50\text{ €} \cdot 1{,}3678 = 67{,}71\text{ €}.$$

c) Der Bezugspreis beträgt 91,17 €.

Durch Umstellen der Formel erhält man:

$$\text{Bezugspreis} = \frac{\text{Listenverkaufspreis netto}}{\text{Kalkulationsfaktor}} = \frac{124{,}70\text{ €}}{1{,}3678} = 91{,}17\text{ €}.$$

Lösung zu Aufgabe 13: Kalkulationsfaktor berechnen und anwenden II

a) Der Listen-Verkaufspreis brutto beträgt 105,49 €.

Rechenwege:

- **Schritt 1:** Berechnung des Bezugspreises (61,14 €):

		Prozent	Euro
	Listen-Einkaufspreis brutto		77,75
-	Umsatzsteuer	19	12,41
=	Listen-Einkaufspreis netto		65,34
-	Lieferanten-Rabatt	5	3,27
=	Ziel-Einkaufspreis		62,07
-	Lieferanten-Skonto	1,5	0,93
=	Bar-Einkaufspreis		61,14
+	Bezugskosten		0,00
=	**Bezugspreis**		**61,14**

Rechenwege:
77,75 € • 19 : 119
77,75 € - 12,41 €
65,34 € • 5 : 100
65,34 € - 3,27 €
62,07 € • 3 : 100
62,07 € - 0,93 €
61,14 € + 0 €

- **Schritt 2:** Berechnung des Listen-Verkaufspreises netto mithilfe der Formel des Kalkulationsfaktors:

LVP netto = Bezugspreis • Kalkulationsfaktor = 61,14 € • 1,45 = 88,65 €.

- **Schritt 3:** Der Listen-Verkaufspreis brutto errechnet sich mit 88,65 € • 119 : 100 = 105,49 €.

b) Der Gewinn beträgt 5,65 € je Lattenrost, das sind 7,11 %.

Rechenwege:

- **Schritt 1:** Zunächst werden die Selbstkosten und der Bar-Verkaufspreis berechnet:

		Prozent	Euro
	Bezugskosten		61,14
+	Handlungskosten	30	18,34
=	**Selbstkosten**		**79,48**
+	**Gewinn**	**??**	**??**
=	**Bar-Verkaufspreis**		**85,13**
+	Kunden-Skonto	1	0,86
=	Ziel-Verkaufspreis		85,99
+	Kunden-Rabatt	3	2,66
=	Listen-Verkaufspreis netto		88,65
+	Umsatzsteuer	19	16,84
=	Listen-Verkaufspreis brutto		105,49

Rechenwege:
aus Teilaufgabe a) ↓
61,14 € • 30 : 100 ↓
61,14 € + 18,34 € ↓
85,99 € - 0,86 € ↑
85,99 € • 1 : 100 ↑
88,65 € - 2,66 € ↑
88,65 € • 3 : 100 ↑
aus Teilaufgabe a) ↑

Beachten Sie, dass die Darstellung die Vorwärtskalkulation beschreibt, die Berechnung sowohl Bestandteile der Vorwärts- als auch der Rückwärtskalkulation enthält.

- **Schritt 2:** Der Gewinn in Euro ist die Differenz zwischen dem Bar-Verkaufspreis und den Selbstkosten und beträgt 5,65 € (85,13 € - 79,48 €).
- **Schritt 3:** Der Gewinn in Prozent wird am besten über den Dreisatz berechnet:

Es gilt: Die Selbstkosten liegen bei 100 %:

		Prozent	Euro
	Selbstkosten	100	79,48
+	**Gewinn**	**??**	**5,65**
=	Bar-Verkaufspreis		85,13

Damit ergibt sich ein Gewinn von $100 \cdot \frac{5{,}65\ €}{79{,}48\ €} = 7{,}11\ \%$.

Lösung zu Aufgabe 14: Vom Kalkulationsfaktor zum Kalkulationszuschlag und umgekehrt

Über die Formeln oder die „Schnellrechnung" ergibt sich:

1. Ein Kalkulationszuschlag von 23,45 % entspricht einem Kalkulationsfaktor von 1,2345.
2. Ein Kalkulationszuschlag von 106,78 % entspricht einem Kalkulationsfaktor von 2,0678.
3. Ein Kalkulationsfaktor von 1,5486 entspricht einem Kalkulationszuschlag von 54,86 %.
4. Ein Kalkulationsfaktor von 3,5244 entspricht einem Kalkulationszuschlag von 252,44 %.

Lösung zu Aufgabe 15: Differenzkalkulation mit dem Kalkulationszuschlag

Der Gewinn für ein Bettzelt beträgt 5,87 € und 58,23 %.

		Prozent	Euro
	Bezugspreis		8,95
+	Handlungskosten	12,65	1,13
=	Selbstkosten		10,08
+	**Gewinn**	**??**	**5,87**
=	Bar-Verkaufspreis		15,95
+	Kunden-Skonto	0	
=	Ziel-Verkaufspreis		
+	Kunden-Rabatt	0	
=	Listen-Verkaufspreis netto		15,95

Reihenfolge:
1. Schritt
4. Schritt
3. Schritt
2. Schritt

Folgende Lösungsschritte sind nötig:

- **1. Schritt:** Berechnung der Selbstkosten.

  Diese sind 10,08 €.

  Die Handlungskosten betragen 1,13 € (8,95 € • 12,65 : 100). Addiert man beide Zahlen, ergeben sich Selbstkosten in Höhe von 10,08 €.

- **2. Schritt:** Berechnung des Listen-Verkaufspreises netto über den Kalkulationszuschlag.

  Aus dem Kalkulationszuschlag von 78,25 % ergibt sich ein Kalkulationsfaktor von 1,7825. Daraus ergibt sich ein Listen-Verkaufspreis netto von 15,95 € (Formel: Bezugspreis • Kalkulationsfaktor = 8,95 € • 1,7825 = 15,95 €).

- **3. Schritt:** Berechnung des Bar-Verkaufspreises:

  Der Gewinn wird ermittelt aus der Differenz des Bar-Verkaufspreises und den Selbstkosten. Die Selbstkosten betragen 10,08 € (siehe Schritt 1), der Bar-Verkaufspreis ist mit dem Listen-Verkaufspreis netto identisch, da keinerlei Angaben zu Kunden-Rabatt und Kunden-Skonto vorliegt.

- **4. Schritt:** Berechnung des Gewinns in Euro:

  Aus der Differenz des Bar-Verkaufspreises (15,95 €) und den Selbstkosten (10,08 €) ergibt sich ein Gewinn von 5,87 €.

- **5. Schritt** Berechnung des Gewinns in Prozent:

Selbstkosten	100 %	10,08 €
Gewinn	**??**	**5,87 €**
Bar-Verkaufspreis		15,95 €

Über den Dreisatz ergibt sich:

$$\text{Gewinn} = 100 \cdot \frac{5{,}87\ €}{10{,}08\ €} = 58{,}23\ \%$$

Lösung zu Aufgabe 16: Differenzkalkulation mit dem Kalkulationsfaktor

Der Gewinn für ein Kletterseil beträgt 7,19 € und 56,13 %.

		Prozent	Euro
	Bezugspreis		11,37
+	Handlungskosten	12,65	1,44
=	Selbstkosten		12,81
+	**Gewinn**	**??**	**7,19**
=	Bar-Verkaufspreis		20,00
+	Kunden-Skonto	0	
=	Ziel-Verkaufspreis		
+	Kunden-Rabatt	0	
=	Listen-Verkaufspreis netto		20,00

Reihenfolge:
1. Schritt
2. Schritt
4. Schritt
3. Schritt

Folgende Lösungsschritte sind nötig:

- **1. Schritt:** Berechnung des Bezugspreises mithilfe des Kalkulationsfaktors.

  Über die Formel ergibt sich ein Bezugspreis von 11,37 € (Listen-Verkaufspreis netto : Kalkulationsfaktor = 20,00 € : 1,7585 = 11,37 €).

- **2. Schritt:** Berechnung der Selbstkosten.

  Die Handlungskosten betragen 1,44 € (11,37 € • 12,65 : 100). Addiert man den Bezugspreis (11,37 €) und die Handlungskosten (1,44 €), so ergeben sich Selbstkosten in Höhe von 12,81 €.

- **3. Schritt:** Berechnung des Bar-Verkaufspreises:

  Der Gewinn wird ermittelt aus der Differenz des Bar-Verkaufspreises und den Selbstkosten. Die Selbstkosten betragen 12,81 € (siehe Schritt 2), der Bar-Verkaufspreis ist mit dem Listen-Verkaufspreis netto identisch (hier 20,00 €), da keinerlei Angaben zu Kunden-Rabatt und Kunden-Skonto vorliegen.

► **4. Schritt:** Berechnung des Gewinns in Euro:

Aus der Differenz des Bar-Verkaufspreises (20,00 €) und den Selbstkosten (12,81 €) ergibt sich ein Gewinn von 7,19 €.

► **5. Schritt:** Berechnung des Gewinns in Prozent:

	Selbstkosten	100 %	12,81 €
+	**Gewinn**	**??**	**7,19 €**
=	Bar-Verkaufspreis		20,00 €

Über den Dreisatz ergibt sich:

$$\text{Gewinn} = 100 \cdot \frac{7{,}19\ €}{12{,}81\ €} = 56{,}13\ \%$$

Auszug aus dem Kontenplan der Münchner Möbel-Manufaktur KG:

Fertigung und Verkauf von Wohnmöbeln und Verkauf von Wohn-Accessoires

0500	Unbebaute Grundstücke
0510	Bebaute Grundstücke
0530	Betriebsgebäude
0540	Verwaltungsgebäude
0550	Andere Bauten
0560	Grundstückseinrichtungen
0570	Gebäudeeinrichtungen
0590	Wohngebäude

0700	Technische Anlagen und Maschinen
0740	Anlagen für Arbeitssicherheit und Umweltschutz
0750	Transportanlagen und ähnliche Betriebsvorrichtungen
0760	Verpackungsanlagen und -maschinen
0770	Sonstige Anlagen und Maschinen

0800	Andere Anlagen
0810	Werkstatteinrichtungen
0820	Werkzeuge, Werksgeräte und Modelle, Prüf- und Messmittel
0830	Lager- und Transporteinrichtungen
0840	Fuhrpark
0860	Büromaschinen, Organisationsmittel und Kommunikationsanlagen
0870	Büromöbel und sonstige Geschäftsausstattung

2280	Waren (Handelswaren)
24xx	Forderungen aus Lieferungen und Leistungen Detail-Konten siehe **Kundenliste**
2600	Vorsteuer (regulärer Steuersatz)
2610	Vorsteuer (ermäßigter Steuersatz)
2800	Bank (Guthaben bei Kreditinstituten) Detail-Konten siehe **Bankenliste**
2880	Kasse

3000	Kapital Münchner Möbel-Manufaktur KG

4200	Kurzfristige Bankverbindlichkeiten
4250	Langfristige Bankverbindlichkeiten
44xx	Verbindlichkeiten aus Lieferungen und Leistungen Detail-Konten siehe **Lieferantenliste**
4800	Umsatzsteuer (regulärer Steuersatz)
4810	Umsatzsteuer (ermäßigter Steuersatz)

5100	Umsatzerlöse für Handelswaren
5101	Erlösberichtigungen
5401	Nebenerlöse aus Vermietung und Verpachtung
5403	Nebenerlöse aus Werksküche und Kantine
5410	Sonstige Erlöse/Provisionserlöse
5710	Zinserträge
5800	Außerordentlicher Ertrag

6050	Aufwendungen für Energie
6060	Aufwendungen für Reparaturmaterial
6080	Aufwendungen für Handelswaren
6082	Nachlässe
6100	Fremdleistungen für Erzeugnisse und andere Umsatzleistungen
6140	Ausgangsfrachten und Nebenkosten (Fremdlager)
6150	Vertriebsprovision
6160	Fremdinstandhaltung
6170	Sonstige Aufwendungen für bezogene Leistungen
6520	Abschreibungen auf Sachanlagen
6600	Aufwendungen für Personaleinstellung
6610	Aufwendungen für Fahrtkosten
6640	Aufwendungen für Fort- und Weiterbildung
6650	Aufwendungen für Dienstjubiläen
6660	Aufwendungen für Belegschaftsveranstaltungen
6670	Aufwendungen für Werksküche und Sozialeinrichtungen

6690	Sonstige Personalaufwendungen
6700	Mieten, Pachten
6710	Leasing
6720	Lizenzen und Konzessionen
6730	Gebühren
6750	Kosten des Geldverkehrs
6760	Provisionsaufwendungen (außer Vertriebsprovision)
6770	Rechts- und Beratungskosten
6800	Büromaterial
6810	Zeitungen und Fachliteratur
6820	Portokosten
6830	Telekommunikationskosten
6850	Reisekosten
6860	Bewirtung und Präsentation
6870	Werbung
6880	Spenden
6890	Sonstige Aufwendungen für Kommunikation
6900	Versicherungsbeiträge
6920	Beiträge zu Wirtschaftsverbänden und Berufsvertretungen

7020	Grundsteuer
7030	Kraftfahrzeugsteuer
7080	Verbrauchsteuer
7090	Sonstige betriebliche Steuern
7510	Zinsaufwendungen
7600	Außerordentlicher Aufwand
7700	Gewerbesteuer

8000	Eröffnungsbilanzkonto (EBK)
8010	Schlussbilanzkonto (SBK)
8020	Gewinn- und Verlustkonto (G + V)

Liste der Kunden-, Lieferanten- und Bankkonten der Münchner Möbel-Manufaktur:

Konto-Nr.	Kunden		Konto-Nr.	Lieferanten
2401	**Susan Franzensberger** Machtelfinger Weg 225 81234 München		4401	**Sirius Vertriebsgesellschaft** Möbel Zubehör Ringstraße 69 82345 Planegg
2402	**Familie Marco Kecman** Allacher Straße 50 85777 Karlsfeld		4402	**Englische Gartenmöbel KG** Traditionsmöbel aus Teak Billwerder Straße 16 22113 Hamburg
2403	**Familie Hansen** Weidengasse 39 88100 Lindau		4403	**Bayrischer Holzhandel GmbH** Aiblinger Straße 87 83001 Rosenheim
2404	**Herr Hartmann** Welsenstraße 77 81100 München		4404	**Texware** Hard- und Software Lindwurmstraße 195 80123 München
2405	**Frau Westner** Blumenstraße 77 81199 München		4405	**Happy-Baby-Betten GmbH** Zubehör und Sicherheit Mauerer Straße 96 81113 München
			4406	**Gesünder Wohnen** Wohnaccessoires Bachweg 6 81111 München
			4407	**Flitz Spedition GmbH** Transportieren-Lagern-Kom-missionieren Willinger Straße 38 81235 München
2499	**Sonstige Kunden**		4499	**Sonstige Lieferanten**
	Familie Meier			Münchner Zeitung
	J. Friedl			Grooß Maschinenbau OHG
	Hubert Joos			Möbel Hecht
	Herr Schumm			Autohaus Fuhrmann
	Frau Baumann			

Konto-Nr.	Banken			
2800	**Sparkasse München**			
2810	**Volksbank München**			

A

B

D

E

F

G

H

I

J

K

L

M

N

P

R

S

T

U

V

W

Z